Otto Altendorfer

Die Medienkontrolleure

Die Deutsche Bibliothek

CIP-Einheitsaufnahme
Altendorfer, Otto

Die Medienkontrolleure
Anstalten – Gremien – Personen

Fotos: Männel, Dresden; Alfred Koch, Köln; H. Schröder, Stuttgart;
Kurt Lauber, Wehrheim; Uwe Völkner, Berlin;
dpa-Bilderdienst, Pressestellen, privat

1. Auflage 1995
© Ledermann Verlag, 86825 Bad Wörishofen, Schulstraße 6

Alle Rechte vorbehalten. Nachdruck, auch auszugsweise sowie Verbreitung durch andere Medien, wie elektronischen Medien, Film, durch fototechnische Wiedergabe, Mikroverfilmung, Text- und Tonträger und Datenverarbeitungs-Systeme jeglicher Art sind nur mit schriftlicher Erlaubnis des Verlags möglich. (Um den Urheberschutz zu verstärken hat der Verlag gewisse graphische und inhaltliche Vorkehrungen getroffen)

ISBN 3-88748-013-9

Inhaltsverzeichnis

1. Inhaltsverzeichnis 5

2. Vorwort des Autors 9
   Vorwort Dr. Karten Hoppenstdt, MdEP 10
3. Die Medienkontrolleure 13

4. Einführung zu den öffentlich-rechtlichen Landesrundfunkanstalten 17
   ARD-Gemeinschaftsprogramm 19
   - Bayerischer Rundfunk (BR) 20
   - Hessischer Rundfunk (HR) 27
   - Mitteldeutscher Rundfunk (MDR) 31
   - Norddeutscher Rundfunk (NDR) 38
   - Ostdeutscher Rundfunk Brandenburg (ORB) 47
   - Radio Bremen (RB) 52
   - Saarländischer Rundfunk (SR) 59
   - Süddeutscher Rundfunk (SDR) 65
   - Südwestfunk (SWF) 71
   - Sender Freies Berlin (SFB) 79
   - Westdeutscher Rundfunk (WDR) 85
   - Deutsche Welle (DW) 97
   - Deutschland-Radio (DR) 101
   - Zweites Deutsches Fernsehen (ZDF) 108
   - 3sat Satellitenfernsehen 118
   - Der europäische Kulturkanal ARTE 119

5. Einführung zu den Landesmedienanstalten 124
   Landesmedienanstalten 126
   - Direktorenkonferenz der Landesmedienanstalten (DLM) 126
   - **Baden-Württemberg:**
     Landesanstalt für Kommunikation (LfK) 128
   - **Bayern:**
     Bayerische Landeszentrale für neue Medien (BLM) 133
   - **Berlin-Brandenburg:**
     Medienanstalt Berlin -Brandenburg (MABB) 141
   - **Bremen:** Bremische Landesmedienanstalt 143
   - **Hamburg:**
     Hamburgische Anstalt für neue Medien (HAM) 147
   - **Hessen:**
     Landesanstalt für privaten Rundfunk (LPR) 150
   - **Mecklenburg-Vorpommern:**
     Landesrundfunkzentrale Mecklenburg-Vorpommern (LRZ) 155
   - **Niedersachen:**
     Niedersächsische Landesmedienanst. f. privaten Rundfunk (NLM) 158

- **Nordrhein-Westfalen:**
  Landesanstalt für Rundfunk Nordrhein-Westfalen (LfR) 164
- **Rheinland-Pfalz:**
  Landeszentrale für private Rundfunkveranstalter Rheinld.-Pfalz (LPR) ..176
- **Saarland:**
  Landesanstalt für das Rundfunkwesen Saarland (LAR) 182
- **Sachsen:**
  Sächsische Landesanstalt für privaten Rundf. u. neue Medien (SLM) ...187
- **Sachsen-Anhalt:**
  Landesrundfunkausschuß für Sachsen-Anhalt (LRA) 193
- **Schleswig Holstein:**
  Unabhäng. Landesanstalt f. d. Rundfunkwesen Schleswig Holstein (ULR) .197
- **Thüringen:**
  Thüringer Landesanstalt für privaten Rundfunk (TLR) 203

6. Regierungen
6.1 EUROPA 208
  EU- Kommission
  - Präsident
  - Kommissare
  - Generaldirektionen
6.2 BUND 210
  - Bundeskanzler
  - Chef Bundeskanzleramt
  - Regierungssprecher
  - Zuständigkeitsbereich Medien
6.3 LAND 211
  - Ministerpräsident
  - Leiter Staatskanzlei
  - Regierungssprecher
  - Rundfunkreferent
  Bayern 211
  Baden-Württemberg 211
  Berlin 212
  Brandenburg 212
  Bremen 213
  Hamburg 213
  Hessen 214
  Mecklenburg-Vorpommern 214
  Niedersachsen 215
  Nordrhein-Westfalen 215
  Rheinland-Pfalz 216
  Saarland 216
  Sachsen 217
  Sachsen-Anhalt 217
  Schleswig-Holstein 218
  Thüringen 218

7. Parteien 219
7.1 Europa 219
  - Fraktionsvorsitzende
  - Generalsekretäre
  - Medienpolitische Sprecher
  Sozialisten (PSE) 219
  Europäische Volkspartei (PPE) 219
  Liberale (ELDR) 220
  Unitarische Linke (GUE) 220
  Forza Europa (FE) 220
  Die Grünen (V) 221
  Demokraten (RDE) 221
  Radikale (ARE) 221
  Koordinierungsgruppe /Fraktionslose (EDN) 222
  Ausschüsse 222
7.2 BUND 224
  - Bundesvorsitzende
  - Generalsekretäre
  - Sprecher Bundesverband
  - Sprecher Fraktion
  - Fraktionsvorsitzende
  - Medienpolitische Sprecher Bundesverband
  - Medienpolitische Sprecher Fraktion
  CDU 224
  CSU 225
  SPD 226
  FDP 227
  Bündnis 90/Grüne 228
  Ausschüsse der Parteien zur Medienpolitik
    - CDU 229
    - CSU 233
    - SPD 235
    - FDP 239
7. 3 LAND
  - Landesvorsitzende
  - Generalsekretäre
  - Sprecher Landesverband
  - Sprecher Fraktion
  - Fraktionsvorsitzende
  - Medienpolitische Sprecher Landesverband
  - Medienpolitische Sprecher Fraktion
  - Parlamentsausschüsse für Medienfragen
  Baden Württemberg 242
  Bayern 245
  Berlin 247
  Brandenburg 250
  Bremen 252

Hamburg 250
Hessen 252
Mecklenburg-Vorpommern 254
Niedersachsen 256
Nordrhein-Westfalen 258
Rheinland Pfalz 261
Saarland 264
Sachsen 266
Sachen-Anhalt 268
Schleswig-Holstein 270
Thüringen 272

8. Verbände und Institutionen 274
- Industrie 274
- Marktforschung 275
- Radio und Fernsehen 276
- Telekommunikation 281
- Werbewirtschaft 282
- Journalistenverbände 285
- Medienfachdienste 289

Vorwort des Autors

Aus rechtlichen Gründen war es leider nicht möglich aufzuzeigen, wer die »Medienkontrolleure« kontrolliert; die hierzu vorbereiteten Druckfahnen werden wohl bis auf weiteres in meinen Schreibtischschubladen bleiben müssen. Deshalb wird es auch weiterhin heißen: Staatsfern nach außen, parteigesteuert nach innen!

Das Zustandekommen dieses Buches ermöglichten eine ganze Reihe von Mitarbeitern, Freunden und Bekannten, die mich von allen Seiten aus den Staatskanzleien, den Parteien und Fraktionen auf Bundes-und Landesebene, den Landesmedienanstalten, den öffentlich-rechtlichen Rundfunkanstalten, den Verbänden und Stiftungen mit wertvollen Informationen versorgten.

Namentlich nennen darf ich hier leider nur Sabine Sänger (Berlin), Franz Neumeier (München), Claudia Freifrau von Fircks (Bonn), Wolfgang Baake (KEP) und Christoph A. Zörb (Wetzlar). Großen Dank schulde ich Dr. Karsten Hoppenstedt, Mitglied des Europäischen Parlaments. Für viele Hinweise danke ich Thomas Kießling (Würzburg).

Dieses Buch wäre ohne das Engagement und die Einsatzfreudigkeit des Verlegers Toni Ledermann nicht zustandegekommen. Auch dafür danke ich herzlich.

Last but not least: Fur die notwendige Geduld danke ich meiner Frau.

Das vorliegende Buch soll – in bestimmten Zeitabständen aktualisiert und vervollständigt – der Beginn einer intensiven Beschäftigung mit Gremien von privaten und öffentlich-rechtlichen Anstalten sein.

Auf die Dokumentation extremistischer Parteien wurde bewußt verzichtet.

Otto Altendorfer

Vorwort
Dr. Karsten Hoppenstedt*, MdEP

Die Medienkontrolleure

Die elektronische Medienwelt ist über die letzten Jahre in Bewegung geraten,oder genauer gesagt in einen permanenten Bewegungszustand versetzt worden. Die Zeit der quasi statischen, zumindest aber gut zu überblickenden und voraussehbaren Medienlandschaften ist endgültig vorbei. Dafür sorgen sowohl der nicht mehr aufzuhaltende Fortschritt immer schnellerer und vernetzterer Kommunikationstechnolgien, als auch die gesellschaftspolitische Forderung nach einem weitreichenden Angebot, über dessen Nutzung der Zuschauer möglichst autonom verfügen soll.

Das Prinzip und die Art der Kontrolle über die Medien, wie wir sie seit dem Ende des Zweiten Weltkriegs in Deutschland kennen, haben lange Zeit ihren Zweck erfüllt, indem sie meinungsbildende Vielfalt garantieren. In einer Zeit der technologischen Engpässe, in der nur sehr wenige Kanäle zur Verfügung standen, konnte dies, unserem Verständnis von Medienpluralismus entsprechend, in der Tat nur durch gesellschaftliche Kontrolle geschehen. Eine gewisse Verkrustung der Strukturen, die dies ermöglichten, war wohl nicht zu vermeiden und ihre mangelnde Anpassung an die Gegebenheiten des dualen Systems treten in letzter Zeit immer offener zutage. Man sollte aber trotzdem nicht zu streng mit den Kontrolleuren der alten Schule umgehen, denen wir viel zu verdanken haben. Sie beaufsichtigen – um ein gerechteres Idiom zu gebrauchen – ein vom Gesetzgeber gewolltes Prinzip, dem wir grundsätzlich immer noch verpflichtet sind.

Medien beaufsichtigen ist nichts Schimpfliches, auch nicht in einer entmonopolisierten und konkurrierenden Medienlandschaft. Ein wirklich dereglementierter Markt ist kein freier Markt. Medien bedeuten Macht über Meinungen. Eine gewisse Kontrollausübung wird also auch – oder gerade? – angesichts der enormen Anzahl von Kanälen und der zum Teil unverzichtbaren Konzentrationsprozesse notwendig sein, die wir in Kürze zu erwarten haben.

Kontrollausübung sollte aber neben der Repräsentativität und Neutralität der Kontrolleure, vor allem genaueste Kenntnis der Realitäten des Marktes voraussetzen. Nur so ermöglicht sie es dem Markt, sich rasch und vorteilhaft weiterzuentwickeln. Auch der deutsche Medienmarkt wird in steigendem Maße von Fakten bestimmt, die zumindest europäischen, immer öfter aber globalen Ursprungs sind. Die Vorliebe der Zuschauer für Produktionen mit nationalen Inhalten werden auch grenzüberschreitendes Fernsehen und weltweite Konzeption und Vertrieb von Hard- und Software nicht beeinträchtigen können. Die wirtschaftliche und rechtliche Logik der Medien wird aber neben den Realitäten der nationalen dualen Systeme auch immer mehr diese internationalen Faktoren miteinbeziehen müssen. Angesichts der hohen Diversität des europäischen Marktes wird es die dringendste Aufgabe der europäischen Ordnungspolitiken sein, eine Rahmenordnung zu schaffen, die den Erhalt der kulturellen Vielfalt Europas mit dem globalen wirtschaftlichen Einigungsprozeß in Einklang bringt. Dies werden auch die Kontrollinstanzen in subsidiärer Abstufung ermöglichen müssen. Daß sie sich hierfür von einem gewissen Proporzverständnis bezüglich gesellschaftlicher Repräsentativität und auch von parteipolitischen Verhaltensweisen werden verabschieden müssen, scheint unausweichlich.

Dieses Buch des Medienexperten Dr. Otto Altendorfer kommt rechtzeitig und bietet für alle Beteiligten den idealen Anlaß, das bestehende – deutsche – System im Hinblick auf den unausweichlichen Anpassungsprozeß zu untersuchen.

Dr. Karsten Hoppenstedt war von 1988 bis 1991 Vorsitzender des NDR-Rundfunkrates, von 1991 bis 1993 Programmbeirat der ARTE-Stiftung, Straßburg. Seit 1969 ist er Mitglied des Europäischen Parlaments, Mitglied für Wirtschaft, Währung und Industriepolitik, Obmann der EVP-Fraktion im Unterausschuß für Währung.

Einführung:
Die Medienkontrolleure

Im System des dualen Rundfunks scheint der allgemeine Konsens im Hinblick auf den öffentlich-rechtlichen Bereich noch ungefährdet: Rundfunk soll als vom Grundgesetz und Gesetzgeber privilegierte Institution in der Kulturhoheit der Länder erhalten bleiben. Die von den Besatzungsmächten vorgegebene öffentlich-rechtliche Einbindung soll auch in Zukunft die Freiheit des Rundfunks im Sinne einer Freiheit von staatlicher Lenkung und journalistischer Gängelung garantieren.

Den öffentlich-rechtlichen Charakter sichern besondere Aufsichtsgremien, meist als Rundfunkrat bezeichnet. In ihnen sollen die sogenannten gesellschaftlich relevanten Gruppen mit dem Auftrag vertreten sein, die Interessen der Allgemeinheit zu wahren. In der Rundfunkdiskussion seit 1945 wurde zunächst versucht, diese Frage als ein Organisationsproblem zu sehen und zu lösen. Die Aufgabe lautete: Wie kann verhindert werden, daß aus den Vertretern der Allgemeinheit in den Rundfunkräten Zug um Zug Parteienvertreter werden. Diesem Versuch ist bis heute wenig Erfolg beschieden. Die Klagen über rote oder schwarze Funkhäuser und über politischen Druck auf die Redaktionen reißen nicht ab und kulminieren in den Memoiren derjenigen, die sich in den Ruhestand zurückziehen. An Reformansätzen herrscht kein Mangel; sie alle übersehen allerdings, daß in einer parteistaatlichen Demokratie wie der Bundesrepublik Deutschland, solche für die gesamte Gesellschaft bedeutenden Gremien wie Rundfunkräte keine dem Einfluß der Parteien entzogenen Inseln sein können, denn die Volksparteien beanspruchen bereits, alle wichtigen politischen, weltanschaulichen und gesellschaftlichen Gruppen zu vertreten.

Ohne das Problem des Parteieneinflusses zu verharmlosen, bietet der Blick auf die medienpolitische Praxis auch Beruhigendes: Die Gefahr einer einseitigen parteipolitischen Dominanz ist gering. Zwar herrscht an medien- und personalpolitischen Aktivitäten der Parteien tatsächlich kein Mangel. Bei nahezu allen Parlamentsfraktionen und Parteigliederungen sind Experten tätig, die mit großer Energie versuchen, die Medienlandschaft in ihrem Sinne zu beeinflußen. Der frühere ARD-Vorsitzende und Intendant des Süddeutschen Rundfunks, Hans Bausch, hat dazu in seiner Rundfunkgeschichte zutreffend festgestellt: »An den Medienpapieren, Erklärungen und Gegenerklärungen, wie sie in Hülle und Fülle wohlarchiviert vorliegen, läßt sich der Parteieneinfluß auf den Rundfunk nicht zuverlässig messen. Gar manche programmatische Forderung, viele rundfunkpolitische Reden und zahlreiche Erklärungen aus Parteikreisen, wie sie in den Fachkorrespondenzen Woche für Woche registriert worden sind, kann der Historiker in das Archiv zurücklegen, weil sie ohne Auswirkungen geblieben sind.« Auch die Personalpolitik der Parteien in den Rundfunkanstalten bietet Hoffnung für den Fortbestand des ausgewogenen Rundfunks. Gilt denn nicht das Klischee, daß die Konservativen die Führungsetagen besetzen und die Linken die Redaktionen? Aus diesem Antagonismus und dem Zusammenspiel der Landesrundfunkanstalten, die geprägt sind von den unterschiedlichen politischen Verhältnissen ihrer Länder, entsteht nach diesem Modell ein pluralistisches Programm der ARD, mit dem alle leben können. Das ZDF hat den Beleg seiner parteipolitischen Ausgewogenheit in einer neuen Programmform kultiviert: das frontale Aufeinandertreffen von Regierung und Opposition in Form einer Proporzmoderation (Frontal!). Schließlich muß das deutsche Fernsehen auch den internationalen Vergleich nicht scheuen. Qualität und Informationsstandard der öffentlich-rechtlichen Programme nehmen eine Spitzenposition ein. Wird man deshalb die Kluft zwischen der Theorie von staatsfernen Gremien und parteipolitisch dominierter Praxis als unvermeidliche Strukturschwäche eines sonst zufriedenstellenden politischen Systems akzeptieren müssen? Kann man nicht bei gravierenden Angriffen auf die Freiheit des Rundfunks auf die Korrekturen durch die pluralistische Auseinandersetzung im politischen Tagesgeschäft vertrauen? Und bietet die derzeitige Ausweitung des Parteienspektrums nicht wenigstens die Aussicht auf ein vielschichtigeres Oligopol der Parlamentsparteien, anstelle des alten rot-schwarzen Zweigespanns?

Dieses Buch beschäftigt sich aus aktuellem Anlaß mit den Gremien des öffentlich-rechtlichen und des privaten Rundfunks in Deutschland. Seit einem guten Jahrzehnt entwickelt sich in Deutschland eine duale Rundfunkordnung. Im Wettbewerb von öffentlich-rechtlichen und privaten Angeboten gerät das öffentlich-rechtliche System in eine Finanz- und Strukturkrise, die dringend nach einer Reform verlangt. Legitimations- und Akzeptanzprobleme werden sich im selben Ausmaß verschärfen wie der Zuschauer und Hörer mit Ausweichmöglichkeit zu den privaten Programmen an Distanz zu den ehemaligen Monopolisten gewinnt.

Das achte Fernsehurteil des Bundesverfassungsgerichts vom Februar 1994 hat manche nostalgische Hoffnung auf eine Rückkehr in die alte Finanzierungsautomatik geweckt. Dennoch besteht kein Zweifel darin, daß die fetten Jahre der öffentlich-rechtlichen Anstalten vorbei sind. Was immer am Ende die Reform bringen mag: Anstalten, die den Wettbewerb mit den Privaten bestehen und den rasanten Entwicklungen der Kommunikationstechnik gewachsen sind, werden nur entstehen können, wenn sich die Gremien wandeln. Einige Änderungen zeichnen sich ab, andere sind mehr von den Idealen der Medienwissenschaftler geprägt als von konkreten Realisierungschancen. Die Intendanten werden sich künftig noch mehr von der Regierungspartei, die ihre Rundfunksratsmehrheit besorgt hat, emanzipieren. Planstellen und Programmplätze werden nur noch in geringem Umfang zur Befriedigung der Ambitionen der Gruppenvertreter im Rundfunkrat zur Verfügung stehen. Bei der Wahrung von Interessen im Wettbewerb wird es nicht mehr genügen, Räte mangels anderer Perspektiven in Verband und Partei mit dem Rundfunkratsposten abzuspeisen oder ihren politischen Austrag verbringen zu lassen. Multifunktionäre, deren Tagesplan keine Zeit für eine gelegentliche Beobachtung des Programmes – ganz zu schweigen für eine gründliche Vorbereitung – läßt, werden verschwinden. Voraussetzung für eine Reform der Gremien sind wissenschaftliche und politische Diskussionen, an deren Ende auch der Gesetzgeber gefordert sein wird.

Gremienpolitik beschränkt sich jedoch nicht auf den öffentlich-rechtlichen Bereich. Auch die Aufsichtsinstitutionen von privatem Hörfunk und Fernsehen, die Landesmedienanstalten, besitzen pluralistisch besetzte Gremien. Die Gestaltung der Medienzukunft ist auch hier eine partei- und kulturpolitische Aufgabe. Allerdings ist ein zweiter Aspekt von entscheidender Bedeutung. Glaubhafte Prognosen weisen darauf hin, daß die Medienbranche um die Jahrtausendwende in ihrer wirtschaftlichen Bedeutung die heute noch führende Autoindustrie überholt haben wird.

Den Wirtschaftsstandort Deutschland für diesen Zukunftsmarkt fit zu machen und den deutschen Medienunternehmen eine gute Ausgangsposition im Konkurrenzkampf zu verschaffen, wird zunehmend als Aufgabe der Standortpolitik verstanden. Nebst Streben nach Einfluß auf Programm und Personal der Sender im Sinne der eigenen parteipolitischen Richtung tritt die Absicht, potente private Anbieter in den Einflußbereich der »eigenen Landesmedienanstalt« als zuständige Lizenzbehörde zu bekommen. Der Lizenzvergabe folgt ein zweiter Durchgang der politischen Einflußnahme, nämlich die Vergabe und politische Konditionierung der Frequenzen für Programme, die in anderen Ländern lizenziert sind. Bei den laufenden Geschäften macht sich bemerkbar, daß die Landesmedienanstalten ein verhältnismäßig junges Instrument im Rahmen des dualen Systems sind. Die Aktivitäten der Parteien sind deshalb nicht in der Größenordnung nachzuweisen, wie sie in den »alten« öffentlich-rechtlichen Rundfunkräten üblich sind. Nur in den größeren Bundesländern besteht eine vergleichbare Praxis dergestalt, daß Entscheidungen mit Hilfe von parteipolitisch determinierten Freundeskreisen diskutiert und vorbereitet werden. Auch hier nehmen an solchen Sitzungen Gremienmitglieder teil, die den Parteien nur nahestehen. Wo keine Freundeskreise existieren (weil entweder – beispielsweise in den neuen Bundesländern – die Gremienmitglieder vielfach quer durch die Parteien entscheiden und quasi nicht steuerbar sind oder in Ländern, wo die Parteizentralen die Bedeutung der neuen Medien für ihre Personal- und Medienpolitik noch nicht erkannt haben), nehmen fast überall die Staatskanzleien den jeweiligen politischen Einfluß an Stelle der Parteien wahr.

Informationen über die Staatskanzleien sind Bestandteil des Kapitels »Regierung und Verwaltung«, das sich an die Darstellung der Gremien der öffentlich-rechtlichen Anstalten und der Landesmedienanstalten anschließt. Hier sind auch die europäische und die Bundesebene abgehandelt.

Einen weiteren Schwerpunkt bilden die medienpolitischen Instanzen der Parteien von der Bundes- bis zur Landesebene. Die meisten im Bundestag vertretenen Parteien verfügen über Kommissionen, in welchen nahestehende Fachleute vertreten sind. Die Mitgliedschaft von Führungskräften der Sendeanstalten bilden ein weiteres Indiz für die enge Verflechtung von Gremien und Politik.

Dieses Buch will eine Bestandsaufnahme sein im Hinblick auf die Zusammensetzung der Gremien und die tatsächlich oder potentiell auf diese Einfluß nehmenden Institutionen und Einrichtungen.

Eine aktuelle und öffentlich zugängliche Zusammenstellung der Gremienmitglieder hat der Autor trotz intensiver Suche nicht finden können. Nicht einmal bei den oft verdächtigten Drahtziehern der Medienlandschaft, den Parteizentralen, scheint eine solche zu existieren, zumindest ist sie nicht in Gebrauch. Diese im Vergleich zu professionellen Lobbyisten etwa im parlamentarischen Bereich reichlich amateurhaft anmutende Situation bestätigt: auch bei den Parteien ist Rundfunk Ländersache - und hier oft Nebensache.

Um die Privatsphäre der Gremienmitglieder möglichst wenig zu tangieren, wurden, soweit möglich, die Adressen der entsendenden Organisationen oder die Dienstanschrift verwendet. Sinn eines Adressenverzeichnisses ist allerdings, daß die aufgeführten Personen auch in zumutbarer Zeit erreicht werden können. Wenig hilfreich erschien dem Autor deshalb, lediglich die Anschrift des zuständigen Gremienbüros anzugeben.

Trotz aller Sorgfalt sind bei Adressenverzeichnissen natürlich auch Satz- oder technische Übermittlungsfehler nicht völlig auszuschließen. In diesem Zusammenhang sei darauf verwiesen, daß der relativ rasche Wechsel in den Gremien eine periodische Neuauflage des Verzeichnisses mit der Möglichkeit zur Korrektur erfordert.

Einführung zu den öffentlich-rechtlichen Rundfunkanstalten

Die ARD bildet als Arbeitsgemeinschaft öffentlich-rechtlicher Rundfunkanstalten der Bundesrepublik Deutschland das Dach für die Landesrundfunkanstalten. Ihr gehören heute 11 Anstalten an. Bei der ARD handelt es sich um eine föderalistisch organisierte Institution, bei der jede Landesrundfunkanstalt ihre Eigenständigkeit besitzt. Das ZDF ist im Gegensatz hierzu zentralistisch aufgebaut. Die Organisationsstruktur der öffentlich-rechtlichen Rundfunkanstalten ist weitgehend identisch. Der Intendant führt die Anstalt in eigener Verantwortung und ist für den Betrieb und das Programm verantwortlich. Die Amtszeit des Intendanten bewegt sich je nach Rundfunkanstalt zwischen vier und sechs Jahren. Der Rundfunk- und Verwaltungsrat einer Landesrundfunkanstalt begleitet den Intendanten als Kontroll- und Beratungsorgan.

Die Rundfunkräte, deren Amtszeit zwischen 3 und 6 Jahren liegt und die je nach Anstalt zwischen 18 und 58 Mitglieder haben, wählen u.a. den Intendanten. Eine ihrer wesentlichen Aufgaben liegt jedoch in der Vertretung der Interessen der Allgemeinheit auf dem Gebiet des Rundfunks sowie der Kontrolle des Programmauftrages.

In diesen Aufsichtsgremien sollen die sogenannten gesellschaftlich relevanten Gruppen z.B. Vertreter der Parteien, Landesregierung, Arbeitgeber, Gewerkschaft, Kirchen, Landwirte, Jugendliche etc. organisiert sein. Ziel dieser Gremien soll eine Interessenvertretung für die Gesellschaft sein. Die Mitglieder sind nicht an Weisungen und Aufträge gebunden. Grundsätzlich können sie nur dann abberufen werden, wenn sie aus der Organisation ausscheiden von der sie entsandt wurden. Große Unterschiede bei den einzelnen Anstalten gibt es bezüglich der Gruppen, die in die jeweiligen Gremien Vertreter entsenden dürfen sowie der Regelung des jeweiligen Entsendeverfahrens. Rundfunkräte sind dennoch grundsätzlich in zwei Gruppen zu trennen, solche die eher staatlich-politisch und solche die ständisch dominiert werden. Diese Einteilung ist zum Teil historisch bedingt.

Es läßt sich aber unabhängig hiervon feststellen, daß der Einfluß der politischen Parteien neben dem Anteil von Regierungs-, Parlaments- und Parteienvertretern auf die übrigen gesellschaftlichen Gruppen sehr groß ist.

Die Praxis zeigt deutlich, daß sich die Rundfunkräte nach parteipolitischer Zugehörigkeit gruppieren. So haben die Parteien Zirkel, sog. Freundeskreise etabliert, in denen sich Rundfunkratsmitglieder je nach politischer Couleur treffen und Abstimmungen und Sitzungen vorbereiten. Bei diesen Treffen nehmen auch solche Gremienmitglieder, die der Partei nur nahestehen, teil.

Der Verwaltungsrat bildet ein weiteres Organ der Landesrundfunkanstalten. Die Zahl der Verwaltungsräte ist wesentlich kleiner als die der Rundfunkräte und bewegt sich je nach Anstalt zwischen 6 und 12 Mitgliedern. Ihre Zusammensetzung gibt ein relativ getreues Spiegelbild der Verhältnisse des Rundfunkrates wieder. Auch hier ist der parteipolitische Proporz oft erkennbar, da die Verwaltungsräte einen Einfluß auf die Personalentscheidungen des Intendanten nehmen können, was für die Parteien insbesonders bei der Besetzung von Führungspositionen von großem Interesse ist.

ARD-Gemeinschaftsprogramm
Erstes Deutsches Fernsehen

Programmdirektion Deutsches Fernsehen (DFS)
Arnulfstraße 42
80335 München
Telefon 0 89 / 59 00 01
Fax 0 89 / 59 00 32 49

Programmdirektion Deutsches Fernsehen

Vorsitzender der ARD: Intendant Prof. Albert Scharf (BR)
Programmdirektion Dr. Günter Struve
Koordinatoren für:
- Politik, Gesellschaft und Kultur: Chefredakteur Hartmann von der Tann
- Auslandsfragen: Dr. Richard W. Dill
- Sport (nebenamtlich): Fernsehprogrammdirektor Werner Zimmer, SR
- Fernsehspiele (nebenamtlich):
  Fernsehprogrammdirektor Dr. Jürgen Kellermeier, NDR
- Unterhaltung (nebenamtlich): Fernsehdirektor Kurt Rittig, SWF
- Familienprogramm (nebenamtlich): Fernsehdirektor Henning Röhl, MDR
- Kirchliche Sendungen (nebenamtlich):
  Fernsehdirektor Dr. Hans Heiner Boelte, SDR
- Spielfilm (nebenamtlich): Fernsehdirektor Wolf Feller, BR
- Filmförderung (nebenamtlich): Fernsehprogrammdirektor Jörn Klamroth, WDR
- Vorabend (nebenamtlich): Dr. Peter Werner, BR
- Musikprogramme (nebenamtlich):
  Fernsehdirektor Dr. Hans Heiner Boelte, SDR

Fernsehbeirat
Vorsitzender: Dr. Albrecht Börner
BR: Prof. Dr. Dr. Ulrich Hommes
HR: Josef Maria Laube
MDR: Dr. Albrecht Börner
NDR: Jürgen Schrön
ORB: Angelika Mieth
RB: Manfred Fluß
SR: Christa Fleischer
SFB: Dr. Dieter Biewald
SDR: Erika Stöffler
SWF: Günther Roland (Stellvertretender Vorsitzender)
WDR: Danny Brees

Rechtsgrundlage: – ARD-Staatsvertrag v. 31. August 1991
– Satzung der ARD v. 9/10. Juni 1950 i.d.F. v.25.11.92

Bayerischer Rundfunk

Rundfunkplatz 1
80300 München
Telefon: 089 / 59 00 01
Fax: 089 / 59 00 23 75

Intendant: Prof. Albert Scharf

Amtszeit: 4 Jahre (1994 bis 1998)

Lebenslauf:
Prof. Albert Scharf, geb. am 28. Dezember 1934 in München. Seit 01. April 1990 Intendant des Bayerischen Rundfunks. 1966 Juristischer Direktor des BR. 1973 zusätzl. stellv. Intendant. Honorarprofessor und Lehrbeauftragter für Medienrecht an der Hochschule für Fernsehen und Film an der Universität München.

Rundfunkrat:	50 Mitglieder
Amtszeit:	4 Jahre (1994 bis 1998)
Vorsitzender:	Dr. Wilhelm Fritz
Stellvertreter:	Paul Rieger
Ausschüsse:	Fernsehausschuß (Vorsitz: Dr. Peter Miller)
	Hörfunkausschuß (Vorsitz: Dr. Franz Henrich)
Verwaltungsrat:	7 Mitglieder
Amtszeit:	3 Besetzungen sind am bestimmte Ämter gebunden
	4 Mitglieder auf 4 Jahre gewählt, jährlich scheidet 1 Mitglied aus
Vorsitzender:	Johann Böhm
Stellvertreter:	Prof. Dr. Walter Schmitt-Glaeser
	Klaus-Werner Lotz

Rechtsgrundlage: Gesetz über die Errichtung und die Aufgaben einer Anstalt des öffent. Rechts »Der Bayerische Rundfunk v.10.8.1948« i.d.F. vom 23.7.1993

Rundfunkrat
Art. 6: Rundfunkrat

(3) Der Rundfunkrat setzt sich zusammen aus:
1. einem Mitglied der Bayerischen Staatsregierung;
2. Vertretern des Bayerischen Landtags in der Weise, daß jede im Landtag vertretene Partei für je angefangene 20 Abgeordnete 1 Mitglied entsendet;
3. drei Vertretern des Bayerischen Senats;
4. je einem Vertreter der katholischen und evangelischen Kirche sowie der israelitischen Kultusgemeinden;
5. je einem Vertreter der Gewerkschaften, des Bayerischen Bauernverbandes, der Industrie und Handelskammern und der Handwerkskammern;
6. je einem Vertreter des Bayerischen Städtetags, des Landkreistages und des Bayerischen Gemeindetages;
7. einem Vertreter der Verbände der Heimatvertriebenen;
8. fünf Frauen, von denen je eine von den Gewerkschaften, vom Bauernverband, von den katholischen und evangelischen kirchlichen Frauenorganisationen und vom Bayerischen Landessportverband zu benennen ist;
9. einem Vertreter des Bayerischen Landesjugendrings;
10. einem Vertreter des Bayerischen Landessportverbandes;
11. je einem Vertreter der Schriftsteller-, der Komponisten- und der Musik-Organisationen;
12. einem Vertreter der Intendanzen (Direktionen) der Bayerischen Staatstheater und einem Vertreter der Leiter der Bayerischen Schauspielbühnen;
13. je einem Vertreter des Bayerischen Journalistenverbandes und des Bayerischen Zeitungsverlegerverbandes;
14. einem Vertreter der Bayerischen Universitäten und Hochschulen;
15. je einem Vertreter der Lehrerverbände, der Elternvereinigungen und der Organisationen der Erwachsenenbildung;
16. einem Vertreter des Bayerischen Heimattags;
17. einem Vertreter der Familienverbände;
18. einem Vertreter der Vereinigung der Arbeitgeberverbände in Bayern;
19. einem Vertreter des Bundes Naturschutz in Bayern;
20. einem Vertreter des Verbandes der freien Berufe.

(4) Würde der Landtag nach Absatz 3 Nr. 2 durch mehr als 13 Abgeordnete im Rundfunkrat vertreten sein, so entsenden die Fraktionen zusammen 13 Mitglieder. Jede Fraktion stellt ein Mitglied; die weiteren Mitglieder stellen die Fraktionen nach dem d'Hondtschen Verfahren.

Verwaltungsrat
Art. 8: Verwaltungsrat

(1) Der Verwaltungsrat besteht aus sieben Mitgliedern, nämlich aus dem Präsidenten des Bayerischen Landtags, demPräsidenten des Bayerischen Senats, dem Präsidenten des Bayerischen Verwaltungsgerichtshofes und vier vom Rundfunk-

rat zu wählenden Mitgliedern. Die Mitglieder des Verwaltungsrates dürfen nicht gleichzeitig dem Rundfunkrat angehören. .
(2) Von den durch den Rundfunkrat gewählten Mitgliedern des Verwaltungsrates scheidet im Wechsel jedes Jahr ein Mitglied durch Los aus. Wiederwahl ist zulässig.

Rundfunkrat:

Erwin Huber
Bayerische Staatsregierung
Bayerische Staatskanzlei
Franz-Josef Strauß-Ring 1
80539 München
Telefon 0 89 / 21 65- 22 99
Fax 0 89 / 21 65 - 21 11

Prof. Dr. Hans Gerhard Stockinger
Bayerischer Landtag, CSU-Fraktion
Maximilianeum
81627 München
Telefon 0 89 / 41 26 - 0
Fax 0 89 / 47 02 43 5

Alois Glück
Bayerischer Landtag, CSU-Fraktion
Maximilianeum
81627 München
Telefon 0 89 / 41 26 - 26 18
Fax 0 89 / 47 02 43 5

Albert Schmid
Bayerischer Landtag, CSU-Fraktion
Maximilianeum
81627 München
Telefon 0 89 / 41 26 - 01
Fax 0 89 / 47 02 43 5

Friedrich Loscher-Frühwald
Bayerischer Landtag, CSU-Fraktion
Maximilianeum
81627 München
Telefon 0 89 / 41 26 - 0
Fax 0 89 / 47 02 43 5

Eugen Freiherr von Redwitz
Bayerischer Landtag, CSU-Fraktion
Maximilianeum
81627 München
Telefon 0 89/ 41 26 - 0
Fax 0 89 / 47 02 43 5

Philipp Vollkommer
Bayerischer Landtag, CSU-Fraktion
Maximilianeum
91627 München
Telefon 0 89 / 41 26 - 0
Fax 0 89 / 47 02 43 5

Karl-Heinz Hiersemann
Bayerischer Landtag, SPD-Fraktion
Maximilianeum
81627 München
Telefon 0 89 / 41 26 - 0
Fax 0 89 / 41 26 - 13 51

Renate Schmidt
Bayerischer Landtag, SPD-Fraktion
Maximilianeum
81627 München
Telefon 0 89 / 41 26 - 0
Fax 0 89 / 41 26 - 13 51

Dr. Albert Schmid
Bayerischer Landtag, SPD-Fraktion
Maximilianeum
81627 München
Telefon 0 89 / 41 26 - 0
Fax 0 89 / 4126 - 13 51

Margarete Bause
  Bayer. Landtag, Fraktion Die Grünen
  Maximilianeum
  81627 München
  Telefon 0 89 / 41 26 - 0
  Fax 0 89 / 41 26 - 14 94

Georg Kronawitter
  Bayerischer Landtag, SPD-Fraktion
  Maximilianeum
  81627 München
  Telefon 0 89 / 41 26 - 0
  Fax 0 89 / 41 26 - 13 51

Toni Beck
  Bayerischer Senat
  Mittergolding 8
  84184 Tiefenbach
  Telefon 0 87 1 / 42 26 2
  Fax 0 89 / 41 26 - 12 78

Hans Haibel
  Bayerischer Senat
  Jahnstr. 11
  86316 Friedberg
  Telefon 0 82 1 / 60 01 0
  Fax 0 89 / 41 26 - 12 78

Dieter Kattenbeck
  Bayerischer Senat
  Bayer. Beamtenbund
  Schwanthaler Str. 21
  80336 München
  Telefon 0 89 / 59 46 88
  Fax 0 89 / 59 72 84

Dr. Valentin Doering
  Katholische Kirche
  Kath. Büro
  Dachauer Str. 50
  80335 München
  Telefon 0 89 / 55 25 29 - 0
  Fax 0 89 / 55 02 07 8

Paul Rieger
  Evangelische Kirche
  Enzianstraße 54
  82178 Puchheim
  Telefon 0 89 / 80 73 22
  Fax 0 89 / 80 05 54 9

Dr. Dr. Simon Snopkowski
  Israel. Kultusgemeinden
  Effnerstr. 68
  81925 München
  Telefon 0 89 / 98 94 42
  Fax 0 89 / 98 27 35 4

Fritz Schösser
  Gewerkschaften, DGB
  Schwanthaler Straße 64
  80336 München
  Telefon 0 89 / 51 41 6 - 0
  Fax 0 89 / 53 28 31 4

Heide Langguth
  Gewerkschaften, DGB
  Schwanthaler Str. 64
  80336 München
  Telefon 0 89 / 51 41 6 - 0
  Fax 0 89 /53 28 31 4

Fritz Arnold
  Bayerischer Bauernverband
  Borsbach 29
  91604 Flachslanden
  Telefon 0 98 29 / 83 8
  Fax 0 89 / 55 87 3 - 50 5

Hildegard Scheler
  Bayerischer Bauernverband
  An den Teichen 11, Thann
  96465 Neustadt
  Telefon 0 95 68 / 20 36
  Fax 0 89 / 55 8 73 - 50 5

Prof. Dr. Wilhelm Wimmer
Industrie- und Handelskammer
Max-Joseph-Straße 2
80323 München
Telefon 0 89 / 51 16 - 0
Fax 0 89 / 51 16 - 30 6

Werner Gress
Handwerkskammern
Max-Joseph-Straße 4
80333 München
Telefon 0 89 / 51 19 - 0 / 100
Fax 0 89 / 51 19 - 11 0

Dr. Jürgen Walchshöfer
Bayerischer Städtetag
Matthäus-Krafft-Str. 6
91550 Dinkelsbühl
Telefon 0 89 / 29 00 87 - 0
Fax 0 89 / 29 61 55

Dr. Georg Karl
Bayerischer Landkreistag
Landratsamt
Herrenstraße 18
94469 Deggendorf
Telefon 0 99 1 / 31 00 - 261
Fax 0 99 1 / 89 00

Herbert Eser
Bayerischer Gemeindetag
Augsburger Str. 4-6
86424 Dinkelscherben
Telefon 0 89 / 36 00 09 0
Fax 0 89 / 36 56 03

Dr. Sieghard Rost
Verbände der Heimatvertriebenen
Am Hagen 32
91217 Hersbruck
Telefon 0 91 51 / 70 50 5

Charlotte Wernthaler
Kath. kirchl. Frauenorganisationen
Reisachstraße 12
81545 München
Telefon 0 89 / 64 45 45

Elke Beck-Flachsenberg
Evang. kirchl. Frauenorganisationen
Amt für Industrie- und Sozialarbeit
Postfach 45 01 31
90212 Nürnberg
Telefon 0 91 1 / 43 04 22 7
Fax 0 91 1 / 43 04 - 20 1

Gerhard Engel
Bayerischer Jugendring
Postfach 20 05 18
80005 München
Telefon 0 89 / 51 45 8 - 0
Fax 0 89 / 51 45 8 - 88

Dr. Wilhelm Fritz
Bayerischer Landessportverband
Georg-Brauchle-Ring 93
80992 München
Telefon 0 89 / 15 70 2- 0
Fax 0 89 / 15 70 2 - 630

Ruth Brosche
Bayerischer Landessportverband
Georg Brauchle-Ring 93
80992 München
Telefon 0 89 / 15 70 2 - 0
Fax 0 89 / 15 70 2 - 63 0

Robert Stauffer
Schriftstellerorganisationen
VS-Bayern
Corneliusstr. 42
80469 München
Telefon 0 89 / 20 14 42 7
Fax 0 89 / 20 14 42 7

Prof. Robert M. Helmschrott
Komponistenorganisationen
Nussbaumweg 23
85521 Ottobrunn
Telefon 0 89 / 60 95 66 0
Fax 0 89 / 28 03 81

Dr. Peter-Klaus Schwiedel
Musikorganisationen
St. Martin-Str. 111
82467 Garmisch-Partenkirchen
Telefon 0 88 21 / 78 48 6. oder 0 17 1 / 52 08 50 5

Prof. August Everding
Bayerisches Staatstheater
Bayerische Theaterakademie
Prinzregentenplatz 12
81675 München
Telefon 0 89 / 21 85 - 1
Fax 0 89 / 21 85 - 33 9

Ernst Seiltgen
Bayerische Schauspielbühnen
Stadttheater Ingolstadt
Postfach
85049 Ingolstadt
Telefon 0 84 1 / 71 80 0 oder 17 80 1
Fax 0 84 1 / 32 98 4

Dr. Wolfgang Stöckel
Bayerischer Journalistenverband
Seidlstr. 8 / IV
80 335 München
Telefon 0 89 / 59 63 27
Fax 0 89 / 59 51 44

Karl-Heinz Esser
Bayerischer Zeitungsverlegerverband
Mittelbayerische Zeitung
Kumpfmühlerstraße 11
93042 Regensburg
Telefon 0 94 1 / 20 7- 0
Fax 0 94 1 / 20 7 - 47 7

Prof. Dr. Dr. Ulrich Hommes
Bayer. Universitäten und Hochschulen
Universität Regensburg
Universitätsstraße 31
95053 Regensburg
Telefon 0 94 1 / 94 3 - 1
Fax 0 94 1 / 94 3 - 23 05

Albin Dannhäuser
Lehrerverbände/BLLV
Bavariaring 37
80336 München
Telefon 0 89 / 13 40 27 od. 72 10 01-0
Fax 0 89 / 72 50 32 4

Dr. Peter Miller
Elternvereinigungen
Ohmstraße 9
80802 München
Telefon 0 89 / 33 40 28

Dr. Franz Henrich
Erwachsenenbildungsorganisationen
Kath. Akademie
Postfach 40 10 08
80710 München
Telefon 0 89 / 38 10 2 - 0
Fax 0 89 / 38 10 2 - 103

Hans Roth
Bayerischer Heimattag/Landesverein
für Heimatpflege
Ludwigstr. 23 Rgbde.
80539 München
Telefon 0 89 / 28 66 29 -0 od. 77 85 52
Fax 0 89 / 28 24 34

Horst Stanislaus
Familienverbände
Hauptstr. 25
90530 Wendelstein

Karl Bayer
Vereinigung d. Arbeitgeberverbände
Briennerstraße 7/II
80333 München
Telefon 0 89 / 29 07 9 - 0 / 111
Fax 0 89 / 22 28 51

Hubert Weinzierl
  Bund Naturschutz in Bayern
  Postfach 40
  94343 Wiesenfelden
  Telefon 0 89 / 45 99 18 - 0
  Fax 0 89 / 48 58 66

Ernst Maria Lang
  Verband der freien Berufe
  Türkenstr. 55
  80799 München
  Telefon 0 89 / 24 71 02 70
  Fax 0 89 / 24 71 02 71

Verwaltungsrat:

Johann Böhm
  Präsident des Bayerischen Landtags
  Maximilianeum
  81627 München
  Telefon 0 89 / 41 26 - 01
  Fax 0 89 / 41 26 - 13 92

Prof. Dr. Walter Schmitt-Glaeser
  Präsident des Bayerischen Senats
  Maximilianeum
  81627 München
  Telefon 0 89 / 41 26 - 01
  Fax 0 89 / 41 26 - 12 78

Klaus-Werner Lotz
  Präsident des Bayerischen
  Verwaltungsgerichtshofes
  Ludwigstr. 23
  80539 München
  Telefon 0 89 / 21 30 25 8
  Fax 0 89 / 21 30 32 0

Dr. jur. Peter Badura
  Rundfunkrat
  Am Rothenberg Süd 4
  82431 Kochel am See
  Telefon 0 88 51 / 52 89

Dr. Jürgen Böddrich
  Rundfunkrat
  Geranienstraße 12
  85521 Riemerling
  Telefon 0 89 / 60 14 34 1

Dr. Franz Heubl
  Rundfunkrat
  Anna-Dandler-Straße 8
  81247 München
  Telefon 0 89 / 92 41 - 0
  Fax 0 89 / 92 41 - 32 1

Dr. Ernst Wrede
  Rundfunkrat
  Auf der Eierwiese 3a
  82031 Grünwald
  Telefon 0 89 / 64 11 01 7

Hessischer Rundfunk (HR)

Bertramstr. 8
60320 Frankfurt am Main
Telefon: 0 69 / 15 51
Fax 0 69 / 15 52 90 0

Intendant: Prof. Dr. Klaus Berg

Amtszeit: 5 Jahre (1993 bis 1998)

Lebenslauf:
Prof. Dr. jur. Klaus Berg, geb. am 7.November 1937 in Mainz. Seit 1. Januar 1993 Intendant des Hessischen Rundfunks. 1966 Zulassung zum Rechtsanwalt. 1964 bis 1971 Referent in der Juristischen Direktion des HR. 1971 bis 1979 Abteilungsleiter Rundfunkgebühren. 1979 bis 1980 Hauptabteilungsleiter Rundfunkgebühren. Ab 1. September 1980 Justitiar. Seit 1977 Lehrauftrag für Medienrecht an der Universität Frankfurt a.M., Mitherausgeber zahlreicher medienpolitischer Publikationen.

Rundfunkrat:	18 Mitglieder
Amtszeit:	6 Jahre (1/3 der Mitglieder scheidet alle 2 Jahre aus)
Vorsitzender:	Edith Strumpf
Stellvertreter:	Dr.Dieter Trautwein
Ausschüsse:	Fernsehausschuß (Vorsitz: Prof. Dr. Christoph Perels
	Hörfunkausschuß (Vorsitz: Prof. Hans-Dieter Resch)

Verwaltungsrat:	6 Mitglieder
Amtszeit:	8 Jahre (alle 2 Jahre scheidet 1 Mitglied aus)
Vorsitzender:	Gert Lütgert
Stellvertreter:	Ludolf Müller

Rechtsgrundlage: Gesetz über den Hessischen Rundfunk vom 02.10.1948, zuletzt geändert durch Gesetz vom 13. Dezember 1991

Rundfunkrat:
§ 5:
(2) Zum Rundfunkrat entsenden je einen Vertreter:
1. die Landesregierung,
2. die Universitäten des Landes,
3. die evangelischen Kirchen des Landes,
4. die für das Land zuständigen katholischen Bischöfe,
5. die Vorstände der jüdischen Kultusgemeinden des Landes.

Außerdem entsenden je einen Vertreter die Versammlungen der Vorstände folgender Vereinigungen:
6. der Lehrervereinigungen,
7. der Arbeitnehmervereinigungen (Arbeitnehmergewerkschaften),
8. der Vereinigungen der Arbeitgeber in Gewerbe, Handel und Landwirtschaft.

Dem Rundfunkrat gehören ferner an
9. ein Vertreter des Hessischen Volkshochschulverbandes,
10. ein Vertreter der Staatlichen Hochschule für Musik in Frankfurt a. M.,
11. ein Vertreter des Freien Deutschen Hochstifts in Frankfurt a. M.,
12. fünf Abgeordnete des Landtags, die von diesem nach den Grundsätzen der Verhältniswahl gewählt werden.

Verwaltungsrat
§ 11
(1) Der Verwaltungsrat besteht aus sechs Mitgliedern. Vier Mitglieder werden vom Rundfunkrat, zwei Mitglieder von den Beschäftigten gewählt.

Rundfunkrat:

Karl-Heinz Jungmann
  Arbeitnehmervereinigungen
  DGB
  Wilhelm-Leuschner-Str. 69-77
  60329 Frankfurt/Main
  Telefon 0 69 / 27 30 05 20
  Fax 0 69 / 27 30 05 - 45

Edith Strumpf
  weibl. Mitglied (§ 5 Abs. 5)
  Flughafen AG Frankfurt
  60547 Frankfurt/Main
  Telefon 0 69 / 69 06 67 69
  Fax 0 69 / 69 0 - 70 07 1

Prof. Dr. Evelis Mayer
  Ministerium f. Wissenschaft und Kunst
  Landesregierung
  Rheinstraße 23-25
  65185 Wiesbaden
  Telefon 0 61 1 / 16 52 00
  Fax 0 61 1 / 16 5 - 76 6

Prof. Dr. Helmut Böhme
  Universitäten
  Technische Hochschule
  Karolinenplatz 5
  64289 Darmstadt
  Telefon 0 61 51 / 16 - 01 / 21 20
  Fax 0 61 51 / 16 - 54 89

Dr. Dieter Trautwein
Evangelische Kirche
Zehnmorgenstraße 29
60433 Frankfurt/Main
Telefon 0 69 / 52 97 52

Josef Maria Laube
Katholische Bischöfe
Steinheimer Str. 95
63500 Seligenstadt
Telefon 0 61 82 / 2 21 95

Moritz Neumann
Jüdische Kultusgemeinden
Jüdische Gemeinden in Hessen
Hebelstraße 6
60318 Frankfurt/Main
Telefon 0 69 / 44 40 49
Fax 0 69 / 43 14 55

Rotraut Sänger
Lehrervereinigungen
Mittelpunktschule
37287 Wehretal
Telefon 0 56 51 / 43 11

Dipl. Ing. Gerd Allers
Arbeitgebervereinigungen in Gewerbe, Handel und Landwirtschaft
Walkmühltalanlage 3
65195 Wiesbaden
Telefon 0 61 1 / 40 41 16

Lothar Arabin
Volkshochschulverband
Winterbachstr. 38
60320 Frankfurt
Telefon 0 56 1 / 7 87 40 20 oder 0 69 / 56 00 08 - 0
Fax 0 69 / 56 00 08 - 10

Prof. Hans-Dieter Resch
Hochschule für Musik und Darstellende Kunst Frankfurt
Eschersheimer Landstraße 29 - 39
60322 Frankfurt/Main
Telefon 0 69 / 15 4007 31 1
Fax 0 69 / 15 40 07 - 10 8

Prof. Dr. Christoph Perels
Freies Deutsches Hochstift Frankfurt
Großer Hirschgraben 23
60311 Frankfurt/Main
Telefon: 0 69 / 28 28 24
Fax 0 69 / 29 38 22

Friedrich Hertle
Landtag, Fraktion Die Grünen
Schloßplatz 1
65183 Wiesbaden
Telefon 0 61 1 / 35 0 - 58 2
Fax 0 61 1 /35 0 - 60 0

Willi Rausch
Landtag, SPD-Fraktion
Schloßplatz 1
65183 Wiesbaden
Telefon: 0 61 1 / 35 0 - 51 9
Fax 0 61 1 / 35 0 - 51 1

Armin Clauss
Landtag, SPD-Fraktion
Schloßplatz 1
65183 Wiesbaden
Telefon 0 61 1/ 35 0 - 0
Fax 0 6 11 / 35 0 - 51 1

Roland Koch
Landtag, CDU-Fraktion
Schloßplatz 1
65183 Wiesbaden
Telefon 0 61 1 / 35 0 - 53 4
Fax 0 61 1 / 35 0 - 55 1

Gerald Weiß
Landtag, CDU-Fraktion
Schloßplatz 1
65183 Wiesbaden
Telefon 0 61 1 / 35 06 21
Fax 0 61 1 / 35 0 - 55 1

Verwaltungsrat:

Gert Lütgert
Landtag, SPD-Fraktion
Schloßplatz 1
65183 Wiesbaden
Telefon 0 6 11 / 35 0 - 65 2
Fax 0 61 1 / 35 0 - 51 3

Ludolf Müller
Personalrat
Praunheimer Weg 47
60439 Frankfurt
Telefon 0 69 / 15 5 - 24 20
Fax 0 69 / 15 52 90 0

Axel Becker
Personalrat
Jakob-Heller-Str. 4
60320 Frankfurt
Telefon 0 69 / 15 5 - 24 97
Fax 0 69 / 15 52 90 0

Ignatz Bubis
Jüdische Gemeinde
Westendstr. 43
60325 Frankfurt
Telefon 0 69 / 74 07 21
Fax 0 69 / 74 68 74

Wilhelm Küchler
Landtag, CDU-Fraktion
Frankfurter Str. 42
61476 Kronberg
Telefon 0 61 73 / 15 79
Fax 0 61 1 / 35 0- 55 1

Heribert Reitz
Jahnstr. 1
65555 Limburg-Offenheim
Telefon 0 64 31 / 5 12 66

Dr. Alfred Härtl
Sachverständiger Finanzen
Fuchshohl 115
60431 Frankfurt
Telefon 0 69 / 52 53 33

Horst Henrichs
Sachverständiger Recht
Oberlandesgericht Frankfurt
Zeil 42
60313 Frankfurt
Telefon 0 69 / 13 67 - 22 77
Fax 0 69 / 13 67 - 29 76

Prof.Dr. Rolf Isermann
Sachverständiger Technik
Landgraf-Georg-Str. 4
64283 Darmstadt
Telefon 0 61 51 / 16 21 14

Mitteldeutscher Rundfunk (MDR)
Kantstr. 71–73
04275 Leipzig
Telefon: 0 341 / 5 59 50
Fax: 0 341 / 5 59 62 16

Intendant: Dr. Udo Reiter

Amtszeit: 6 Jahre (1991 bis 1997)

Lebenslauf:
Dr. phil. Udo Reiter, geb. am 28. März 1944 in Lindau am Bodensee. Seit 1. Juli 1991 Intendant des Mitteldeutschen Rundfunks. 1970 Volontariat beim Bayerischen Rundfunk. Anschließend Freier Mitarbeiter. Ab 1973 Redakteur in der Wissenschaftsredaktion des BR innerhalb der Hauptabteilung Kultur. 1980 bis 1983 Leiter der Abteilung Familienfunk. 1983 zudem Chefredakteur Hörfunk. 1984 stellv. Programmdirektor für den Hörfunk. 1986 Hörfunkdirektor.

Rundfunkrat:
Amtszeit: 6 Jahre (1991 - 1997)
Vorsitzender: Ulrich Berger
Stellvertreter: Dieter Bauerfeind
Horst Greim
Ausschüsse: - Programmausschuß Fernsehen (Vorsitz: Dr. Albrecht Börner)
- Haushaltsauschuß (Vorsitz: Dr. Karl Gerhold)
- Programmauschuß Hörfunk (Vorsitz: Jürgen Kriesch)

Verwaltungsrat: 7 Mitglieder
Amtszeit: 6 Jahre (1991 - 1997)
Vorsitzender: Prof. Dr. Horst E. Wittig
Stellvertreter: Wolfgang Erler

Rechtsgrundlage; Staatsvertrag über den Mitteldeutschen Rundfunk (MDR) vom 30. Mai 1991

Rundfunkrat

§ 19: Zusammensetzung des Rundfunkrates
(1) Der Rundfunkrat setzt sich zusammen aus:
1. je einem Vertreter der Landesregierungen,
2. Vertretern der in mindestens zwei Landtagen durch Fraktionen oder Gruppen vertretenen Parteien in der Weise, daß jede Partei entsprechend der Gesamtstärke der Fraktionen oder Gruppen je angefangene fünfzig Abgeordnete ein Mitglied entsendet; - dabei kann im Rahmen dieser Bestimmung eine Gruppe nur eine Partei vertreten. Es wird in der Reihenfolge Sachsen, Sachsen-Anhalt, Thüringen entsandt. Die Auswahl der zu entsendenden Vertreter innerhalb eines Landes ist gemäß dem d'Hondt'schen Höchstzahlverfahren vorzunehmen -,
3. zwei Mitgliedern der Evangelischen Kirchen, und zwar aus Sachsen und Thüringen,
4. zwei Mitgliedern der Katholischen Kirche, und zwar aus Sachsen-Anhalt und Thüringen,
5. einem Mitglied der Jüdischen Kultusgemeinden aus Sachsen,
6. drei Mitgliedern der Arbeitnehmerverbände, und zwar je ein Mitglied aus Sachsen, Sachsen-Anhalt und Thüringen,
7. drei Mitgliedern der Arbeitgeberverbände, und zwar je ein Mitglied aus Sachsen, Sachsen-Anhalt und Thüringen,
8. drei Mitgliedern der Handwerksverbände, und zwar je ein Mitglied aus Sachsen, Sachsen-Anhalt und Thüringen,
9. drei Mitgliedern der kommunalen Spitzenverbände, und zwar je ein Mitglied aus Sachsen, Sachsen-Anhalt und Thüringen,
10. einem Mitglied der Industrie und Handelskammern, und zwar aus Sachsen,
11. einem Mitglied der Bauernverbände, und zwar aus Sachsen-Anhalt,
12. einem Mitglied des Deutschen Sportbundes, und zwar aus Sachsen,
13. einem Mitglied der Jugendverbände, und zwar aus Thüringen,
14. einem Mitglied der Frauenverbände, und zwar aus Sachsen-Anhalt,
15. einem Mitglied der Vereinigungen der Opfer des Stalinismus, und zwar aus Sachsen,
16. je einem Mitglied acht weiterer gesellschaftlich bedeutsamer Organisationen und Gruppen, von denen die gesetzgebende Körperschaft des Landes Sachsen vier und die des Landes Sachsen-Anhalt sowie des Landes Thüringen je zwei bestimmen.

Verwaltungsrat

§ 25 Zusammensetzung des Verwaltungsrates
(1) Der Verwaltungsrat besteht aus sieben Mitgliedern, die vom Rundfunkrat gewählt werden, und zwar drei Mitgliedern aus dem Freistaat Sachsen und je zwei Mitgliedern aus dem Land Sachsen-Anhalt und dem Land Thüringen.

Rundfunkrat:

Dr. Andreas Baeckler
Handwerksverband
Lutherstraße 15
39112 Magdeburg
Telefon 0 39 1 / 60 09 15
Fax: 0 39 1 / 60 09 15

Dieter Bauerfeind
Landesregierung Sachsen
IG Bergbau und Energie
Äußere Hordorfer Straße 13
06114 Halle
Telefon 0 345 / 50 30 34
Fax 0 34 5 / 50 30 35

Ulrich Berger
Katholische Kirche
Katholisches Büro
Max-Josef-Metzger-Straße 1
39104 Magdeburg
Telefon: 0 39 1 / 59 61 16 0
Fax: 03 91 / 59 61 - 16 4

Dr. Albrecht Börner
Freie Berufe
Tieckstraße 52
07747 Jena/Neulobeda
Telefon: 0 36 41 / 33 52 37

Dr. Hans Bozenhard
Vereinigung der Opfer d. Stalinismus
Weißbachstraße 2
01069 Dresden
Telefon 0 35 1 / 47 17 28 3

Andreas Decker
Deutscher Sportbund
Landes-Sportbund Sachsen
Marschnerstraße 29
04109 Leipzig
Telefon 0 34 1 / 21 63 12 8
Fax 0 34 1 / 20 03 49

Joachim Dirschka
Handwerkverband
Handwerkskammer Leipzig
Lessingstraße 7
04109 Leipzig
Telefon 0 34 1 / 21 88 10 0
Fax 0 34 1 / 20 08 16

Dr. Gerd Drechsler
Deutscher Beamtenbund
Kreisjugendamt
Stiftstraße 11
08056 Zwickau
Telefon 0 37 5 / 88 81 78
Fax 0 37 5 / 88 82 62

Dr. Karl-Heinz Ducke
Katholische Kirche
Pfarrei St. Johannes
Wagnergasse 34
07743 Jena
Telefon 0 36 41 / 2 23 73

Dr. Karl Gerhold
Vertreter des Landes Sachsen-Anhalt
GETEC-Energietechnik
Sudenburger Wuhne 63
39118 Magdeburg
Telefon 0 39 1 / 60 86 15 0
Fax 0 39 1 / 60 86 15 1

Jürgen Gnauck
Kommunale Spitzenverbände
Eckhofplatz 3
99867 Gotha
Telefon 0 36 21 / 2 93 50
Fax 0 36 21 / 5 26 38

Herbert Goliasch
Vertreter des Landes Sachsen
Sächsischer Landtag
Holländische Straße 2
01067 Dresden
Telefon 0 35 1 / 49 3 - 55 54
Fax 0 35 1 / 49 3 - 54 40

Thomas Göpfarth
Arbeitgeberverband
Objekt-Marketing GmbH
Richard-Eiling-Straße 3
99096 Erfurt
Telefon 0 36 1 / 64 38 36 2
Fax 0 36 1 / 64 3 31 22

Horst Greim
Evangelische Kirche
Diak. Werk
Am Ofenstein 9
99817 Eisenach
Telefon 0 36 91 / 73 29 42

Matthias Griebel
Sächsischer Heimatschutz
Stadtmuseum Dresden
Wilsdruffer Straße 2
01067 Dresden
Telefon: 0 35 1 / 4 98 66 11
Fax: 0 35 1 / 4 95 12 88

Werner Große
Thüring. Familienverbände
Thüring. Finanzministerium
Wilhelm-Wolf-Str. 9
99093 Erfurt
Telefon 0 36 1 / 5 07 11 19
Fax 0 36 1 / 50 71 65 0

Rolf Günzler
Handwerkverband
Handwerkskammer Südthüringen
Rosa-Luxemburg-Straße 9
98527 Suhl
Telefon: 0 36 81 / 37 0 - 0
Fax: 0 36 81 / 37 0 - 29 0

Harald Fennel
Arbeitnehmerverband
Friedrich-Ebert-Str. 47
99096 Erfurt
Telefon 0 36 1 / 31 80 5
Fax 0 36 1 / 64 92 88 0

Dr. Hans Herbert Haase
Vertreter des Landes Sachsen-Anhalt
Willi-Riegelstr. 7
01620 Halle
Telefon 0 34 5 / 55 04 22 6
Fax 0 34 5 / 55 04 22 6

Gregor Hillmann
Caritas
Langer Weg 65 - 66
39112 Magdeburg
Telefon 0 30 1 / 02 67 - 21 2
Fax: 0 39 1 / 62 67 - 10 2

Prof. Dr. Klaus Husemann
Vertreter des Landes Sachsen
TU Freiberg
Agricolastraße 1
09596 Freiberg
Telefon 0 37 31 / 39 - 29 16
Fax 0 37 31 / 39 - 29 47

Friedrich-Wilhelm Junge
Neuer Sächs. Kunstverein
Schloß Albrechtsberg
Bautzener Str. 130
01099 Dresden
Telefon: 0 35 1 / 55 65 5

Hans Kaiser
Landesregierung Thüringen
Staatskanzlei
Johann-Sebastian-Bach-Straße 1
99021 Erfurt
Telefon 0 36 1 / 37 73 00 - 3/4
Fax:0 36 1 / 3 77 30 64

Michael Kleber
Arbeitnehmerverband
DGB
Lennéstraße 13
39112 Magdeburg
Telefon 0 39 1 / 3 13 74
Fax: 0 39 1 / 3 13 76

Klaus-Dieter Kopf
Landeskulturrat
Galerie Himmelreichstr. 2
39104 Magdeburg
Telefon 0 39 1 / 4 46 22
Fax 0 39 1 / 30 11 4

Jürgen Kriesch
Vertreter d. Landes Sachsen-Anhalt
SPD-Fraktion
Domplatz 6/7
39104 Magdeburg
Telefon 0 39 1 / 56 03 00 9
Fax 0 39 1 / 5 60 30 24

Hanjo Lucassen
Arbeitnehmerverband
DGB
Schützenplatz 14
01067 Dresden
Telefon 0 35 1 / 48 53 - 1 00
Fax 0 35 1 / 48 53 - 1 58

Hans Dieter Manegold
Industrie und Handelskammern
IHK Leipzig
Goerdelerring 5
04109 Leipzig
Telefon 0 34 1 / 71 53 - 1 05
Fax 0 34 1 / 71 53 - 4 21

Klaus Seefeld
Arbeitgeberverband
Otto-von-Guericke-Str. 107
39104 Magdeburg
Telefon 0 39 1 / 56 88 02 9
Fax 0 39 1 / 55 91 32 1

Siegmund Rotstein
Jüdische Kultusgemeinden
Bautzner Str. 20
01099 Dresden
Telefon 0 351 / 55 49 1

Prof. Dr. Hans Poerschke
Vertreter des Landes Sachsen
Sosaer Straße 3
04349 Leipzig
Telefon 0 34 1 / 58 82 63
Fax 0 34 1 / 58 82 63

Dr. Herbert Rausch
Vertreter des Landes Thüringen
Landtag, SPD-Fraktion
Arnstädter Straße 51
99096 Erfurt
Telefon 0 36 1 / 3 77 23 39
Fax: 0 36 1 / 3 77 24 17

Dr. Johannes Richter
Evangelischen Kirche
Thomaskirchhof 18
04109 Leipzig
Telefon 0 34 1 / 96 01 17 9
Fax 0 34 1 / 96 01 67 9

Aribert Rothe
Jugendverbände
Schillerstraße 50
99096 Erfurt
Telefon 0 36 1 / 2 57 92

Susanne Schmotz
Frauenverband
Magistrat Halle
Markt 1
06108 Halle
Telefon 0 34 5 / 5 54 47 90
Fax 0 34 5 / 55 4 - 42 50

Jörg Schwäblein
Vertreter des Landes Thüringen
Landtag, CDU-Fraktion
Arnstädter Straße 51
99096 Erfurt
Telefon 0 36 1 / 37 72 20 01
Fax 03 61 / 3 77 24 14

Franz Stänner
Landesregierung Sachsen-Anhalt
Domplatz 1a
39104 Magdeburg
Telefon 0 39 1 / 5 67 - 66 65
Fax 0 39 1 / 5 67 - 66 67

Dr. Gabriele Schade
Vertreter des Landes Thüringen
TU Ilmenau
Postfach 327
98684 Ilmenau
Telefon 0 36 77 / 69 26 40
Fax 0 36 77 / 69 12 01

Hans-Ulrich von Trotha
Bauernverbände
Wallstraße 8
06369 Cösitz
Telefon 0 39 1 / 34 34 81
Fax 0 39 1 / 34 34 81

Dr. Herbert Wagner
Kommunale Spitzenverbände
Stadt Dresden
Dr.-Külz-Ring 19
01067 Dresden
Telefon 0 35 1 / 4 88 22 00
Fax 0 35 1 / 4 95 12 43

Jörg Peter Weigle
Sächs. Musikrat
Dresdner Philharmonie
Postfach 120368
01005 Dresden
Telefon 0 35 1 / 4 86 62 85
Fax 0 35 1 / 4 86 63 50

Anna Zielezinski
Kommunale Spitzenverbände
Sekundar-Schule
Espenstedter Weg 1
06279 Schraplau
Telefon 0 34 77 4 / 72 10

Verwaltungsrat:

Dr. Horst E. Wittig
Sachsen-Anhalt
Technische Universität Magdeburg
Virchowstr. 24, V
39104 Magdeburg
Telefon 0 44 03 / 41 31

Wolfgang Erler
Thüringen
Obere Hohl 13
65620 Waldbrunn
Telefon 0 64 36 / 40 80
Fax 0 64 36 / 66 75

Gerhard Schulz
Sachsen
Bundeshaus
53113 Bonn
Telefon 0 34 1 / 47 98 87 6
Fax 0 34 1 / 47 59 73

Dr. Hans-Joachim Brandt
Sachsen
Shokowstr. 26
04347 Leipzig
Telefon 0 34 1 / 23 26 52 1

Dr. Dieter Görne
Sachsen
Staatsschauspiel Dresden
Theaterstr. 2
01067 Dresden
Telefon 0 35 1 / 4 84 29 12
Fax 0 35 1 / 4 84 29 10

Dr. Klaus-Peter Rauen
Sachsen-Anhalt
Stadt Halle
Markt 1
06108 Halle/Saale
Telefon 0 345 / 5 54 40 - 00
Fax 0 34 5 / 2 62 68

Michael Maulhardt
 Thüringen
 Diözese Erfurt
 Herrmannplatz 9
 99084 Erfurt
 Telefon 0 36 1 / 65 72 0
 Fax: 0 36 1 / 65 72 - 3 19 / 444

Norddeutscher Rundfunk (NDR)
Rothenbaumchaussee 132–134
20149 Hamburg
Telefon 0 40 / 4 15 60
Fax 0 40 / 44 76 02

Intendant: Jobst Plog

Amtszeit: 6 Jahre (1991 bis 1997)

Lebenslauf:
Jobst Plog, geb. 1941 in Hannover. Seit 16. Januar 1991 Intendant des Norddeutschen Rundfunks. 1970 bis 1977 Rechtsanwalt. 1977 bis 1980 Justitiar des NDR. 1980 Berufung zum stellv. Intendanten.

Rundfunkrat: 58 Mitglieder
Amtszeit: 5 Jahre (1992 bis 1997)
Vorsitzender: Sabine-Almut Auerbach
Stellvertreter: Gabriela Fenyes
Gernot Preuß
Ausschüsse: Programmausschuß (Vorsitz: Dr. Lutz Mohaupt)

Verwaltungsrat: 12 Mitglieder
Amtszeit: 5 Jahre (1992 bis 1997)
Vorsitzender: Dr. Christiane Freifrau von Richthofen
Stellvertreter: Lutz Freitag

Rechtsgrundlage: Staatsvertrag über den Norddeutschen Rundfunk (NDR) vom 17./18. Dezember 1991

Rundfunkrat
§ 17 Zusammensetzung des Rundfunkrats
(1) Der Rundfunkrat besteht aus höchstens 58 Mitgliedern. Von ihnen entsenden
1. höchstens elf Mitglieder die in den Landesparlamenten der Länder mit Fraktionen vertretenen Parteien, davon
    a) neun Mitglieder die in den gesetzgebenden Körperschaften der Länder vertretenen Parteien, davon drei aus Niedersachsen und je zwei aus Hamburg, Mecklenburg-Vorpommern und Schleswig-Holstein, entsprechend ihrem Stärkeverhältnis nach dem Höchstzahlverfahren d'Hondt sowie
    b) je ein Mitglied die nach der Zahl ihrer Wähler in den jeweiligen Ländern stärkste und zweitstärkste Fraktion der in den Landesparlamenten vertretenen Parteien, auf die nach dem Höchstzahlverfahren d'Hondt kein Sitz im Rundfunkrat entfallen ist;
    maßgebend sind die Ergebnisse der Wahlen zu den Landesparlamenten vor dem jeweiligen ersten Zusammentritt des Rundfunkrats.
2. zwei Mitglieder die evangelischen Kirchen und zwei Mitglieder die römisch-katholische Kirche, davon je ein Mitglied aus Hamburg, Mecklenburg-Vorpommern, Niedersachsen und Schleswig-Holstein,
3. ein Mitglied die Jüdische Gemeinde in Hamburg,
4. vier Mitglieder der Deutsche Gewerkschaftsbund, ein Mitglied die Deutsche Angestelltengewerkschaft, ein Mitglied der Deutsche Beamtenbund, davon drei aus Niedersachsen und je eines aus Hamburg, Mecklenburg-Vorpommern und Schleswig-Holstein,
5. drei Mitglieder die Arbeitgeberverbände, davon zwei aus dem Bereich der Industrie und eines aus dem Bereich des Handels, ein Mitglied die Handwerksverbände, ein Mitglied die Verbände der Freien Berufe, und zwar zwei aus Niedersachsen und je eines aus Hamburg, Mecklenburg-Vorpommern und Schleswig-Holstein, dabei im Falle Hamburgs für Industrie, Handel und Handwerk anstelle der Landesvereinigungen jeweils die Kammer,
6. ein Mitglied des Bauernverbands aus Mecklenburg-Vorpommern,
7. drei Mitglieder die Landesfrauenräte und Landesarbeitsgemeinschaften der Fraueninitiativen, und zwar je eines aus Hamburg, Niedersachsen und Schleswig-Holstein,
8. je ein Mitglied der Landessportbund aus Niedersachsen und der Landessportbund aus Mecklenburg-Vorpommern,
9. ein Mitglied die Arbeitsgemeinschaft der kommunalen Spitzenverbände Niedersachsens.
10. ein Mitglied der Haus- und Grundeigentümerverein e.V. aus Mecklenburg-Vorpommern, ein Mitglied der Deutsche Mieterbund, Landesverband Schleswig-Holstein e.V. sowie ein Mitglied die in Hamburg mit der Verbraucherberatung betraute Institution,
11. ein Mitglied die Landesarbeitsgemeinschft der Freien Wohlfahrtspflege in Niedersachsen, ein Mitglied die Arbeiterwohlfahrt, Landesverband Schleswig-Holstein e.V. , ein Mitglied das Diakonische Werk aus Hamburg und ein Mitglied der Deutschen Caritasverband e.V aus Mecklenburg-Vorpommern,
12. ein Mitglied der Deutsche Kinderschutzbund e.V. aus Schleswig-Holstein, ein Mitglied der Landesjugendring aus Niedersachsen, ein Mitglied der Lan-

deselternrat aus Niedersachsen, ein Mitglied die Erwachsenenbildungsorganisationen aus Niedersachsen,

13. ein Mitglied Robin Wood e.V. aus Hamburg, ein Mitglied der BUND aus Niedersachsen, ein Mitglied der Landesnaturschutzbund Schleswig-Holstein e.V. und ein Mitglied der Landesverband Bürgerinitiativen Umweltschutz aus Niedersachsen, ein Mitglied der Landesheimatverband aus Mecklenburg-Vorpommern,
14. ein Mitglied die Arbeitsgruppe Bildende Kunst aus Hamburg, ein Mitglied der Verband Deutscher Schriftsteller (VS) aus Niedersachsen und ein Mitglied der Landesmusikrat Schleswig-Holstein.e.V.
15. ein Mitglied der Reichsbund der Kriegsopfer, Behinderten, Sozialrentner und Hinterbliebenen e.V. aus Niedersachsen, ein Mitglied die Arbeitsgemeinschaft Kommunale Ausländervertretungen Niedersachsen und ein Mitglied der Landesseniorenrat Niedersachsen e.V.
16. ein Mitglied der Verband der Opfer des Stalinismus aus Mecklenburg-Vorpommern und ein Mitglied der Aktion Sühnezeichen aus Niedersachsen.

(2) Organisationen und Gruppen, die mehrere Mitglieder entsenden, müssen mindestens zur Hälfte dieser Mitglieder Frauen entsenden, Organisationen und Gruppen, die ein Mitglied entsenden, für mindestens jede zweite Amtszeit des Rundfunkrats. Diese Anforderung entfällt nur dann,wenn der jeweiligen Organisation der Gruppe aufgrund ihrer Zusammensetzung eine Entsendung von Frauen regelmäßig oder imEinzelfall nicht möglich ist; dies ist gegenüber dem oder der Vorsitzenden des Rundfunkrats bei der Benennung des Mitglieds schrifltich zu begründen.

Verwaltungsrat
§ 24 Zusammensetzung des Verwaltungsrates.
(1) Der Verwaltungsrat besteht aus zwölf Mitgliedern, die vom Rundfunkrat gewählt werden, und zwar sechs Mitgliedern aus Niedersachsen und je zwei Mitgliedern aus Hamburg, Mecklenburg-Vorpommern und Schleswig-Holstein. Dem Verwaltungsrat sollen sechs Frauen angehören.

Rundfunkrat:

Sabine-Almut Auerbach
DAG/SH
Karl-Muck-Platz 1
20355 Hamburg
Telefon 0 40 / 3 49 15 - 2 39
Fax 0 40 / 3 49 15 - 2 70

Wolfgang Becker
SPD/NI
Odeonstr. 15-16
30159 Hannover
Telefon: 0 51 1 / 16 74 - 21 2
Fax 0 51 1 / 16 74 - 21 1

Ulf Birch
DGB/NI
Dreyerstraße 6
30169 Hannover
Telefon 0 51 1 / 1 26 01 - 0
Fax 0 51 1 / 1 26 01 - 57

Gert Börnsen
SPD/SH
Landtag
Düsternbrooker Weg 70
24105 Kiel
Telefon 0 43 1 / 5 96 - 20 40
Fax 0 43 1 / 59 6 - 22 37

Dr. Marianne Horstkötter
SPD/NI
Odeonstr. 15 - 16
30159 Hannover
Telefon 0 51 1 / 16 74 - 21 2
Fax 0 51 1 / 16 74 - 21 1

Bärbel Claus
Verband der Freien Berufe im Lande
Niedersachsen e.V. / NI
RAe Claus und Offeney
Sedanstr. 6
30161 Hannover
Telefon 0 51 1 / 34 52 22
Fax: 0 51 1 / 34 59 82

Matthias Crone
Caritas / MV
Bischöfl. Amt
Lankower Str. 14 - 16
19057 Schwerin
Telefon 0 38 5 / 45 76 35
Fax 0 38 5 / 44 0 71

Harald Dethlefsen
Unternehmensverbände/ MV
Gadebuscher Str. 153
19057 Schwerin
Telefon 0 38 5 / 47 99 81
Fax 0 38 6 / 43 15 5

Peter Deutschland
DGB/MV
Gadebuscher Str. 153 G
19057 Schwerin
Telefon 0 38 5 / 46 71 51
Fax 0 38 5 / 46 71 56

N.N.
CDU/MV
Landtag
Lennéstraße 1
19053 Schwerin
Telefon 0 38 5 / 88 8 -0
Fax 0 38 5 / 81 23 94

Helga Diercks-Norden
Landesfrauenrat / HH
Bebelallee 10
22299 Hamburg
Telefon 0 40 / 51 73 60

Michael Doege
Umweltschutz / NI
LV Bürgerinitiativen Niedersachsen
Waldheimstr. 9
30519 Hannover
Telefon 0 51 1 / 83 08 73
Fax 0 51 1 / 83 08 98

Erwin Dunst
  Erwachsenenbildung / NI
  DAG
  Hildesheimer Str. 17
  30169 Hannover
  Telefon 0 51 1 / 28 09 3 - 58
  Fax 0 51 1 / 28 09 3 - 94

Jürgen Echternach
  CDU/HH
  Leinpfad 74
  22299 Hamburg
  Telefon 0 40 / 4 60 10 11
  Fax 040 / 36 51 28

Ingelore Ehricht
  Ev. Luth. Landeskirche Mecklenburgs
  und Ev. Kirche / MV
  Pommersche Ev. Kirche
  Bahnhofstr. 35 - 36
  17489 Greifswald
  Telefon 0 38 34 / 52 61
  Fax 0 38 34 / 81 40 89

Gerhard Engel
  Landesmusikrat / SH
  Nikolaistr. 5
  24937 Flensburg
  Telefon 0 46 1 /2 21 31
  Fax 0 4 61 / 26 74 0

Volker Erhardt
  Verband Dt. Schriftsteller (VS)/NI
  IG Medien/VS
  Sophienstr. 2
  30159 Hannover
  Telefon 0 51 1 / 32 90 88

Gabriela Fenyes
  Jüdische Gemeinde/HH
  Springer Verlag
  Axel-Springer-Platz 1
  20355 Hamburg
  Telefon 0 40 / 34 72 28 13
  Fax 0 40 / 35 32 22

Prof. Dr. Henry Fischer
  Katholische Kirche / SH
  Kath. Pfarramt
  Adolfstr. 1
  22926 Ahrensburg
  Telefon 0 41 02 / 52 90 7

Hannelore Fojut
  Arbeiterwohlfahrt / SH
  Feldstraße 5
  24105 Kiel
  Telefon 0 45 22 / 74 32 05
  Fax 0 43 1 / 51 14 - 108

Helmuth Frahm
  SPD/HH
  Kurt-Schumacher-Allee 10
  20097 Hamburg
  Telefon 0 40 / 38 27 33
  Fax 0 40 / 24 13 05 oder 38 92 803

Siegfried Friese
  SPD/MV
  Landtag
  Lennéstraße 1
  19053 Schwerin
  Telefon 0 38 5 / 6 55 09 16
  Fax 0 38 5 / 81 23 94

Gerhard Gizler
  FDP/NI
  Merkelstr. 39
  37085 Göttingen
  Telefon 0 51 1 / 12 0 - 27 40
  Fax 0 51 1 / 12 0 - 28 30

Adrienne Goehler
  Bildende Künste / HH
  Hochschule für BK
  Lerchenfeld 2
  22081 Hamburg
  Telefon 0 40 / 29 84 - 32 50
  Fax 040 / 29 84 - 32 41

Reinhart Günzel
  Bund für Umwelt und Naturschutz
  Deutschland / NI
  Goebenstr. 3 a
  30161 Hannover
  Telefon 0 511 / 96 56 9 - 0
  Fax 0 51 1 / 66 25 36

Cornelia Habisch
  Die Grünen/NI
  Voltastr. 35
  30165 Hannover
  Telefon 0 51 1 / 62 18 90
  Fax 0 51 1 / 62 88 39

Dr. Ottfried Hennig
  CDU/SH
  Sophienblatt 44-46
  24114 Kiel
  Telefon 0 43 1 / 6 60 90
  Fax: 0 43 1 / 6 35 41

Irene Johns
  Kinderschutzbund / SH
  Kinderschutz-Zentrum
  Zastrowstr. 12
  24114 Kiel
  Telefon 0 43 1 / 1 68 31
  Fax 0 43 1 / 16 88 8

Dagmar Gräfin Kerssenbrock
  Landesnaturschutzverband/SH
  Burgstr. 4
  24103 Kiel
  Telefon 0 43 1 / 93 0 - 27
  Fax 0 43 1 / 93 0 - 47

Jochen Kiersch
  Deutscher Mieterbund/SH
  Eggerstedtstr. 1
  24103 Kiel
  Telefon 0 43 1 / 9 79 19 - 12
  Fax 0 43 1 / 9 79 19 31

Claus Klein
  Reichsbund der Kriegs- und Wehrdienstopfer, Behinderten,/ NI
  Herschelstr. 31
  30159 Hannover
  Telefon: 0 51 1 / 70 14 80
  Fax 0 51 1 / 70 14 87 0

Bernhard Kreibohm
  Arbeiterwohlfahrt / NI
  Freie Wohlfahrtsverbände
  Körtingsdorf 1
  30455 Hannover
  Telefon 0 51 1 / 49 52 - 2 10
  Fax 0 51 1/ 49 52 - 20 0

Inez Kühn
  DGB/NI
  IG Medien
  Dreyerstr. 6
  30169 Hannover
  Telefon 0 51 1 / 1 31 86 83
  Fax 0 51 1 / 17 82 9

Dr. Karl-Heinz Kutz
  Landessportbund / MV
  Universität Rostock
  Universitätsplatz 1
  18055 Rostock
  Telefon: 0 38 1 / 4 98 - 10 12
  Fax 0 38 1 / 4 98 - 10 32

Erwin Mantik
  Landesverband Haus & Grund / MV
  Bosselmannstr. 11
  19063 Schwerin
  Telefon 0 38 5 / 27 52 13
  Fax 0 38 5 / 27 52 13

Herwig Matthes
  Landessportbund / NI
  Ferd.-Wilhelm-Fricke-Weg 10
  30169 Hannover
  Telefon 0 51 1 / 12 68 - 0
  Fax 0 5 11 / 12 68 - 190

Hanna Matthies
Landesfrauenrat / NI
Arndtstr. 19
22085 Hannover
Telefon 0 51 1 / 13 19 24 8
Fax 0 51 1 / 19 18 41 4

Dr. Lutz Mohaupt
Nordelbische Ev.-Luth. Kirche/HH
Hauptkirche St. Jacobi
Jakobikirchhof 22
20095 Hamburg
Telefon 0 40 / 32 77 - 44
Fax 0 40 / 33 74 52

Julio Molina
Arbeitsgemeinschaft kommunale Ausländervertretungen / NI
Stadt Osnabrück
Postfach 29 27
49034 Osnabrück
Telefon 0 54 1 / 3 23 25 95
Fax 0 54 1 / 3 23 42 01

Karin Münz
Landeselternrat NI
Zeppelinstr. 95
21680 Stade
Telefon 0 41 41 / 60 91 27

Roland Neßler
Dt. Beamtenbund/NI
Große Packhofstr. 28
30159 Hannover
Telefon 0 51 1 / 32 37 07
Fax 0 51 1 / 36 36 59

Wilhelm Nonnen
Landesseniorenrat / NI
Heinrich-von-Stephan-Str. 88
38259 Salzgitter
Telefon 0 53 41 / 3 29 09

Jürgen Pohl
Gemeinschaft ehem. pol. Häftlinge, Vereinigung der Opfer des Stalinismus / MV
Galileo-Galilei-Straße 43
19063 Schwerin

Siglinde Porsch
Landesfrauenrat SH
Dt. Hausfrauenbund
Coburger Str. 19
53113 Bonn
Telefon 0 22 8 / 23 77 18
Fax 0 22 8 / 23 88 58

Gernot Preuß
Unternehmensverbände / NI
Schiffgraben 36
30175 Hannover
Telefon 0 51 1 / 85 05 - 2 40
Fax 0 51 1 / 85 05 - 2 68

N. N.
Landesheimatverband / MV
Friedrichstr. 12
19055 Schwerin
Telefon 0 38 5 / 81 23 56
Fax: 0 38 5 / 81 26 80

Franz Quatmann
AG der komm. Spitzenverbände / NI
Stadt Meppen
Markt 43
49716 Meppen
Telefon 0 59 31 / 15 31 15
Fax 0 59 31 / 15 32 53

Wolfgang Raupach-Rudnick
Aktion Sühnezeichen Friedensdienste e.V./NI
Fröbelweg 4
31303 Burgdorf
Telefon 0 51 36 / 23 55

Dr. Stephan Reimers
Diakonisches Werk / HH
Bugenhagenstr. 21
20095 Hamburg
Telefon 0 40 / 33 44 2 -23 8
Fax 0 40 / 33 44 2 - 30 0

Harald Röpke
Bauernverband / MV
Windbergsweg 4
17033 Neubrandenburg
Telefon 0 39 5 / 42 12 48 4 /85
Fax 0 39 5 / 42 12 48 6

Karin Roth
DGB/HH
Besenbinderhof 60
20097 Hamburg
Telefon 0 40 / 28 58 - 2 11
Fax 0 40 / 28 58 - 2 35

Dr. Roland Rückel
Handelskammer / HH
Adolphsplatz 1
20457 Hamburg
Telefon 0 40 / 36 13 83 02
Fax 0 40 / 36 13 84 01

Anne Scheerer
Robin Wood/HH
Nernstweg 32
22765 Hamburg
Telefon 0 40 / 39 09 5 -56
Fax 0 40 / 39 28 48

Jürgen Schrön
Landesjugendring NI
Maschstr. 22-24
30169 Hannover
Telefon 0 51 1 / 80 50 55
Fax 0 51 1 / 80 50 57

Hugo Schütt
Wirtschaftsverband Handwerk / SH
Fleethörn 25
24103 Kiel
Telefon 0 43 1 / 9 46 46
Fax 0 43 1 / 93 87 7

Josef Stock
CDU/NI
Landtag
Hinrich-Wilhelm-Kopf-Platz 1
30159 Hannover
Telefon 0 5 11 / 30 30 - 485
Fax 0 51 1 / 30 30 - 38 0

Dr. Klaus Tonner
VerbraucherZentrale / HH
Hochschule für Wirtschaft
Von-Melle-Park 9
20146 Hamburg
Telefon 0 40 / 41 23 - 27 60
Fax 0 40 / 41 23 - 41 50

Edeltraud Windolph
Katholische Kirche/NI
Niedersächs.Kultusministerium
Schiffgraben 12
30453 Hannover
Telefon 0 51 1 / 1 20 - 87 63
Fax 0 51 1 / 1 20 - 87 66

Verwaltungsrat:

Dr.Christiane Freifrau von Richthofen
Niedersächs. Innenministerium
Lavesallee 6
30169 Hannover
Telefon 0 51 1 / 12 0 - 1
Fax 0 51 1 / 12 0 - 62 54

Lutz Freitag
DAG
Karl-Muck-Platz 1
20355 Hamburg
Telefon 0 40 / 3 49 15 - 1
Fax 0 40 / 34 91 5 - 400

Michael Fürst
Jüdische Gemeinden NI
Haeckelstr. 10
30173 Hannover
Telefon 0 51 1 / 81 27 62

Konstanze Görres-Ohde
Landgericht
Reitenburger Str. 68
25524 Itzehoe
Telefon 0 48 21 / 66 0
Fax 0 48 21 / 66 10 71

Dr. Bärbel Kern
Verbindungsstelle Niedersachsen
Avenue Palmastron 24
B - 1040 Brüssel
Telefon: 0 03 22 / 2 30 00 17
Fax 00 32 2 / 23 01 32 0

Gerhard Kiehm
Studentenwerk
Uhlhornsweg 49 - 55
26129 Oldenburg
Telefon 0 44 1 / 7 98 27 09
Fax 0 44 1 / 79 8 - 30 00

Klaus Köberle
Landesgarantie-Kasse SH
Postfach 3080
24029 Kiel
Telefon 0 43 1 / 5 90 70
Fax 0 43 1 / 59 07 - 60

Ina Meineck
Verband der freien Berufe / NI
Postfach 307
30003 Hannover
Telefon 0 51 1 / 3 80 02
Fax 0 51 1 / 38 0 - 22 42

Karl Neumann
DGB / NI
Dreyerstr. 6
60169 Hannover
Telefon 0 51 1 / 1 26 01 - 0
Fax 0 51 1 / 12 60 1 - 57

Wulf Schulemann
Reemtsma GmbH
Borkstr. 51
22605 Hamburg
Telefon 0 40 / 8 22 00
Fax 0 40 / 82 20 13 91

Volker Steffens
Unternehmensverbände MV
Gadebuscher Str. 153
19057 Schwerin
Telefon 0 38 5 / 4 79 98 - 0
Fax 0 38 5 / 43 15 5

Dr. Rosemarie Wilcken
Stadt Wismar
Postfach 1245
23952 Wismar
Telefon 0 38 41 / 25 10
Fax 0 38 41 / 28 29 77

Ostdeutscher Rundfunk Brandenburg (ORB)
August-Bebel-Str. 26–53
14482 Potsdam
Telefon: 0 31 1 / 96 5 36 00
Fax: 0 33 1 / 96 5 35 71

Intendant: Prof. Dr. Hansjürgen Rosenbauer

Amtszeit: 6 Jahre (1991 bis 1997)

Lebenslauf:
Dr. phil. Hansjürgen Rosenbauer, geboren am 10. Dezember 1941 in Diez/Lahn. Seit 1. Dezember 1991 Intendant des Ostdeutschen Rundfunks Brandenburg. Ab 1968 Mitarbeiter bei versch. Rundfunkanstalten und »Frankfurter Rundschau«. 1969 bis 1972 Redakteur in der Fernsehabteilung Kunst und Literatur des Hessischen Rundfunks.1972 bis 1974 ARD-Fernsehkorrespondent in Prag.1974 bis 1975 Redakteur im Studio Bonn des WDR. 1975 bis 1977 Gesprächsleiter der Talkshow »Je später der Abend«. 1977 Rückkehr ins Studio Bonn. 1978 bis 1983 Programmgruppenleiter Ausland Fernsehen beim WDR. 1983 Programmbereichsleiter Fernsehen Kultur und Wissenschaft im WDR.

Rundfunkrat: 23 Mitglieder
Amtszeit: 6 Jahre (1991 bis 1997)
Vorsitzender: Lutz Borgmann
Stellvertreter: Angelika Mieth
Ausschüsse: - Programmausschuß (Vorsitz: Clemens Russe)
- Haushalts- und Finanzausschuß (Vorsitz: Dr. Rolf Bartke)

Verwaltungsrat: 7 Mitglieder
Amtszeit: 6 Jahre (1991 bis 1997)
Vorsitzender: Dr. Markus Vette
Stellvertreter: Norbert Michalik

Rechtsgrundlage: Gesetz über den »Ostdeutschen Rundfunk Brandenburg« (ORB-Gesetz) vom 6. November 1991 in der Fassung vom 20. Dezember 1991

Rundfunkrat

§ 16: Zusammensetzung, Amtsdauer, Kostenerstattung

(1) Der Rundfunkrat besteht aus 20 Mitgliedern entsprechend Absatz 2 sowie den von den Fraktionen des Landtages gemäß Absatz 3 entsandten Mitgliedern.

(2) Zwanzig Mitglieder werden von folgenden Institutionen und gesellschaftlichen Gruppen entsandt:
1. ein Vertreter durch die evangelischen Kirchen in Brandenburg,
2. ein Vertreter durch die katholische Kirche,
3. ein Vertreter durch die Jüdische Kultusgemeinde Brandenburg,
4. ein Vertreter durch die gewerkschaftliche Spitzenorganisation mit der höchsten Mitgliederzahl,
5. ein Vertreter durch die Vereinigung der Unternehmensverbände Berlin-Brandenburg e. V.,
6. ein Vertreter durch die Bauernverbände,
7. ein Vertreter durch die kommunalen Spitzenverbände,
8. ein Vertreter durch die Landesverbände der nach § 29 Abs. 2 Bundesnaturschutzgesetz anerkannten Verbände,
9. ein Vertreter durch den Landesjugendring,
10. ein Vertreter durch die brandenburgischen Frauenverbände,
11. ein Vertreter durch den Bund der Steuerzahler, Landesverband Brandenburg,
12. ein Vertreter durch die Verbraucherschutzorganisationen,
13. ein Vertreter durch den Landessportbund,
14. ein Vertreter durch die Verbände der Sorben,
15. ein Vertreter durch die Spitzenverbände der Freien Wohlfahrt,
16. ein Vertreter durch den Mieterbund des Landes Brandenburg e. V.,
17. ein Vertreter durch den Bereich Film, audiovisuelle Medien,
18. ein Vertreter durch den Bereich Literatur, bildende Kunst, darstellende Kunst, Theater,
19. ein Vertreter durch den Bereich Musik,
20. ein Vertreter durch den Bereich Wissenschaft.

(3) Jede Landtagsfraktion entsendet für die Dauer der Legislaturperiode ein Mitglied in den Rundfunkrat, das nicht dem Landtag anzugehören braucht.

Verwaltungsrat:

§ 21 Zusammensetzung, Wahl, Amtsdauer, Kostenerstattung.

(1) Der Verwaltungsrat besteht aus sieben Mitgliedern. Sie werden vom Rundfunkrat gewählt. Zwei Mitglieder des Personalrates können mit beratender Stimme an den Sitzungen des Verwaltungsrates teilnehmen. Von den vom Rundfunkrat gewählten Mitgliedern des Verwaltungsrates dürfen bis zu zwei Mitglieder dem Europäischen Parlament, dem Bundestag, einem Landtag oder einer kommunalen Vertretungskörperschaft angehören. Die Amtszeit beträgt sechs Jahre; sie beginnt mit dem ersten Zusammentritt des Verwaltungsrates. Er nimmt nach Ablauf seiner Amtszeit die Geschäfte wahr, bis ein neuer Verwaltungsrat gewählt ist. Wiederwahl ist einmal zulässig.

Rundfunkrat:

Lutz Borgmann
Evangelische Kirchen
Hermann-Maaß-Str. 40
14482 Potsdam
Telefon 0 33 1 / 74 80 04 2
Fax 0 33 1 / 74 80 04 2

Rainer Lau
Katholische Kirche
St. Josef Krankenhaus
Allee nach Sanssousi 7
14471 Potsdam
Telefon 0 33 1 / 96 82 0

Werner Ruhnke
Gewerkschaften
ÖTV
Postfach
14469 Potsdam
Telefon 0 33 1 / 28 43 90
Fax 0 33 1 / 28 43 95 6

Dr. Rolf Bartke
Unternehmerverbände
Am Schillertheater 2
14109 Berlin
Telefon 0 30 / 31 00 5 -0
Fax 0 30 / 31 00 5 - 12 0

Wolfram Seidel
Bauernverband
Dorfstr. 1
16348 Ruhlsdorf
Telefon 0 33 28 / 43 62 01
Fax 0 33 28 / 43 62 13

Lothar Koch
Städte- und Spitzenverbände
Landkreis Potsdam-Mittelmark
Niemöllerstr. 1
14806 Belzig
Telefon 0 33 84 1 / 91 0
Fax 0 33 84 1 / 91 - 312

Manfred Fließ
Bundesnaturschutz/ Grüne Liga
Bisamkiez 10
14478 Potsdam
Telefon 0 33 1 / 86 38 63 2

Norbert Dawel
Landesjugendring
Ulrich-von-Hutten-Str. 1
14473 Potsdam
Telefon 0 33 1 / 25 56 5
Fay 0 33 1 / 25 56 5

Angelika Mieth
Frauenverbände
Patrizierweg 59
14480 Potsdam
Telefon 0 33 1 / 62 12 22

Angela Mai
Steuerzahler/Bund der Steuerzahler
Kopernikusstr. 39
14482 Potsdam
Telefon 0 33 1 / 74 82 08 8
Fax 0 33 1 / 74 82 08 9

Clemens Russe
Verbraucherschutz-Organisationen
Verbraucher-Zentrale
Hegelallee 6- 8
14467 Potsdam
Telefon 0 33 1 / 35 39 81
Fax 0 39 1 / 35 39 83

Renate Schneider
Landessportbund
Schopenhauerstr. 34
14467 Potsdam
Telefon 0 33 1 / 23 41 9
Fax 0 33 1 / 23 89 2

Klaus-Peter Jannasch
  Verbände der Sorben
  Domowina
  Postplatz 2
  02625 Bautzen
  Telefon 0 35 91 / 55 0 - 0
  Fax 0 35 91 / 42 40 8

Hans-Dietrich Schneider
  Freie Wohlfahrt
  Eichhornstr. 30
  16548 Gienicke
  Telefon 0 33 05 6 / 76 48

Jost Riecke
  Mieterbund
  Benkertstr. 13
  14467 Potsdam
  Telefon 0 33 1 / 48 30 43 oder 28 46 90
  Fax 0 33 1 / 48 30 43

Irmgard Ritterbusch
  Film, audiovisuelle Medien
  Filmverein
  Domstr. 44
  14482 Potsdam
  Telefon 0 33 1 / 74 80 34 6

Lothar Krone
  Bildende u. darstellende Kunst, Theater
  Verband Bildender Künstler
  Schloßstr. 14
  14467 Potsdam
  Telefon 0 33 1 / 29 14 89 / 28 00 01 3

Gerhard Gregor
  Musik/ Landesmusikrat
  Wernerstr. 56
  03046 Cottbus
  Telefon 0 33 5 / 79 77 50

Dr. Günther Rüdiger
  Wissenschaften
  Sternwarte Babelsberg
  Rubensstr. 6
  14467 Potsdam
  Telefon 0 33 1 / 27 00 45 4

Dr. Alexander Kogan
  Jüdische Gemeinden
  Am Schlangenfenn 13
  14478 Potsdam
  Telefon 0 33 1 / 86 41 83

Wolfgang Birthler
  SPD-Fraktion
  Landtag
  Am Havelblick 8
  14473 Potsdam
  Telefon 0 33 1 / 96 6 - 13 00
  Fax 0 33 1 / 96 6 - 13 07

Frank Werner
  CDU-Fraktion
  Landtag
  Am Havelblick 8
  14473 Potsdam
  Telefon 0 33 1 / 96 6 - 14 28
  Fax 0 33 1 / 96 6 - 14 06

Hanno Harnisch
  PDS-LL-Fraktion
  Karl-Liebknecht-Haus
  Kleine Alexanderstr. 28
  10178 Berlin
  Telefon 0 30 / 28 40 9 - 0 / 645
  Fax 0 30 / 28 14 16 9

Verwaltungsrat:

Prof. Dr. Lothar Bisky
Landtag / PDS-Fraktion
Am Havelblick 8
14473 Potsdam
Telefon 0 33 1 / 96 6 - 0
Fax 0 33 1 / 96 6 - 12 10

Hubertus Kriesel
ORB
August-Bebel-Str. 26-53
14482 Potsdam
Telefon 0 30 / 74 40 48 9
Fax 0 33 1 / 96 53 57 1

Dr. Bärbel Dalichow
Filmmuseum Potsdam
Marstall
Schloßstraße
14467 Potsdam
Telefon 0 33 1 / 23 67 5
Fax 0 33 1 / 23 53 5

Wolfgang Malth
Forster Str. 74
03042 Cottbus
Telefon 0 35 5 / 72 46 80

Norbert Michalik
Landesjugendring
Ullrich-von-Hutten-Str. 1
14473 Potsdam
Telefon 0 33 1 / 25 56 5
Fax 0 33 1 / 25 56 5

Ute Samtleben
Am Kanal 71
14467 Potsdam
Telefon 0 33 1 / 29 32 57

Dr. Markus Vette
Landtag / CDU-Fraktion
Am Havelblick 8
14473 Potsdam
Telefon 0 33 1 / 96 6- 14 55
Fax 0 33 1 / 96 6 - 14 06

Radio Bremen (RB)

Bürgermeister-Spitta-Allee 45
28329 Bremen
Telefon: 04 21 / 24 60
Fax: 0 42 1 / 2 46 10 10 (Hörfunk)
      0 42 1 / 2 46 20 10 (Fernsehen)

Intendant: Karl-Heinz Klostermeier

Amtszeit: 5 Jahre (1994 bis 1999)

Lebenslauf:
Karl-Heinz Klostermeier, geb. 1936 in Hannover. Seit 1.August 1985 Intendant und Vorsitzender des Landessenders Radio Bremen. Davor acht Jahre Mitglied des RB-Direktoriums als Betriebsdirektor. Zuvor leitete er neun Jahre lang verschiedene Bereiche beim Norddeutschen Rundfunk, zuletzt die Produktionswirtschaft und Planung.

Rundfunkrat: 38 Mitglieder
Amtszeit: 4 Jahre (1992 - 1996)
Vorsitzender: Heinz Möller
Stellvertreter: Roswitha Erlenwein
Ausschüsse: Fernsehausschuß (Vorsitz: Uwe Martin)
                Hörfunkausschuß (Vorsitz: Gisela Hülsbergen)

Verwaltungsrat: 9 Mitglieder
Amtszeit: 4 Jahre (1992 - 1996)
Vorsitzender: Richard Skribelka
Stellvertreter: Werner Eiermann

Rechtsgrundlage: Gesetz über die Errichtung und die Aufgaben einer Anstalt des öffentlichen Rechts –Radio Bremen- i.d.F. vom 22. Juni 1993

Rundfunkrat:

§ 8: Zusammensetzung des Rundfunkrats
(1) Die Mitglieder des Rundfunkrats sind:
1. ein Vertreter der Stadtgemeinde Bremen, gewählt vom Senat der Freien Hansestadt Bremen,
2. ein Vertreter der Stadtgemeinde Bremerhaven, gewählt vom Magistrat der Stadt Bremerhaven,
3. ein Vertreter der städtischen Deputation für Kultur,
4. ein Vertreter der Stadtverordnetenversammlung Bremerhaven,
5. ein Vertreter der Lehrerschaft in Bremen und Bremerhaven in turnusmäßigem Wechsel gewählt von dem jeweiligen Personalrat Schulen,
6. ein Vertreter der Elternschaft in Bremen und Bremerhaven, in turnusmäßigem Wechsel gewählt von dem jeweiligen Zentralelternbeirat,
7. ein Vertreter des Bundes für Umwelt- und Naturschutz Deutschland, Landesverband Bremen,
8. ein Vertreter der Hochschulen im Lande Bremen, gewählt von den Rektoren der Hochschulen im Lande Bremen,
9. ein Vertreter der Evangelischen Kirche,
10. ein Vertreter der Katholischen Kirche,
11. ein Vertreter der Israelitischen Gemeinde,
12. zwei Vertreter des DGB,
13. ein Vertreter der DAG,
14. ein Vertreter der Unternehmensverbände im Lande Bremen,
15. ein Vertreter der Handelskammer Bremen oder der Industrie- und Handelskammer Bremen im turnusmäßigem Wechsel,
16. ein Vertreter der Handwerkskammer,
17. ein Vertreter der Arbeiterkammer,
18. ein Vertreter der Angestelltenkammer,
19. ein Vertreter des Landesjugendrings,
20. ein Vertreter des Landessportbundes,
21. zwei Vertreter der Frauenorganisationen im Lande Bremen, gewählt durch den Bremer Frauenausschuß, Landesfrauenrat Bremen
22. ein Vertreter des Landesmusikrates.
23. ein Vertreter des Bremer Journalistenvereinigung,
24. ein Vertreter der Deutschen Journalisten Union,
25. ein Vertreter der Bühnengenossenschaft im Lande Bremen,
26. drei Vertreter der in der Bremischen Bürgerschaft (Landtag) vertretenen Parteien,
27. fünf weitere Vertreter, die nach § 9 Abs. 3 gewählt werden.

§ 9: Wahl der Mitglieder des Rundfunkrats
(2) Die nach § 8 Abs. 1 Nr. 27 zu wählenden fünf Mitglieder des Rundfunkrats werden von der Deputation für Kultur mit dreiviertel Mehrheit gewählt. Wiederwahl ist zulässig. Sie sollen Einzelpersonen oder Gruppenvertreter sein, die schwer organisierbare oder solche Rundfunkteilnehmerkreise repräsentieren, die durch die in § 8 Abs. 1 Nr. 1-26 genannten Rundfunkratsmitglieder nicht hinreichend vertreten sind. Sie dürfen nicht Mitglieder der Bremischen Bürgerschaft, einer Deputation, der Stadtverordnetenversammlung der Stadt Bremerhaven oder des Magistrats der Stadt Bremerhaven sein.

Verwaltungsrat:
§12 Zusammensetzung, Wahl und Amtszeit des Verwaltungsrats.
(1) Der Verwaltungsrat besteht aus neun Mitgliedern.Sechs Mitglieder werden vom Rundfunkrat, drei Mitglieder von den Beschäftigten der Anstalt gewählt. Dem Verwaltungsrat sollen mindestens vier Frauen angehören.
(2) Die Mitglieder des Verwaltungsrates werden auf vier Jahre gewählt.Sie dürfen nicht gleichzeitig dem Rundfunkrat und dem Direktorium angehören.

Rundfunkrat:

Dr. Hartmut Müller
Stadtgemeinde Bremen/ Senat
Rathaus
Am Markt 1
28195 Bremen
Telefon 0 42 1 / 36 1 - 1
Fax 0 42 1 / 36 1 - 63 63

Karin Hoffmann
Stadtgemeinde Bremerhaven/Magistrat
Stadthaus
Heinrich-.Schmalfeldt-Str. 15
28576 Bremerhaven
Telefon 0 47 1 / 59 0 - 1
Fax 0 47 1 / 59 0 - 24 00

Dr. Lothar Koring
Stadtverordnetenversammlung
Bremerhaven
Stadthaus
Heinrich-Schmalfeldt-Str. 15
28576 Bremerhaven
Telefon 0 47 1 / 59 0 - 1
Fax 0 47 1 / 59 0 - 24 00

Hannelore Küpers
Lehrerschaft in Bremen und Bremerhaven / Personalrat Schulen
Hafenstr. 192
27568 Bremerhaven
Telefon 0 47 1 / 54 46 0

Hans Josef Göers
Elternschaft in Bremen und Bremerhaven / Zentralelternbeirat
Wachtelweg 6
27574 Bremerhaven

Prof. Dr. Jürgen Timm
Hochschulen
Universität Bremen
Bibliothekstr. 1
28359 Bremen
Telefon 0 42 1 / 21 8 - 1
Fax 0 42 1 / 21 8 - 42 59

Peter Bick
Evangelische Kirche
Haus der Kirche
Franziuseck 2 - 4
28199 Bremen
Telefon 0 42 1/ 55 97 29 6
Fax 0 42 1 / 55 97 - 20 6

Wilhelm Tacke
Katholische Kirche
Lüder-von-Bentheim-Str. 7
28209 Bremen
Telefon 0 42 1 / 34 98 853

Siegfried Stoppelmann
Israelitische Gemeinde
Schwachhauser Heerstr. 117
28209 Bremen
Telefon 0 42 1 / 49 85 10 4
Fax 0 42 1 / 49 84 94 4

Gisela Hülsbergen
DGB
Besenbinderhof 60
20097 Hamburg
Telefon 0 40 / 2858 - 0
Fax 0 40 / 28 58 - 29 9

Johann Lüdemann
DGB
Besenbinderhof 60
20097 Hamburg
Telefon 0 40 / 28 58 - 0
Fax 0 40 / 28 58 - 29 9

Rolf Reimers
Deutsche Angestellten-Gewerkschaft
Hildesheimer Str. 17
30012 Hannover
Telefon 0 51 1 / 28 09 3- 0
Fax 0 51 1 / 28 09 3 - 94

Ortwin Baum
Unternehmensverbände
Schillerstr. 10
28195 Bremen
Telefon 0 42 1 / 36 80 2 - 0
Fax 0 42 1 / 36 80 2 - 49

George C. Muhle
Handelskammern
Handelkammer Bremen
Am Markt 13
28195 Bremen
Telefon 0 42 1 / 36 37 - 0
Fax 0 42 1 / 36 37 2 - 99

Hans Meyer-Heye
Handwerkskammer
Postfach 10 51 06
28051 Bremen
Telefon 0 42 1 /30 50 0 - 0
Fax 0 42 1 / 30 50 0 - 10

Heinz Möller
Arbeiterkammer
Postfach 10 75 06
28075 Bremen
Telefon 0 42 1 / 30 50 8 - 0
Fax 0 42 1 / 30 50 8 - 38

Rolf Arndt
Angestelltenkammer
Bürgerstr. 1
28195 Bremen
Telefon 0 42 1 / 36 30 10
Fax 0 42 1 / 36 30 18 9

Rainer Nalazek
Bremer Jugendring/LAG Bremer Jugendverbände
Bremer Jugendring
Arberger Heerstr. 39 B
28307 Bremen
Telefon 0 42 1 / 48 35 66
Fax 0 42 1 / 48 83 00

Heinz-Helmut Claußen
Landessportbund
Eduard-Grunow-Str. 30
28203 Bremen
Telefon 0 42 1 / 71 49 8
Fax 0 42 1/ 71 83 4

Roswitha Erlenwein
Frauenausschuß
Schwachhauser Herrstr. 62
28209 Bremen
Telefon 0 42 1 / 34 22 02

Eva-Maria Nikisch
Frauenausschuß
Schwachhauser Heerstr. 62
28209 Bremen
Telefon 0 42 1 / 34 22 02

Prof. Dr. Wolfgang Schäfer
Landesmusikrat
Stadtländerstr. 21
28355 Bremen
Telefon 0 42 1 / 25 19 55

Hanni Steiner
Deutscher Journalisten-Verband
Am Wall 171
28195 Bremen
Telefon 0 42 1 / 32 54 50
Fax 0 42 1 / 33 78 12 0

H.-Peter Groth
IG Medien
Dreyerstr. 6
30169 Hannover
Telefon 0 51 1 / 13 18 68 3- 85
Fax 0 51 1 / 17 82 9

Rudi Sommerhäuser
Gen. Deutscher Bühnen-Angehörigen
Hegelstr. 34–36
28201 Bremen
Telefon 0 42 1 / 55 41 29

Horst Isola
Staatl.Deputation für Kultur
Hoffmannspark 8
28355 Bremen
Telefon 0 42 1 / 36 1 - 4078
Fax 0 42 1 / 36 1 - 40 91

Tine Wischer
SPD
Findorffstr. 108-110
28215 Bremen
Telefon 0 42 1 / 35 01 80
Fax 0 42 1 / 35 72 83

Horst von Hassel
SPD
Delbrückstr. 9
28209 Bremen
Telefon 0 42 1 / 35 01 80
Fax 0 42 1 / 35 72 83

Bernd Neumann
CDU
Am Wall 135
28195 Bremen
Telefon 0 42 1 / 30 89 4 - 0
Fax: 0 42 1 / 30 89 4 - 33

Heinrich Welke
FDP
Elsasser Str. 6
28211 Bremen
Telefon 0 42 1 / 34 98 06 3
Fax 0 42 1 / 34 11 41

Hans-Otto Weidenbach
DVU

Prof. Dr. Thomas Krämer-Badoni
Die Grünen
Universität Bremen
ZWE Arbeit u. Region
Postfach 330440
28334 Bremen
Telefon 0 42 1 / 21 8 - 22 95
Fax 0 42 1 / 21 8 - 26 80

Ali Elis
Türkisch-Deutscher Gesprächskreis
ZIS e.V.
Lindenhof 43
28237 Bremen
Telefon 0 42 1 / 61 65 72 6

Christa Steinhäuser
LAG »Hilfe für Behinderte«
Eckleinjarten 11
27580 Bremerhaven

Uwe Martin
Kulturverein Ostertor e.V.
Bückeburger Str. 8
28205 Bremen
Telefon 0 42 1 / 49 84 463

Dr. Elke Nötzel-Horn
Gesamtverband Natur- und Umweltschutz Unterweser e.V.
Alter Kirchweg 9
28717 Bremen
Telefon 0 42 1 / 71 00 3

Ursula Retke
Bremer Verband der Berufsausbilder
Großbeerenstr. 38
28211 Bremen
Telefon 0 42 1 / 23 96 86

Klaus Bartschat
Landesbeirat für Weiterbildung
Bildungsgemeinschaft Arbeit u. Leben
Bahnhofsplatz 22
28195 Bremen
Telefon 0 42 1 / 32 15 59
Fax 0 42 1 / 32 05 75

Verwaltungsrat:

Richard Skribelka
Wirtschaftskammer
Bahnhofstr. 28 - 31
28195 Bremen
Telefon 0 42 1 / 16 59 33
Fax 0 42 1 / 16 59 3 - 44

Werner Eiermann
Radio Bremen / Personalrat
Bürgermeister-Spitta-Allee 45
28329 Bremen
Telefon 0 42 1 / 2 46 23 82
Fax 0 42 1 / 24 6 - 20 10

Klaus Bürger
Bürgerschaft/CDU-Fraktion
Am Markt 20
28195 Bremen
Telefon 0 42 1 / 36 10 48
Fax 0 42 1 / 36 07 - 13 3

Ursula Kerstein
Alexanderstr. 40
28203 Bremen
Telefon 0 42 1 / 7 65 16

Theo Schlüter
Radio Bremen / Personalrat
Bürgermeister Spitta-Allee 45
28329 Bremen
Telefon 0 42 1 / 2 46 16 54
Fax 0 42 1 / 24 6 - 10 10

Prof. Dr. Heinz-Jürgen Scheibe
Hochschule Bremerhaven
An der Karlstadt 8
27568 Bremerhaven
Telefon 0 47 1 / 48 2 31 11
Fax 0 47 1 / 48 23 - 11 5

Elisabeth Vogt
Radio Bremen / Personalrat
Bürgermeister-Spitta-Allee 45
28329 Bremen
Telefon 0 42 1 / 2 46 13 20
Fax 0 42 1 / 24 6 - 10 10

Karl Willms
  Postfach 21 03 60
  27524 Bremerhaven
  Telefon 0 47 1 / 5 90 22 00
  Fax 0 47 1 / 59 0 - 24 00

Manfred Fluß
  Senator für Finanzen
  Rudolf Hilferding-Platz 1
  28195 Bremen
  Telefon 0 42 1 / 36 1 - 0 / 23 98
  Fax 0 42 1 / 36 1 - 29 65

Saarländischer Rundfunk (SR)
Funkhaus Halberg
66100 Saarbrücken
Telefon: 0 68 1 / 60 20
Fax: 0 68 1 / 6 02 38 74

Intendant: Dr. Manfred Buchwald

Amtszeit: 5 Jahre (1993 bis 1998)

Lebenslauf:
Dr. phil. Manfred Buchwald, geb. am 31. Juli 1936. Seit 1. Januar 1989 Intendant des Saarländischen Rundfunks. 1960 bis 1962 Volontariat beim Südwestfunk. 1963 Redakteur für Landespolitik. 1965 bis 1980 Leiter des Regionalprogramms. 1981 bis 1983 Chefredakteur der ARD-Tagesthemen Hamburg.1983 bis 1988 Chefredakteur des Hessischen Rundfunks. Seit 1971 Lehraufträge an der FU-Rheinland-Pfalz, sowie den Universitäten Mainz, Hamburg, Bochum und Frankfurt.

Rundfunkrat: 31 Mitglieder
Amtszeit: 4 Jahre (1991 bis 1995)
Vorsitzende: Rosemarie Kelter
Stellvertreter: Ruthild Islinger
Ausschüsse: Programmbeirat (Vorsitz: Dr. Wendelin Müller-Blattau)

Verwaltungsrat: 7 Mitglieder
Amtszeit: 6 Mitglieder für 4 Jahre (alle 2 Jahre scheiden 3 Mitglieder aus) + 1 Regierungsvertreter
Vorsitzender: Karl Dinges
Stellvertreter: Reinhold Schreiner

Rechtsgrundlage: Rundfunkgesetz für das Saarland (Landesrundfunkgesetz) vom 11. August 1987, zuletzt geändert durch Gesetz v. 7. Juli 1993

Rundfunkrat:

§ 16: Zusammensetzung

(1) In den Rundfunkrat entsenden je ein Mitglied
  1. die Landesregierung,
  2. jede Fraktion im Landtag des Saarlandes,
  3. die Evangelische Kirche,
  4. die Katholische Kirche
  5. die Synagogengemeinde Saar,
  6. die Hochschule des Saarlandes,
  7. die saarländische Lehrerschaft
  8. der Landessportverband für das Saarland
  9. die Arbeitsgemeinschaft Katholischer Frauenverbände im Saarland
  10. der Saarverband der Evangelischen Frauenhilfe
  11. der Landesfrauenausschuß im Deutschen Gewerkschaftsbund, Landesbezirk Saar,
  12. der Frauenrat Saarland,
  13. der Landesjugendring Saar,
  14. der Deutsche Gewerkschaftsbund, Landesbezirk Saar,
  15. die Deutsche Angestellten-Gewerkschaft, Landesbezirk Rheinland-Pfalz/ Saar,
  16. die Industrie und Handelskammer des Saarlandes,
  17. die Handwerkskammer des Saarlandes,
  18. die Landwirtschaftskammer des Saarlandes,
  19. die Arbeitskammer des Saarlandes,
  20. der Saarländische Städte- und Gemeindetag
  21. der Landkreistag Saarland,
  22. die saarländischen Journalistenverbände,
  23. der Landesausschuß für Erwachsenenbildung im Saarland,
  24. der Landesmusikrat Saar e.V.,
  25. die saarländischen Natur- und Umweltschutzvereinigungen,
  26. die Liga der Freien Wohlfahrtspflege Saar,
  27. die Behindertenverbände im Saarland,
  28. die Verbraucherzentrale des Saarlandes e.V.,
  29. der Verband deutscher Schriftsteller Saar.

Verwaltungsrat:

§ 22 Zusammensetzung, Amtsdauer.

(1) Der Verwaltungsrat besteht aus sieben Mitgliedern. Ein Mitglied wird von der Landesregierung ernannt bzw. abberufen. Der Rundfunkrat wählt sechs Mitglieder auf die Dauer von vier Jahren. Die Tätigkeit der Mitglieder des Verwaltungsrats ist ehrenamtlich.

(2) Mit Ausnahme des von der Landesregierung entsandten Mitgliedes scheiden im Abstand von zwei Jahren drei Mitglieder aus. Soweit es zur Herbeiführung oder Beibehaltung dieses Turnus notwendig ist, kann der Rundfunkrat einzelne Mitglieder des Verwaltungsrates für eine bestimmte kürzere Amtsdauer wählen.

Rundfunkrat:

Prof. Dr. Diether Breitenbach
Landesregierung
Ministerium für Wissenschaft und Kunst
Hohenzollernstr. 60
66117 Saarbrücken
Telefon 0 68 1 / 50 32 16
Fax 0 68 1 / 50 3 - 291

Reinhard Klimmt
Landtag
SPD-Landtagsfraktion
Franz-Josef-Röder Str. 7
66119 Saarbrücken
Telefon 0 68 1 / 50 02 24 8
Fax 0 68 1 / 50 02 - 38 3

Peter Jacoby
Landtag
CDU-Landtagsfraktion
Bundeshaus
53113 Bonn
Telefon 0 22 8 / 16 - 81 11 4
Fax 0 22 8 / 16 - 86 12 3

Dr. Werner Sonn
Evangelische Kirche
Josefstaler Str. 7
66386 St. Ingbert
Telefon 0 68 94 / 35 76 7

Paul M. Müller
Katholische Kirche
Glogauer Str. 5
66117 Saarbrücken
Telefon 0 68 1 / 81 43

Dr. Andreas Pollak
Landtag
Fraktion Die Grünen
Franz-Josef-Röder-Str. 7
66119 Saarbrücken
Telefon 0 68 1 / 50 02 - 1
Fax 0 68 1 / 50 02 - 350

Ludwig Lipsker
Synagogengemeinde Saar
Kaiserstr. 5
61111 Saarbrücken
Telefon 0 68 1 / 35 15 2

Prof. Dr. Robert Berger
Hochschule des Saarlandes / Hochschulrat
Universität des Saarlandes
Im Stadtwald
66117 Saarbrücken
Telefon 0 68 1 / 30 2 - 45 16
Fax 0 68 1 / 302 - 39 00

Bernd Rupp
Saarländische Lehrerschaft
Pastor-Thielen-Str. 42
66773 Schwalbach
Telefon 0 68 31 / 51 48 6
Fax 0 68 31 / 46 60 1

Dr. Erwin Saar
Landessportverband
Saaruferstr. 16
66117 Saarbrücken
Telefon 0 68 1 /58 60 3 - 0
Fax 0 68 1 / 58 60 3 - 39

Margreth Müller-Kunsmann
AG kath. Frauenverbände
Sportplatzweg 1
66123 Saarbrücken
Telefon 0 68 1 / 65 35 3

Christa Fleischer
Saarverband der ev. Frauenhilfe e.V.
Im Rosselfeld 51
66333 Völklingen
Telefon 0 68 98 / 788 64

Ruthild Islinger
DGB Landesfrauenausschuß
Fritz-Dobisch-Str. 5
66111 Saarbrücken
Telefon 0 68 1 / 40 00 1 - 0 oder
66 50 52 1
Fax 0 68 1 / 40 00 1 - 20

Rosemarie Kelter
Frauenrat Saarland
Harthweg 15
66119 Saarbrücken
Telefon 0 68 1 / 95 43 - 40

Jörg Caspar
Landesjugendring Saar
DGB Saar
Fritz Dobisch-Str. 5
66111 Saarbrücken
Telefon 0 68 1 / 40 00 1-24/25
Fax 0 68 1 / 40 00 1 - 20

Manfred Wagner
DGB, Landesbezirk Saar
Fritz-Dobisch-Str. 5
66111 Saarbrücken
Telefon 0 681 / 40 00 1- 0
Fax 0 68 1 / 40 00 1 - 20

Dorothea Müller
DAG Landesbez. Rheinland-Pfalz/ Saar
Rheinstr. 105–107
55116 Mainz
Telefon 0 61 31 / 28 19 10
Fax 0 61 31 / 28 19 - 16

Dr. Hanspeter Georgi
IHK des Saarlandes
Franz-Josef-Röder-Str. 9
66119 Saarbrücken
Telefon 0 68 1 / 95 20 10 0
Fax 0 68 1 / 95 20 - 88 8

Winfried E. Frank
Handwerkskammer des Saarlandes
Hohenzollernstr. 47-49
66117 Saarbrücken
Telefon 0 68 1 / 58 09- 10 0 /- 16 4
Fax 0 68 1 / 58 09 - 177

Christian May
Landwirtschaftskammer f. d. Saarland
Lessingstr. 12
66121 Saarbrücken
Telefon 0 68 1 / 66 50 5 -0
Fax 0 68 1 / 66 50 5 - 12

Werner Corbe
Arbeitskammer des Saarlandes
Fritz-Dobisch-Str. 6-8
66111 Saarbrücken
Telefon 0 68 1/ 40 05 - 0
Fax 0 68 1 / 40 05 - 40 1

Richard Nospers
Saarl. Städte- und Gemeindetag
Kreisstadt Saarlouis
Großer Markt
66740 Saarlouis
Telefon 0 68 31 / 44 32 37
Fax 0 68 31 / 44 34 95

Michael Burkert
Landkreistag Saarland
Schloßplatz 13
66119 Saarbrücken
Telefon 0 68 1 / 50 6 - 445
Fax 0 68 1 / 50 6 - 58 6

Hans Arthur Klein
Saarländische Journalistenverbände
Goethestr. 1
66564 Ottweiler
Telefon 0 68 1 / 40 05 22 0

Günther Kassing
Landesausschuß für Weiterbildung
Volkshochschule
Altes Rathaus
66119 Saarbrücken
Telefon 0 68 1 / 50 64 80
Fax 0 68 1 / 36 61 0

Prof. Dr. Wendelin Müller-Blattau
Landesmusikrat Saar e.V.
Am Ludwigsplatz 5
66117 Saarbrücken
Telefon 0 68 1 / 58 54 49

Dr. Eckehard Gerke
Saarl. Natur- und Umweltschutzvereinigungen
Mathildenstr. 46
66119 Saarbrücken
Telefon 0 68 1 / 50 5 31 3

Wolfgang Krause
Liga der Freien Wohlfahrtspflege
Paritätischer Wohlfahrtsverband
Drususwall 52
55131 Mainz
Telefon 0 61 31 / 95 22 50
Fax 0 61 31 / 95 22 55 5

Otto Brockholz
Behindertenverbände
VdK
Neugeländstr. 11
66117 Saarbrücken
Telefon 0 68 1 / 58 45 9 - 0
Fax 0 68 1 / 58 45 9 - 50

Ilse Reiter
Verbraucherzentrale
Hohenzollernstr. 11
66117 Saarbrücken
Telefon 0 68 1 / 50 08 9 - 0
Fax 0 68 1 / 50 08 9 - 22

Werner Klippert
Verband Deutscher Schriftsteller
IG Medien Rpf./Saar
Binger Str. 20
55122 Mainz
Telefon 0 61 31 / 38 30 04 - 06
Fax 0 61 31 / 38 58 09

Verwaltungsrat:

Karl Dinges
Dr. Schoenemann-Straße 33
66123 Saarbrücken
Telefon 0 68 1 / 65 07 2

Reinhold Schreiner
Schumannstraße 7
66125 Dudweiler
Telefon 0 68 97 / 76 43 43

Norbert Engel
Heiligenwalder Str. 110
66578 Schiffweiler
Telefon 0 68 21 / 63 19 7

Dr. Kurt Bohr
Landesregierung
Staatskanzlei
Am Ludwigsplatz 14
66117 Saarbrücken
Telefon 0 68 1 / 50 06 - 119
Fax 0 68 1 / 50 06 - 159

Prof. Dr. Wolfgang Knies
Universität des Saarlandes
Im Stadtwald
66123 Saarbrücken
Telefon 0 68 1 / 30 2 - 31 58
Fax 0 68 1 / 30 2 - 39 00

Fred Wecker
  Kurt-Schumacher-Str. 6
  66787 Wadgassen
  Telefon 0 68 31 / 44 43 30

Karl Heinz Friese
  Oberverwaltungsgericht Saarland
  Prälat-Subtil-Ring 22
  66740 Saarlouis
  Telefon 0 68 31 / 14 81 - 82 oder 94 23 0
  Fax 0 68 31 / 46 52 7 oder 94 23 14 4

Süddeutscher Rundfunk (SDR)
Neckarstr. 230
70190 Stuttgart
Telefon: 0 71 1 / 92 90
Fax: 0 71 1 / 92 92 6 00

Intendant: Hermann Fünfgeld

Amtszeit: 4 Jahre (1993 bis 1997)

Lebenslauf:
Hermann Fünfgeld, geb. am 2. Januar 1931 in Mannheim. Diplom-Volkswirt. Seit 1. Januar 1990 Intendant des Süddeutschen Rundfunks. 1961 bis 1965 Referent in der Verwaltungsdirektion des Saarländischen Rundfunks. 1962 bis 1973 Geschäftsführer der Telefilm Saar GmbH. 1965 bis 1973 Verwaltungsdirektor, ab 1967 zusätzlich stellv. Intendant des Saarländischen Rundfunks. 1974 bis 1989 Verwaltungsdirektor des Süddeutschen Rundfunks. 1984 Berufung zum stellv. Intendanten.

Rundfunkrat: 33 Mitglieder
Amtszeit: 4 Jahre (1994 bis 1998)
Vorsitzender: Prof.Dr. Gerhard Häussler
Stellvertreter: Erika Stöffler
Ausschüsse: Fernsehausschuß (Vorsitz: Bernd Kielburger)
                Hörfunkausschuß Politik (Vorsitz: z. Zt. nicht besetzt)
                Hörfunkausschuß Musik (Vorsitz: Erhard Röder)
                Hörfunkausschuß Kultur (Vorsitz: Birgit Kipfer)

Verwaltungsrat: 9 Mitglieder
Amtszeit: 4 Jahre (1993 bis 1997)
Vorsitzender: Heinz Bühringer
Stellvertreter: Dr. Dr. Horst Poller

Rechtsgrundlage: Rundfunkgesetz vom 21.11.1950 i.d.F. des Gesetzes vom 02.08.1951

§ 4: Rundfunkrat, Wahl, Zusammensetzung, Amtsdauer
(2) Dem Rundfunkrat gehören an:
1. ein Vertreter der evangelischen Kirche,
2. ein Vertreter der katholischen Kirche,
3. ein Vertreter der israelitischen Religionsgemeinschaft,
4. ein Vertreter der Freikirche und der sonstigen anerkannten Religions und Weltanschauungs-Gemeinschaften, sofern sie Körperschaften des öffentlichen Rechts sind,
5. ein Vertreter der Hochschulen,
6. ein Vertreter der Erzieherverbände,
7. ein Vertreter der Volkshochschulen,
8. ein Vertreter der Gewerkschaften,
9. ein Vertreter des Bauernverbandes,
10. ein Vertreter der Handwerkskammern,
11. ein Vertreter der Industrie und Handelskammern,
12. vier Frauenvertreterinnen, von denen je eine von den Gewerkschaften, den Landesfrauenverbänden und den beiden kirchlichen Frauenorganisationen zu benennen ist,
13. ein Vertreter des Städtetages
14. ein Vertreter des Gemeindetages,
15. ein Vertreter der Journalisten- und Verlegerorganisationen,
16. ein Vertreter der Jugendorganisationen,
17. ein Vertreter der Sportorganisationen,
18. ein Vertreter des Bühnenvereins,
19. ein Vertreter der Bühnengenossenschaft,
20. ein Vertreter der Schriftstellerorganisationen,
21. ein Vertreter des Komponistenverbandes,
22. fünf Vertreter, die vom Württ.Bad. Landtag gewählt werden,
23. je ein Vertreter des Landesverbandes der vertriebenen Deutschen in Württemberg, des Landesverbandes der vertriebenen Deutschen in Baden (ldad) und der Hauptarbeitsgemeinschaft der Organisationen der Heimatvertriebenen.
24. Der Vorsitzende des Verwaltungsrates, sofern er nicht ohnedies Mitglied des Rundfunkrates ist.

§ 7 Verwaltungsrat (Zusammensetzung, Wahl, Amtsdauer, Aufgaben)
(1) Der Verwaltungsrat besteht aus neun Mitgliedern; fünf davon werden vom Rundfunkrat, vier vom Landtag je auf die Dauer von vier Jahren gewählt. Bei den vom Landtag gewählten Mitgliedern sollen die vier stärksten Fraktionen berücksichtigt werden. Der erste im Jahre 1949 gewählte Verwaltungsrat des »Süddeutschen Rundfunks« amtierte nur zwei Jahre. Die Mitglieder des Verwaltungsrates müssen dem Rundfunkrat oder dem Landtag nicht angehören; sie dürfen weder Mitglied der Regierung sein, noch in einem Anstellungsverhältnis zu einer Rundfunkgesellschaft stehen. Von den sieben Mitgliedern des Verwaltungsrates dürfen nicht mehr als zwei Beamte oder Angestellte sein, die in einem Abhängigkeitsverhältnis zur Regierung stehen. Sie müssen über wirtschaftliche, finanzielle und organisatorische Kenntnisse und Erfahrungen ver-

fügen, die sie befähigen den »Süddeutschen Rundfunk« in allen geschäftlichen Angelegenheiten zu beraten und zu überwachen.

Rundfunkrat:

Horst Bäuerle
  Gewerkschaften
  Beamtenbund Baden Württemberg
  Am Hohengeren 12
  70188 Stuttgart
  Telefon 0 71 1 / 46 40 04
  Fax 0 71 1 / 46 51 57

Joel Berger
  Israelitische Religionsgemeinschaft
  Hospitalstr. 36
  70174 Stuttgart
  Telefon 0 7 11 / 29 56 65

Heinz Bühringer
  Vorsitzender d. SDR-Verwaltungsrates
  Mühlweingärten 43
  71336 Waiblingen-Bittenfeld
  Telefon 0 71 46 / 54 98

Rainer Dahlem
  Erzieherverbände / GEW
  Leidensbergstr. 48
  74193 Schwaigern
  Telefon 0 71 38 / 40 86
  Fax 0 71 38 / 40 86

Leopold Erben
  Haupt-AG der Organisationen der
  Heimatvertriebenen e.V.
  Zanderweg 1
  70378 Stuttgart
  Telefon 0 7 11 / 84 13 12

Ernst Geprägs
  Bauernverband
  Bopserstr. 17
  70180 Stuttgart
  Telefon 0 71 1 /21 40 - 0
  Fax 0 71 1 / 21 40 - 17 7

Prof. Dr. Günther Groth
  Hochschulen
  Universität Mannheim
  Schloßgarten 2
  68163 Mannheim
  Telefon 0 62 1 / 29 2 - 0
  Fax 0 62 1 / 29 2 - 50 03

Klaus Hackert
  Handwerkskammern
  Postfach 19 80
  74009 Heilbronn
  Telefon 0 71 31 / 62 31 - 0
  Fax 0 71 91 / 62 31 - 50

Anton Häffner
  Sportorganisationen
  Allmendstr. 10
  76275 Ettlingen

Hans Härle
  Freikirchen
  Bergstr. 66
  73207 Plochingen
  Telefon 0 71 53 / 29 02 7
  Fax 0 71 53 / 75 50 7

Prof. Dr. Gerhard Häussler
  IHK
  IHK Pforzheim
  Dr.-Brandenburg-Str. 6
  75173 Pforzheim
  Telefon 0 72 31 / 20 1 - 0
  Fax 0 72 31 / 20 1 - 15 8

Helmut Haun
  Bund der Vertriebenen
  Königsberger Str. 174
  73760 Ostfildern
  Telefon 0 7 11 / 34 30 14 1

Werner Hauser
Städtetag
Relenbergstr. 12
70174 Stuttgart
Telefon 0 71 1 / 22 92 1 - 0
Fax 0 71 1 / 22 92 1 - 27

Alexander Huber
Gemeindetag
Bürgermeister
Haideweg 6
76694 Forst
Telefon 0 72 51 / 78 00
Fax 0 72 51 / 78 0 - 37

Bernd Kielburger
Landtag/SPD-Fraktion
Konrad-Adenauer-Str. 3
70173 Stuttgart
Telefon 0 71 1 / 20 63 - 728
Fax 0 71 1 / 20 63 - 71 0

Birgit Kipfer
Landtag, SPD-Fraktion
Konrad-Adenauer-Str. 3
70173 Stuttgart
Telefon 0 7 11 / 20 63 - 745
Fax 0 7 11 / 20 63 - 71 0

Ulrich Klein
Bund der Vertriebenen
Hildastr. 7
69151 Neckarsgemünd
Telefon 0 62 23 / 88 89

Renate Krausnick-Horst
Volkshochschulen
Raiffeisenstr. 14
70771 Leinfelden-Echterdingen
Telefon 0 71 1 / 75 90 0 - 0
Fax 0 71 1 / 75 90 0 - 41

Ulrich Zimmermann
Schriftstellerorganisationen
Schöllbronner Str. 86
76275 Ettlingen
Telefon 0 72 43 / 77 76 0

Bernhard Löffler
Jugendorganisationen
Rosenbergstr. 83
70193 Stuttgart
Telefon 0 71 1 / 63 93 85

Ulrich Lang
Evangelische Kirche
Panoramastr. 30
74544 Michelbach/Bilz
Telefon 0 71 1 / 21 49 - 0 oder
0 79 1 / 39 33

Dr. Helmut Ohnewald
Landtag, CDU - Fraktion
Konrad-Adenauer Str. 3
70173 Stuttgart
Telefon 0 71 1 / 20 63 -0
Fax 0 71 1 / 20 63 - 81 0

Dr. Klaus Koziol
Katholische Kirche
Bischöfliche Kanzlei
Postfach 9
72101 Rottenburg a.N.
Telefon 0 74 72 / 16 9 - 0
Fax 0 74 72 / 16 9 - 55 5

Prof. Dr. Dr. Hannes Rettich
Bühnenverein
Mittlerer Bauernwaldweg 68
70195 Stuttgart
Telefon 0 71 1 / 69 34 70

Erhard Röder
Journalisten- u. Verlegerorganisationen
Kärtnerstr. 9
71636 Ludwigsburg
Telefon 0 71 41 / 41 77 1

Dr. Heide Rotermund
Landesfrauenverbände
Landfriedstr. 3
69117 Heidelberg
Telefon 0 6 2 21 / 24 09 0

Ingeborg Siegel
  Frauenvertreterin Gewerkschaften
  DGB
  Willi-Bleicher-Str. 20
  70174 Stuttgart
  Telefon 0 71 1 / 20 28 - 0
  Fax 0 71 1 / 20 28 - 25 0

Winfried Scheuermann
  Landtag, CDU-Fraktion
  Schützinger Str. 29/ 1
  75428 Illingen
  Telefon 0 7 11 / 20 63 - 0
  Fax 0 71 1 / 20 63 - 81 0

Erika Stöffler
  Frauenarbeit d. evang. Landeskirche
  Happoldstr. 50
  70469 Stuttgart
  Telefon 0 7 11 / 21 49 - 0
  Fax 0 7 11 / 21 49 - 29 6

Klaus Wendt
  Bühnengenossenschaft
  Nationaltheater Mannheim
  Mozartstr. 9
  68161 Mannheim
  Telefon 0 62 1 / 16 80 - 0
  Fax 0 62 1 / 16 80 - 38 5

Dr. Peter Wetter
  Landtag / CDU-Fraktion
  Konrad-Adenauer-Str. 3
  70173 Stuttgart
  Telefon 0 71 1 / 20 63 - 0
  Fax 0 71 1 / 20 63 - 81 0

Gisela Wöhler
  Katholischer Deutscher Frauenbund
  Füllerstr. 20
  70839 Gerlingen
  Telefon 0 71 56 / 22 77 0

Prof. Hans-Joachim Wunderlich
  Komponistenverband
  Eichendorffweg 4
  77833 Ottersweier
  Telefon 0 72 23 / 21 98 4

Verwaltungsrat:

Hans Albrecht
  Landtag, FDP-Fraktion
  Wurmberger Str. 21
  75446 Wiernsheim
  Telefon 0 71 1 / 20 63 - 0
  Fax 0 71 1 / 20 63 - 61 0

Ulrich Lang
  Landtag, SPD-Fraktion
  Panoramastr. 30
  74544 Michelbach/Bilz
  Telefon 0 79 1 / 39 33

Dr. Dr. Horst Poller
  Landtag, CDU-Fraktion
  Am Maurener Berg 11
  71254 Ditzingen
  Telefon 0 71 56 / 34 81 1
  Fax 0 71 56 / 18 11 8

Michael Sieber
  Landtag, CDU-Fraktion
  Waldstr. 15 A
  69168 Wiesloch
  Telefon 0 71 1 / 20 63 - 0
  Fax 0 71 1 / 20 63 - 81 0

Walter Ayass
Rundfunkrat
Wildbader Str. 13
76228 Karlsruhe
Telefon 0 72 1 / 45 52 4

Heinz Bühringer
Rundfunkrat
Mühlweingärten 43
71336 Waiblingen-Bittenfeld
Telefon 0 71 46 / 54 98

Prof. Dr. Dr. Hannes Rettich
Rundfunkrat
Mittlerer Bauernwaldweg 68
70195 Stuttgart
Telefon 0 7 11 / 69 34 70

Dr. Heide Rotermund
Rundfunkrat
Landfriedstr. 3
69117 Heidelberg
Telefon 0 62 21 / 24 09 0

Werner Hauser
Rundfunkrat
Städtetag
Relenbergstr. 12
70174 Stuttgart
Telefon 0 71 1 / 22 92 1 - 0
Fax 0 71 1 / 22 92 1 - 27

Südwestfunk (SWF)
Hans-Bredow-Straße
76530 Baden-Baden
Telefon 0 72 21 / 9 20
Fax 0 72 21 / 92 20 10

Intendant: Peter Voß

Amtszeit: 4 Jahre (1993 bis 1997)

Lebenslauf:
Peter Voß, geb. am 28. Januar 1941 in Hamburg. Seit 1. April 1993 Intendant des Südwestfunks. 1968 bis 1969 Volontär bei »Göttinger Tageblatt« und »Hannoversche Allgemeine Zeitung«. 1969 Lokalchef beim »Göttinger Tageblatt«. Wechsel zum Fernsehen. Bis 1977 Nachrichtenredakteur beim ZDF. 1977-1978 West-Berlin-Korrespondent. 1978 bis 1981 stellv. Redaktionsleiter beim Bayerischen Rundfunk für das ARD-Magazin »Report«. 1981 Rückkehr zum ZDF als stellv. Redaktionsleiter des »heute-journal«. Ab. 1. Oktober 1983 Redaktionsleiter. 1985 Leiter der ZDF-Hauptredaktion Aktuelles. Ab 1. Mai 1990 stellv. Chefredakteur des ZDF.

Rundfunkrat: 49 Mitglieder
Amtszeit: 3 Jahre (1994 bis 1997)
Vorsitzender: Rolf Weiler
Stellvertreter: Herbert Moser
Hans Lambert
Ausschüsse: Fernsehausschuß (Vorsitz: Udo Sopp)
Hörfunkausschuß (Vorsitz: Gerd Schmoll)

Verwaltungsrat: 9 Mitglieder
Amtszeit: 3 Jahre (1992 bis 1995)
Vorsitzender: Dr. Robert Maus
Stellvertreter: N. N.

Rechtsgrundlage: Staatsvertrag über den Südwestfunk vom 27. August 1951 i. d. F. vom 16. März 1959, zuletzt geändert am 16./30. Januar 1987

Rundfunkrat

§ 10 Zusammensetzung und Verfahren des Rundfunkrates:
(2) Die Mitglieder des Rundfunkrates verteilen sich wie folgt:

	Rheinland-pfalz	Baden	Württemberg-Hohenzollern
Regierungen	1	1	1
Volksvertretungen	4	2	2
Kirchen	4	1	1
Universitäten	1	1	1
Erziehungswesen	2	1	1
Jugendorganisationen	2	1	1
Sportorganisationen	1	1	1
Gewerkschaften	2	1	1
Kammern	3	1	1
Presse	2	1	1
Gemeinden und Gemeindeverbände	3	1	1
	25	12	12

§ 11: Wahl und Bestimmung der Rundfunkratsmitglieder:
(1) Die gemäß § 10 in den Rundfunkrat zu entsendenden Mitglieder werden wie folgt gewählt beziehungsweise bestimmt:
1. Regierungen: je 1 Vertreter von den 3 Landesregierungen gemäß den Grundsätzen ihrer Verfassungen,
2. Volksvertretungen: 4 Vertreter von dem Landtag Rheinland-Pfalz und je 2 Vertreter von den Landtagen der Länder Baden und Württemberg-Hohenzollern,
3. Kirchen: 2 Vertreter der Katholischen Kirche und 2 Vertreter der Evangelischen Kirchen von den zuständigen Kirchenbehörden des Landes Rheinland-Pfalz, 1 Vertreter der Katholischen Kirche und 1 Vertreter der Evangelischen Kirchen von den zuständigen Kirchenbehörden in den Ländern Baden und Württemberg-Hohenzollern nach vorheriger Vereinbarung,
4. Universitäten: je ein Vertreter von den Senaten der Universitäten Mainz, Freiburg und Tübingen,
5. Erziehungswesen: 2 Vertreter aus dem Lande Rheinland-Pfalz und je 1 Vertreter aus den Ländern Baden und Württemberg-Hohenzollern von den Delegierten der in den Ländern bestehenden Erzieherverbände,
6. Jugendorganisationen: 2 Vertreter aus dem Lande Rheinland-Pfalz und je 1 Vertreter aus den Ländern Baden, Württemberg-Hohenzollern und von den in den Ländern bestehenden Landesjugendringen,
7. Sportorganisationen: je 1 Vertreter aus den Ländern Baden, Rheinland-Pfalz und Württemberg-Hohenzollern von den in diesen Ländern bestehenden Landessportverbänden,
8. Gewerkschaften: 2 Vertreter aus dem Lande Rheinland-Pfalz und je 1 Vertreter aus den Ländern Baden und Württemberg-Hohenzollern von den Gewerkschaften dieser Länder,

9. Kammern: je 1 Vertreter der Industrie- und Handelskammern, der Handwerks- und der Landwirtschaftskammern von den Arbeitsgemeinschaften dieser Kammern des Landes Rheinland-Pfalz und je 1 Vertreter aus den Ländern Baden und Württemberg-Hohenzollern von den entsprechenden Organisationen dieser Länder,
10. Presse: 2 Vertreter aus dem Lande Rheinland-Pfalz und je 1 Vertreter aus den Ländern Baden und Württemberg-Hohenzollern von den Delegierten der Journalistenverbände in diesen Ländern,
11. Gemeinden und Gemeindeverbände: 3 Vertreter aus dem Lande Rheinland-Pfalz und je 1 Vertreter aus den Ländern Baden und Württemberg-Hohenzollern von den in diesen Ländern bestehenden kommunalen Spitzenverbänden.

Verwaltungsrat
§ 12 Aufgabe, Zusammensetzung und Verfahren des Verwaltungsrates, Amtsdauer
(2) Der Verwaltungsrat besteht aus 9 Mitgliedern; 6 von ihnen wählt der Rundfunkrat auf die Dauer von 3 Jahren und zwar derart, daß jeweils zum 1.April jeden Jahres ein Drittel der Mitglieder ausscheidet und neu gewählt wird. Wiederwahl ist zulässig. 3 Verwaltungsratsmitglieder entsenden die Landesregierungen.
(3) Die Mitglieder des Verwaltungsrates dürfen nicht gleichzeitig dem Rundfunkrat angehören oder Bedienstete des Südwestfunks sein.

Rundfunkrat:

Dr. Josef Peter Mertes
Landtag, SPD-Fraktion
Deutschhausplatz 12
55116 Mainz
Telefon 0 61 31 / 20 8 - 0
Fax 0 61 3 1 / 20 8 - 31 4

Günther Schrempp
Landtag, SPD-Fraktion
Konrad -Adenauer-Str.
70173 Stuttgart
Telefon 0 71 1 / 20 63 - 0
Fax 0 71 1 / 20 63 - 71 0

Helmut Eckert
Sportorganisationen
Georg-Wagner-Str. 52/1
72202 Nagold
Telefon 0 74 58 / 5 32

Prof. Kurt Weber
Jüdische Kulturgemeinde
Ludwigstr. 20
67 433 Neustadt
Telefon 0 63 21 / 26 52

Winfried Frank
Jugendorganisationen
Landesjugendring
Alexander-Diehl-Str. 12
55130 Mainz
Telefon 0 61 31 / 83 11 57
Fax 0 61 31 / 82 86 0

Dr.Winfried Hirschberger
Gemeinden
Kreisverwaltung
Trier Str. 49
66869 Kusel
Telefon 0 63 81 / 42 40
Fax 0 63 81 / 42 42 50

Dr. Max Gögler
Regierung Baden-Württemberg
Regierungspräsidium
Konrad-Adenauer-Str. 20
70072 Tübingen
Telefon 0 70 71 / 7 57 - 30 12
Fax 0 70 71 / 75 7 - 31 90

Thomas Hauser
Presse
Badische Zeitung
Basler Str. 88
79115 Freiburg
Telefon 0 76 1 / 49 63 04
Fax 0 761 / 41 09 8

Maria Heinzel
Erziehungswesen
Annabergstr. 6
76530 Baden-Baden
Telefon 0 72 21 / 2 67 28

Günther Hecht
Handwerkskammer
HWK Reutlingen
Hindenburgstr. 58
72762 Reutlingen
Telefon 0 71 21 / 24 12 - 0
Fax 0 71 21 / 24 12 - 27

Dieter Hörner
Landtag, CDU-Fraktion
Deutschhausplatz 12
55116 Mainz
Telefon: 0 61 31 / 20 8 - 485
Fax 0 61 31 / 20 8 - 342

Helmut Mahler
Gemeinden
Stadtverwaltung
Schloßplatz 2
78194 Immendingen
Telefon 0 74 62 / 24 0
Fax 0 74 62 / 24 22 4

Ursel Karch
Erziehungswesen
Arnimstr. 14
67063 Ludwigshafen
Telefon 06 21 / 5 04 24 80

Bernd Klippstein
Jugendorganisationen / Baden
Rotlaubstr. 2
79106 Freiburg
Telefon: 0 76 21 / 4 08 - 2 16 oder
0 76 1 / 33 36 9
Fax 0 76 1 / 20 20 67 6

Dr. Klaus Leo Klein
Katholische Kirche
Bischöfl. Ordinariat
Bischofsplatz 2
55116 Mainz
Telefon 0 61 31 / 25 32 48
Fax 0 61 31 / 25 3 - 40 1

Dieter Kretschmer
DGB
Kaiserstr. 26 - 30
55116 Mainz
Telefon 0 61 31 / 28 16 - 17
Fax 0 61 31 / 22 57 39

Dr.Christof Wolff
Gemeinden
Rathaus / OB
Marktstr. 50
76829 Landau
Telefon 0 63 41 / 13 0
Fax 0 63 41 / 13 - 20 8

Hans Lambert
Katholische Kirche
Koblenzer Str. 3
56323 Waldesch
Telefon 0 26 28 / 22 60
Fax 0 26 28 / 22 81

Prof. Dr. Hans-Werner Ludwig
Universität Tübingen
Wilhelmstr. 5
72074 Tübingen
Telefon 0 70 71 / 29 - 60 83
Fax 0 70 71 / 29 - 59 90

Günther Schartz
Landwirtschaftskammer
Burgenlandstr. 7
55543 Bad Kreuznach
Telefon 0 67 1 / 79 3 - 0
Fax 0 67 1/ 79 3 - 19 9

Herbert Moser
Landtag, SPD-Fraktion
Rathausstr. 7
78532 Tuttlingen
Telefon 0 74 61 / 41 69
Fax 0 74 61 / 41 69

Dr. Winfried Nowak
Kammern
IHK Karlsruhe
Lammstr. 13-17
76532 Karlsruhe
Telefon 0 72 1 / 17 4 - 0
Fax 0 72 1 / 17 4 - 29 0

Prof. Dr. Josef Reiter
Universität Mainz
Saarstr. 21
55122 Mainz
Telefon 0 61 31 / 39 21 01
Fax 0 61 31 / 39 - 29 19

Gisela Reitzammer-Maier
DGB
Mittelweg 42
78467 Konstanz
Telefon 0 75 31 / 6 11 60
Fax 0 71 1 / 20 28 - 250

Dr. Friedhelm Repnik
Landtag,CDU-Fraktion
Konrad-Adenauer-Str. 3
70173 Stuttgart
Telefon 0 71 1 / 20 63 - 30 8
Fax 0 71 1 / 20 63 - 81 0

Joachim Mertes
Landtag, SPD-Fraktion
Deutschhausplatz 12
55116 Mainz
Telefon 0 61 31 / 20 8 - 0
Fax 0 61 31 / 31 4

Hubert Schmitz
Erziehungswesen
L.-Bamberger-Str. 19
55131 Mainz
Telefon 0 61 31 / 85 43 7

Gerhard Rothenhäusler
Jugendorganisationen
Albersfelderstr. 14/1
88213 Ravensburg
Telefon 0 75 1 / 40 07 -39

Rudi Krämer
Sportorganisationen
Landessportverband
Im Zinsholz
73760 Ostfildern
Telefon 0 71 1 / 34 80 7 - 0
Fax 0 71 1 / 34 80 7 - 13

Prof. Dr. Christoph Rüchardt
Universität Freiburg
Institut für Chemie
Albertstr. 24
79104 Freiburg
Telefon 0 76 1 / 20 3 60 30
Fax 0 76 1 / 20 3 - 43 02

Herbert Skoda
  Deutsche Angestellten-Gewerkschaft
  Werderring 5
  79098 Freiburg
  Telefon 0 76 1 / 2 50 53
  Fax 0 71 1 / 22 92 5 - 60

Ernst Walter Görisch
  Gemeinden
  Hch.-Gredy-Str. 7
  55239 Gau-Odernheim
  Telefon 0 67 33 / 66 41
  Fax 0 61 31 / 23 98 - 39

Manfred Letzelter
  Presse
  Am Schachtelgraben 6
  67454 Haßloch
  Telefon 0 63 24 / 38 60

Heinrich Werner
  Presse
  Am Taubertsberg 2
  55122 Mainz
  Telefon 0 61 31 / 38 42 62

Udo Sopp
  Evangelische Kirchen
  Eugen-Hertel-Str. 18
  67657 Kaiserslautern
  Telefon 0 62 32 / 7 33 03

Dr. Edgar Wais
  Gemeinden
  Landratsamt
  Postfach 2143
  72711 Reutlingen
  Telefon 0 71 21 / 48 00
  Fax 0 71 21 / 48 0 - 70 8

Peter Schmitt
  Jugendorganisationen
  DGB
  Kaiserstr. 26–30
  55116 Mainz
  Telefon 0 61 31 / 28 16 25
  Fax 0 61 31 / 22 57 39

Gerd Schmoll
  Evangelische Kirchen
  Alemannenstr. 98
  79117 Freiburg
  Telefon 07 61 / 6 76 67

Harald B. Schäfer
  Regierung Baden-Württemberg
  Umweltministerium
  Kernerplatz 9
  70182 Stuttgart
  Telefon 0 71 1 / 12 6 - 0
  Fax 0 71 1 / 12 6 - 28 81

Hans-Albert Stechl
  Presse
  Sternwaldstr. 26
  79102 Freiburg
  Telefon 0 76 1 / 3 14 12

Roland Ströbele
  Landtag, CDU-Fraktion
  Stadtverwaltung
  79102 Fridingen
  Telefon 0 74 63 / 8 37 11
  Fax 0 74 63 / 83 75 0 oder
  0 71 1 / 20 63 - 81 0

Hans-Hermann Kocks
  Handwerkskammer
  HWK Trier
  Loebstr. 18
  54292 Trier
  Telefon 0 65 1 / 20 7 - 0
  Fax 0 65 1 / 20 7 - 115

Brigitte Stopp
  Gewerkschaften / DBB
  Adam-Karrillon-Str. 62
  55118 Mainz
  Telefon 0 61 31 / 61 13 56
  Fax 0 61 31 / 67 99 95

Dr. Dieter Schmidt
 Erziehungswesen
 Halderweg 8
 72116 Mössingen
 Telefon 0 74 73 / 74 14

Dr. Bernd Uhl
 Katholische Kirche
 Erzbistum Freiburg
 Herrenstr. 35
 79098 Freiburg
 Telefon 0 76 1 / 21 88 - 2 33
 Fax 0 76 1 / 21 8 - 55 9

Kraft Waentig
 Kammern
 IHK Rheinhessen
 Schillerplatz 7
 55116 Mainz
 Telefon 0 61 31 / 26 2 - 0 / 113
 Fax 0 61 31 / 26 2 - 16 9

Hubertus von Kluge
 Evangelische Kirchen
 M.-Luther-Str. 43
 55131 Mainz
 Telefon 0 61 /31 / 54 75 9

Rolf Weiler
 Sportorganisationen
 Landessportverband
 Rheinallee 1
 55116 Mainz
 Telefon: 0 61 31 / 28 14 - 0
 Fax 0 61 31 / 22 23 79

Christoph Böhr
 Landtag, CDU-Fraktion
 Deutschhausplatz 12
 55116 Mainz
 Telefon 0 61 31 / 20 83 03
 Fax 0 61 31 / 20 8 - 34 2

Prof. Dr. E. Jürgen Zöllner
 Regierung Rheinland-Pfalz
 Ministerium für Wissenschaft
 Mittlere Bleiche 61
 55116 Mainz
 Telefon 0 61 31 / 16 28 02
 Fax 0 61 31 / 16 - 29 97

Regina Keller
 Personalrat
 (beratend)

Kurt Kreideweis
 Personalrat
 (beratend)

Verwaltungsrat:

Rainer Brüderle
 Landesregierung Rpf.
 Ministerium für Wirtschaft und Verkehr
 Bauhofstr. 4
 55116 Mainz
 Telefon 0 61 31 / 16 22 01
 Fax 0 61 31 / 16 - 21 00

Prof. Dr. Joachim Gernhuber
 Rundfunkrat
 Im Schönblick 2
 72076 Tübingen
 Telefon 0 70 71 / 6 12 05

Dr. Helmut Klenk
Rundfunkrat
Mehlstr. 20
55234 Framersheim
Telefon 0 67 33 / 3 64

Hans Georg Koch
Landesregierung B.W.
Staatsministerium
Richard-Wagner-Str. 15
70184 Stuttgart
Telefon 0 71 1 / 21 53 - 22 2
Fax 0 71 1 / 21 53 - 24 0

Dr. Robert Maus
Rundfunkrat
Landratsamt
Benediktinerplatz 1
78467 Konstanz
Telefon 0 75 31 / 8 00 - 1 00
Fax 0 75 31 / 800 - 12 9

Peter Reinelt
Landesregierung B.W.
Umweltministerium
Kernerplatz 9
70182 Stuttgart
Telefon 07 11 / 12 6 - 0
Fax0 71 1 / 12 6 - 28 81

Theresia Riedmaier
Rundfunkrat
Landtag, SPD-Fraktion
Deutschhausplatz 12
55116 Mainz
Telefon 0 61 31 / 20 8 - 31 2
Fax 0 61 31 / 20 8 - 31 4

Gerhard Waiblinger
Rundfunkrat
Im Hölderle 20
72070 Tübingen
Telefon 0 70 73 / 63 50

Günter Wollscheid
Rundfunkrat
Floriansweg 1
54558 Gillenfeld
Telefon 0 65 73 / 6 94

Sender Freies Berlin (SFB)

Masurenallee 8 - 14
14057 Berlin
Telefon 0 30 / 3 03 10
Fax 0 30 / 3 01 50 62

Intendant: Dr. Günther von Lojewski

Amtszeit: 5 Jahre (1994 bis 1999)

Lebenslauf:
Dr. phil. Günther von Lojewski geb. 11. Juni 1935 in Berlin. Seit 1989 Intendant des Senders Freies Berlin. 1961 bis 1969 »Hannoversche Allgemeine Zeitung«. 1969 bis 1977 Leiter der ZDF-Nachrichtenredaktion und Moderator von »heute«. 1977 bis 1989 Leiter des ARD-Magazin »Report« beim Bayerischen Rundfunk.

Rundfunkrat: 31 Mitglieder
Amtszeit: 2 Jahre (1995 bis 1997)
Vorsitzende: Marianne Brinkmeier
Stellvertreter: Jakov Rabau
Ausschüsse: Programmausschuß (Vorsitz: Dr. Dieter Biewald)

Verwaltungsrat: 9 Mitglieder
Amtszeit: 2 Jahre (1995 bis 1997)
Vorsitzender: Dr. Hartmann Kleiner
Stellvertreter: Christiane Bretz

Rechtsgrundlage: Gesetz über die Errichtung einer Rundfunkanstalt »Sender Freies Berlin« v. 12.11.1953 i. d.F. vom 17.12.1988

Rundfunkrat

§ 6: Allgemeine Aufgabe, Zusammensetzung, Mitgliedschaft

(3) Dem Rundfunkrat gehören an:
1. acht vom Abgeordnetenhaus von Berlin auf Vorschlag seiner Fraktionen zu wählende Persönlichkeiten des öffentlichen Lebens; für diese Wahl hat jede Fraktion das Vorschlagsrecht für ein Rundfunkratsmitglied und für so viele weitere von den dann noch verbleibenden, wie nach dem Höchstzahlverfahren auf die Fraktion entfallen;
2. drei Vertreter der Religionsgemeinschaften, und zwar je ein Vertreter der Evangelischen Kirche in Berlin-Brandenburg (Berlin-West), des Bistums Berlin der Katholischen Kirche und der Jüdischen Gemeinde zu Berlin;
3. drei Vertreter der Berliner Arbeitnehmerschaft, und zwar je ein Vertreter des DGB, der DAG und des Deutschen Beamtenbundes;
4. drei Vertreter der Berliner Unternehmerschaft, und zwar je ein Vertreter der Industrie- und Handelskammer zu Berlin, der Handwerkskammer Berlin und der Zentralvereinigung der Berliner Arbeitgeberverbände;
5. zwei Vertreter der Zeitungsverleger, entsandt vom Verein Berliner Zeitungsverleger e. V.;
6. ein Vertreter der Berliner Verleger- und Buchhändlervereinigung e.V. oder des Verbandes der Zeitschriftenverleger e. V. in turnusmäßigem Wechsel;
7. zwei Vertreter der Hochschulen des Landes Berlin, und zwar je ein vom Akademischen Senat der Freien Universität Berlin und vom Akademischen Senat der Technischen Universität Berlin benannter Vertreter;
8. zwei Vertreter des künstlerischen und kulturellen Lebens in Berlin, und zwar je ein von der Akademie der Künste und vom Berliner Kulturrat e.V. entsandter Vertreter;
9. zwei Vertreter des Journalistenverbandes Berlin e. V.;
10. ein Vertreter des Landesjugendringes Berlin;
11. ein Vertreter des Landessportbundes Berlin e. V.;
12. ein Vertreter der Elternschaft, entsandt vom Landeselternausschuß;
13. eine Vertreterin der Frauenverbände, entsandt vom Landesfrauenrat Berlin e. V.;
14. ein Vertreter der sozialen Dienste, entsandt von der Liga der Spitzenverbände der Freien Wohlfahrtspflege in Berlin.

Verwaltungsrat

§ 9 Ausschüsse, Verwaltungsrat

(3) Der Verwaltungsrat besteht aus neun Mitgliedern des Rundfunksrates und zwei vom Personalrat gewählten Mitgliedern des Personalrates. Die dem Personalrat angehörenden Mitglieder des Verwaltungsrates bedürfen der Bestätigung durch den Rundfunkrat.

Rundfunkrat:

Marianne Brinckmeier
  Abgeordnetenhaus, SPD-Fraktion
  Preußischer Landtag
  10111 Berlin
  Telefon 0 30 / 23 25 10 - 10 / - 11
  Fax 0 30 / 23 25 10 38

Jacov Rabau
  Jüdische Gemeinde zu Berlin
  Fasanenstr. 79-80
  10623 Berlin
  Telefon 0 30 / 88 42 03 0
  Fax 0 30 / 88 17 26 8

Dr. Stefan Amzoll
  Abgeordnetenhaus, PDS-Fraktion
  Preußischer Landtag
  10111 Berlin
  Telefon 0 30 / 23 25-0
  Fax 0 30 / 23 25 - 25 25

Dr. Dieter Biewald
  Abgeordnetenhaus, CDU-Fraktion
  Preußischer Landtag
  10111 Berlin
  Telefon 0 30 / 23 25- 21 20
  Fax 0 30 / 25 25 - 25 65

Hans-Dieter Blaese
  Handwerkskammer Berlin
  Blücherstraße 68
  10961 Berlin
  Telefon 0 30 / 25 90 3 - 2 22 / - 2 20
  Fax: 0 30 / 25 90 32 35

Dr. Hans-Jochen Brauns
  Liga der Spitzenverbände der freien
  Wohlfahrtspflege
  Dt. Parität.Wohlfahrtsverband
  Brandenburgischestr. 80
  10713 Berlin
  Telefon 0 30 / 86 00 11 - 01 / - 02
  Fax 0 30 / 86 00 12 30

Christiane Bretz
  DGB
  Keithstr. 1 - 3
  10787 Berlin
  Telefon 0 30 / 2 12 40 - 1 00 / - 1 01
  Fax 0 30 / 21 24 01 07

Rolf Budde
  Landessportbund Berlin e. V.
  Jesse-Owens-Allee 1-2
  14053 Berlin
  Telefon 0 30 / 30 00 2 - 0
  Fax 0 30 / 30 00 2 -10 7

Helmut Fechner
  Abgeordnetenhaus / SPD-Fraktion
  Preußischer Landtag
  10111 Berlin
  Telefon 0 30 / 23 25 22 20 / 21
  Fax 0 30 / 23 25 22 29

Hartmut Friedrich
  Deutsche Angestellten-Gewerkschaft
  Postfach 31 04 49
  10713 Berlin
  Telefon 0 30 / 8 29 62 53
  Fax 0 30 / 8 29 92 57

Dr. Erika Godel
  Evangelische Kirche
  Superintendentur
  Nazarethkirchstr. 50
  13347 Berlin
  Telefon 0 30 / 4 55 50 60

Jürgen Graf
  Verein Berliner Zeitungsverleger
  Am Hirschsprung
  14195 Berlin
  Telefon 0 30 / 83 26 00 6
  Fax 0 30 / 83 26 00 6

Jürgen Grimming
Journalisten-Verband Berlin e. V.
Lietzenburger Str. 77
10719 Berlin
Telefon 0 30 / 8 82 66 88
Fax 0 30 / 8 85 23 05

Arnold Heidemann
Verein Berliner Zeitungsverleger
Kurfürstendamm 188
10707 Berlin
Telefon 0 30 / 8 81 70 47
Fax: 0 30 / 8 82 54 35

Egbert Jancke
Deutscher Beamtenbund Berlin
Mommsenstr. 58
10629 Berlin
Telefon 0 30 / 3 23 20 01
Fax 0 30 / 32 47 18 9

Dr. Hartmann Kleiner
Vereinigung der Unternehmensver-
bände in Berlin und Brandenburg
Am Schillertheater 2
10625 Berlin
Telefon 0 30 / 3 10 05 - 1 01
Fax 0 30 / 31 00 51 20

Christian Kneisel
Künstl. Leben in Berlin (Akademie der Künste)
AdK
Hanseatenweg 10
10557 Berlin
Telefon 0 30 / 39 00 01 28
Fax 0 30 / 39 00 07 71

Christine Kowallek
Abgeordnetenhaus, CDU-Fraktion
Preußischer Landtag
10111 Berlin
Telefon 0 30 / 23 25 - 0
Fax 0 30 / 23 25 - 27 65

Dr. Ing. Eckhard Krüger
Technische Universität Berlin
Seestraße 13
13353 Berlin
Telefon 0 30 / 4 50 92 31
Fax 0 30 / 4 53 60 67

Jürgen Kulinski
Künstl. Leben in Berlin (Berl. Kulturrat)
IG Medien
Dudenstr. 10
10965 Berlin
Telefon 0 30 / 78 55 79 9
Fax 0 30 / 78 55 79 8

Klaus Rüdiger Landowsky
Abgeordnetenhaus, CDU-Fraktion
Preußischer Landtag
10111 Berlin
Telefon 0 30 / 25 99 91 00
Fax: 0 30 / 25 99 91 31

Hubert Pohl
Bistum Berlin
Wundtstr. 48-50
14005 Berlin
Telefon 0 30 / 32 00 6 - 0
Fax 0 30 / 32 00 6 - 19 3

Hilde Ribbe
Landesfrauenrat Berlin e. V.
Dimitroffstr. 219
10407 Berlin
Telefon 0 30 / 44 22 8 11 41

Gerhard Richter
Journalisten-Verband Berlin e. V.
Berliner Zeitung
Karl-Liebknecht-Str. 29
10178 Berlin
Telefon 0 30 / 23 27 65 68
Fax 0 30 / 23 27 55 33

Andreas Ritter
  Landeselternausschuß Berlin
  Cunostr. 44 a
  14193 Berlin
  Telefon 0 30 / 8 23 16 88
  Fax 0 30 / 8 23 57 99

Jörg Schlegel
  Industrie- u. Handelskammer Berlin
  Hardenbergstr. 16 - 18
  10623 Berlin
  Telefon 0 30 / 31 51 - 00
  Fax 0 30 / 31 51 02 78

Klaus-Dieter Schünemann
  Verband der Zeitschriftenverleger
  Berlin/Brandenburg
  Schöneberger Ufer 67 a
  10785 Berlin
  Telefon 0 30 / 45 09 21 5
  Fay 0 30 / 26 16 34 5

Alice Ströver
  Abgeordnetenhaus, Bündnis 90/Grüne-Fraktion
  Preußischer Landtag
  10111 Berlin
  Telefon 0 30 / 3 24 21 17
  Fax 0 30 / 23 25 - 24 09

Peter Wagener
  Landesjugendring Berlin e. V.
  BDKJ
  Götzstr. 65
  12099 Berlin
  Telefon 0 30 / 75 69 03 78
  Fax 0 30 / 75 69 03 70

Verwaltungsrat:

Dr. Hartmann Kleiner
  Vereinigung der Unternehmensverbände
  Am Schillertheater 2
  10625 Berlin
  Telefon 0 30 / 31 00 5 - 1 01
  Fax 0 30 / 31 00 51 20

Werner Wiemann
  Abgeordnetenhaus, FDP-Fraktion
  Preußischer Landtag
  10111 Berlin
  Telefon 0 30 / 23 25 23 33
  oder 54 27 37 5
  Fax 0 30 / 23 25 - 23 19
  oder 54 27 37 5

Prof. Dr. Axel Zerdick
  Freie Universität Berlin
  Institut für Publizistik
  Malteserstr. 74-100
  12249 Berlin
  Telefon 0 30 / 77 92 81 8
  Fax 0 30 / 83 2 - 65 61

Peter Kohagen
  Personalrat
  (beratend)

Jörg Dasch
  Personalrat
  (beratend)

Dietrich Reupke
  Berliner Senat
  (beratend)
  Tauentzienstraße 9
  10789 Berlin
  Telefon 0 30 / 21 23 - 33 39 / - 25 15
  Fax 0 30 / 21 23 - 32 88

Christiane Bretz
  DGB
  Keithstr. 1–3
  10787 Berlin
  Telefon 0 30 / 2 12 40 - 1 00
  Fax 0 30 / 21 24 01 07

Hans-Dieter Blaese
  Handwerkskammer Berlin
  Blücherstraße 68
  10961 Berlin
  Telefon 0 30 / 25 90 3 - 2 22
  Fax 0 30 / 25 90 32 35

Helmut Fechner
  Abgeordnetenhaus, SPD-Fraktion
  Preußischer Landtag
  10111 Berlin
  Telefon 0 30 / 23 25 22 20
  Fax 0 30 / 23 25 22 59

Arnold Heidemann
  Kurfürstendamm 188
  10707 Berlin
  Telefon 0 30 / 8 81 70 47
  Fax 0 30 / 8 82 54 35

Klaus Rüdiger Landowsky
  Abgeordnetenhaus, CDU-Fraktion
  Preußischer Landtag
  10111 Berlin
  Telefon 0 30 / 25 99 91 00
  Fax 0 30 / 25 99 91 31

Hubert Pohl
  Bistum Berlin
  Wundtstr. 48-50
  14005 Berlin
  Telefon 0 30 / 32 00 6- 0
  Fax 0 30 / 32 00 6 - 19 3

Jörg Schlegel
  Industrie- u. Handelskammer Berlin
  Hardenbergstr. 16 - 18
  10623 Berlin
  Telefon 0 30 / 31 51 - 00 / - 02 33
  Fax 0 30 / 31 51 02 78

Klaus-Dieter Schünemann
  Verband der Zeitschriftenverleger
  Schöneberger Ufer 67 a
  10785 Berlin
  Telefon 0 30 / 45 09 21 5
  Fax 0 30 / 26 16 34 5

Peter Kohagen
  Personalrat
  (beratend)

Jörg Dasch
  Personalrat
  (beratend)

Westdeutscher Rundfunk (WDR)

Appellhofplatz 1
50667 Köln
Telefon: 0 22 1 / 22 01
Fax: 0 22 1 / 2 20 48 00

Intendant: Friedrich Nowottny
Nachfolger: Fritz Pleitgen
Amtszeit: 6 Jahre (1990 bis 1996)
Freiw. Rücktritt: 30. 6. 1995

Lebenslauf:
Friedrich Nowottny, geb. am 16. Mai 1929 in Hindenburg/Oberschlesien. Seit 14. Juni 1985 Intendant des Westdeutschen Rundfunks. 1946 bis 1948 Dolmetscher in Bielefeld. 1948 bis 1950 Freier Journalist, Lokalreporter der Tageszeitung »Freie Presse« Bielefeld. 1950 bis 1953 Hauptverwaltung der Deutschen Eisenbahn-Versicherungs-Kasse, Bielefeld: Praktikum, Assistent des Vorstandsvorsitzenden und Begründer der Werkzeitung. 1953 bis 1962 Volontär und anschl. Redakteur bei »Freie Presse«, Bielefeld. 1958 Ressortchef Wirtschaft, Soziales, Landwirtschaft; daneben freie Mitarbeit bei Hörfunk und Fernsehen des WDR. 1962 bis 1965 Hauptabteilungsleiter Wirtschaft und Soziales beim Saarländischen Rundfunk. 1965 bis 1967 stellv. Chefredakteur. 1967 stellv. Leiter, ab 1973 Leiter des WDR-Fernsehstudios Bonn.

Rundfunkrat: 41 Mitglieder
Amtszeit: 6 Jahre (1991 bis 1997)
Vorsitzender: Reinhard Grätz (Vertreter: Dr. Klaus Heugel)
Stellvertreter: Rainer Hesels (Vertreter: Walter Haas)
Ausschüsse: - Programmausschuß (Vorsitz: Herbert Demmer)
- Haushalts- und Finanzausschuß (Vorsitz: Wolfgang Wende)
- Ausschuß für Fragen der Rundfunkentwicklung (Vorsitz: Jürgen Büssow)
Verwaltungsrat: 9 Mitglieder
Amtszeit: 6 Jahre (1994 bis 2000)
Vorsitzender: Dr. Theodor Schwefer
Stellvertreter: Dieter Mahlberg

Rechtsgrundlage: Gesetz über den »Westdeutschen Rundfunk Köln« i.d.F. der Bekanntmachung vom 31. März 1993

Rundfunkrat:
§ 15: Zusammensetzung, Amtsdauer, Kostenerstattung

(1) Der Rundfunkrat besteht aus 41 Mitgliedern, Frauen sind bei der Wahl oder Entsendung von Mitgliedern und Stellverteter im Rundfunkrat angemessen zu berücksichtigen.

(2) Zwölf Mitglieder werden nach den Grundsätzen der Verhältniswahl (d'Hondtsches Höchstzahlverfahren) vom Landtag gewählt; bei gleicher Höchstzahl entscheidet über die Entsendung des letzten Mitglieds das vom Präsidenten des Landtages zu ziehende Los. Bis zu sieben Mitglieder dürfen dem Europäischen Parlament, dem Bundestag, einem Landtag oder einer kommunalen Vertretungskörperschaft angehören.

(3) Siebzehn weitere Mitglieder werden von folgenden gesellschaftlichen Gruppen und Institutionen entsandt:
1. ein Vertreter durch die Evangelischen Kirchen in NordrheinWestfalen,
2. ein Vertreter durch die Katholische Kirche,
3. ein Vertreter durch die Landesverbände der jüdischen Kultusgemeinden von Nordrhein und Westfalen und die Synagogen-Gemeinde Köln,
4. ein Vertreter durch den Deutschen Gewerkschaftsbund, Landesbezirk Nordrhein-Westfalen,
5. ein Vertreter durch die Deutsche Angestellten-Gewerkschaft, Landesverband Nordrhein-Westfalen,
6. ein Vertreter durch den Deutschen Beamtenbund, DBB - Landesbund Nordrhein-Westfalen -,
7. ein Vertreter durch die Landesvereinigung der Arbeitgeberverbände Nordrhein-Westfalen e. V.,
8. ein Vertreter durch den Rheinisch-Westfälischen Handwerkerbund e.V.,
9. ein Vertreter durch den Westfälisch-Lippischen Landwirtschaftsverband e. V., und den Rheinischen Landwirtschafts-Verband e. V.,
10. ein Vertreter durch den Städtetag Nordrhein-Westfalen, den Nordrhein-Westfälischen Städte- und Gemeindebund und den Landkreis Nordrhein-Westfalen,
11. ein Vertreter durch die Arbeitsgemeinschaft der Spitzenverbände der Freien Wohlfahrtspflege des Landes Nordrhein-Westfalen und die Landesarbeitsgemeinschaft der Familienverbände in NordrheinWestfalen,
12. ein Vertreter durch den Landessportbund Nordrhein-Westfalen,
13. ein Vertreter durch die Verbraucher-Zentrale Nordrhein-Westfalen, Landesarbeitsgemeinschaft der Verbraucherverbände e. V.,
14. ein Vertreter durch die nordrhein-westfälischen Landesverbände der nach § 29 Abs. 2 des Bundesnaturschutzgesetzes anerkannten Verbände,
15. ein Vertreter durch den Landesjugendring Nordrhein-Westfahlen,
16. ein Vertreter durch den Lippischen Heimatbund e. V., den Rheinischen Verein für Denkmalpflege und Landschaftsschutz e. V. und den Westfälischen Heimatbund e. V.,

17. ein Vertreter durch den Verband der Kriegs- und Wehrdienstopfer, Behinderten und Sozialrentner Deutschlands, Landesverband Nordrhein-Westfalen e. V. (VdK) und den Reichsbund der Kriegsopfer, Behinderten, Sozialrentner und Hinterbliebenen e. V., Landesverband Nordrhein-Westfalen.

(4) Neun weitere Mitglieder werden aus den Bereichen Publizistik, Kultur, Kunst und Wissenschaft wie folgt entsandt:
1. ein Vertreter durch die Industriegewerkschaft Medien – Druck und Papier, Publizistik und Kunst (IG Medien), Landesbezirk Nordrhein-Westfalen, Fachgruppe Literatur (VS),
2. ein Vertreter durch die Genossenschaft Deutscher Bühnenangehöriger, Landesverband Nordrhein-Westfalen,
3. ein Vertreter durch den Landesmusikrat Nordrhein-Westfalen e. V.,
4. ein Vertreter durch die IG Medien, Landesbezirk Nordrhein-Westfalen, Fachgruppe Journalismus (dju) und den Deutschen Journalisten-Verband, Gewerkschaft der Journalisten, Landesverband Nordrhein-Westfalen e.V.,
5. ein Vertreter durch die IG Medien, Landesbezirk Nordrhein-Westfalen, Fachgruppe Rundfunk, Film, Audiovisuelle Medien (RFFU),
6. ein Vetreter durch das Filmbüro Nordrhein-Westfalen e. V. und den Verband der Fernseh-, Film- und Videowirtschaft Nordrhein-Westfalen e.V.,
7. ein Vertreter durch den Berufsverband Bildender Künstler e.V., Landesverband Nordrhein-Westfalen,
8. ein Vertreter durch den Landesverband der Volkshochschulen von Nordrhein-Westfalen
9. ein Vertreter durch die Landesrektorenkonferenz Nordrhein-Westfalen und die Landesrektorenkonferenz der Fachhochschulen des Landes Nordrhein-Westfalen.

(5) Je ein weiteres Mitglied wird als Vertreter aus dem Kreis der älteren Menschen, der Behinderten, der ausländischen Mitbürger im Land Nordrhein-Westfalen entsandt. Die Vertreter der älteren Menschen und der ausländischen Mitbürger werden durch die Arbeitsgemeinschaft der Spitzenverbände der Freien Wohlfahrtspflege des Landes Nordrhein-Westfalen entsandt. Der Vertreter der Behinderten wird durch den Verband der Kriegs- und Wehrdienstopfer, Behinderten und Sozialrentner Deutschlands, Landesverband Nordrhein-Westfalen, entsandt.

Verwaltungsrat:
§ 20 Zusammensetzung, Wahl, Amtsdauer, Kostenerstattung.
(1) Der Verwaltungsrat besteht aus neun Mitgliedern. Sieben Mitglieder werden vom Rundfunkrat gewählt. Zwei Mitglieder werden vom Personalrat entsandt. Von den vom Rundfunkrat gewählten Mitgliedern des Verwaltungsrates dürfen bis zu zwei Mitglieder dem Europäischen Parlament, dem Bundestag, einem Landtag oder einer kommunalen Vertretungskörperschaft angehören. Die Amtszeit beträgt sechs Jahre; sie beginnt mit dem ersten Zusammentritt des Verwaltungsrates. Er nimmt nach Ablauf seiner Amtszeit die Geschäfte wahr, bis ein neuer Verwaltungsrat gewählt ist. Wiederwahl ist einmal zulässig.

Rundfunkrat:

Reinhard Grätz
  Landtag, SPD-Fraktion
  Platz des Landtags 1
  40221 Düsseldorf
  Telefon 0 21 1 / 88 4 - 0
  Fax 0 21 1 / 88 4 - 22 90
  Vertreter: Dr. Klaus Heugel

Rainer Hesels
  DGB
  Friedrich-Ebert Str. 34-38
  40210 Düsseldorf
  Telefon 0 21 1 / 36 83 - 0 / 119
  Fax 0 21 1 / 36 83 - 16 0
  Vertreter: Walter Haas

Jürgen Büssow
  Landtag, SPD-Fraktion
  Postfach 10 11 43
  40002 Düsseldorf
  Telefon 0 21 1 / 88 4 -26 34
  Fax 0 21 1 / 88 4 - 20 04
  Vertreter: Josef Krings

Prof. Dr. Renate Möhrmann
  Landtag, CDU-Fraktion
  Platz des Landtags 1
  40221 / Düsseldorf
  Telefon 0 21 1 / 88 4 - 0
  Fax 0 22 1 / 88 4 - 22 65
  Vertreterin: Barbara Stober

Michael Geuenich
  Landtag, SPD-Fraktion
  DGB-Bundesvorstand
  Postfach 10 10 26
  40001 Düsseldorf
  Telefon 0 22 1 / 43 01 0- 0
  Fax 0 22 1 / 43 0 - 14 71
  Vertreter: Ulrich Wehrhöfer

Ruth Hieronymi
  Landtag, CDU-Fraktion
  Marienstr. 8
  53225 Bonn
  Telefon 0 21 1 / 88 4 - 23 79
  Fax 0 21 1 / 88 4 - 33 09
  Vertreter: Lothar Hegemann

Karin Junker
  Landtag, SPD-Fraktion
  Feldstr. 82
  40479 Düsseldorf
  Telefon 0 21 1 / 49 83 18 4
  Fax 0 21 1 / 49 11 83 0
  Vertreter: Helga Kühn-Mengel

Helmut Kuhne
  Landtag, SPD-Fraktion
  Akazienstr. 1
  59505 Bad Sassendorf
  Telefon 0 29 21 / 51 50 7
  Fax 0 21 1 / 88 4 - 22 90
  Vertreter: Hannelore Ludwig

Heinrich Ostrop
  Landtag, CDU-Fraktion
  Am Pastorenbusch 20
  48161 Münster
  Telefon 0 25 33 /13 37
  Fax 0 21 1 / 88 4 - 22 65
  Vertreter: Hermann Gröhe

Dr. Horst-Ludwig Riemer
  Landtag, FDP-Fraktion
  Platz des Landtags 1
  40221 Düsseldorf
  Telefon 0 21 1 / 88 4 - 0
  Fax 0 21 1 / 88 4 - 23 71
  Vertreter: Christa Nickels

Christina Riesenbeck
　Landtag, SPD-Fraktion
　Kirchplatz 5
　49545 Tecklenburg
　Telefon 0 54 82 / 77 43
　Fax 0 21 1 / 88 4 - 22 90
　Vertreter: Ursula Zumhasch

Jürgen Rosorius
　Landtag, CDU-Fraktion
　Auf dem Gerotten 20
　53721 Siegburg
　Telefon 0 22 41 / 55 63 3
　Fax 0 21 1 / 88 4 - 22 65
　Vertreter: Thomas Kemper

Eckard Uhlenberg
　Landtag, CDU-Fraktion
　Platz des Landtags
　40221 Düsseldorf
　Telefon 0 21 1 / 88 4 - 0
　Fax 0 21 1 / 88 4 - 22 65
　Vertreter: Hartmut Schauerte

Kurt Uhlenbruch
　Landtag, SPD-Fraktion
　Beethovenstr. 8
　50674 Köln
　Telefon 0 22 1 / 23 45 19
　Fax 0 21 1 / 88 4 - 22 90
　Vertreter: Kurt Bodewig

Herbert Demmer
　Evangelische Kirchen
　Altstädter Kirchplatz 5
　33602 Bielefeld
　Telefon 0 52 1/ 59 4 - 0
　Fax 0 52 1 / 59 4 - 12 9
　Vertreter: Erich Anders

Dr. Karl-Heinz Vogt
　Katholische Kirchen
　Caritas-Verband
　Große Telegraphenstr. 35
　50676 Köln
　Telefon 0 22 1 / 20 19 0
　Fax 0 22 1 / 20 19 - 23 0
　Vertreter: Dr. Reinhard Marx

Paul Spiegel
　Jüdische Kultusgemeinden und Synagogengemeinde Köln
　Mauerstr. 41
　40476 Düsseldorf
　Telefon 0 21 1 / 44 68 09
　Vertreter: Dr. Yizhak Ahren

Werner Fischer
　Deutsche Angestellten-Gewerkschaft
　Bastionstr. 18
　40213 Düsseldorf
　Telefon 0 21 1 / 13 00 2 - 0
　Fax 0 21 1 / 13 00 2 - 24
　Vertreter: Jörg Verstegen

Erich Steffen
　Deutscher Beamtenbund
　Gartenstr. 22
　40493 Düsseldorf
　Telefon 0 21 1 / 49 3 - 19 94
　Fax 0 21 1 / 49 8 - 10 53
　Vertreter: Horst Ritter

Eberhard Vietinghoff
　Arbeitgeberverbände
　Postfach 30 06 43
　404406 Düsseldorf
　Telefon 0 21 1 / 45 73 - 0
　Fax 0 21 1 / 45 73 - 20 9
　Vertreter: Dr. Claus Welcker

Gerd Wieneke
Handwerkstag
Handwerkskammer Düsseldorf
Georg-Schulhoff-Platz 1
40221 Düsseldorf
Telefon 0 21 1 / 87 95 - 0
Fax 0 21 1 / 87 95 - 11 0
Vertreter: Uwe Nehrhoff

Reiner Latten
Landwirtschaftsverbände
Rheinischer Landwirtschaftsverband
Rochusstr. 18
53123 Bonn
Telefon 0 22 8 / 52 00 6 -0
Fax 0 22 8 / 52 00 6 - 60
Vertreter: Heinrich Kemper

Jochen Dieckmann
Städtetag, Städte- und Gemeindebund, Landkreistag
Dt. Städtetag
Lindenallee 13–17
50968 Köln
Telefon 0 22 1 / 37 71 - 22 9
Fax 0 22 1 / 37 71 - 128
Vertreter: A. Meyer zu Altenschildesche

Ludger Müer
AG der Spitzenverbände der Freien Wohlfahrtsverbände
Diözesancaritasverband
48008 Münster
Postfach 2128
Telefon 0 25 1 / 89 01 - 0
Fax 0 25 1 / 81 47 9
Vertreter: Klaus-Dieter Lahrkamp

Richard Winkels
Landessportbund
Friedrich-Alfred-Str. 25
47055 Duisburg
Telefon 0 20 3 / 73 81 - 21 9
Fax 0 20 3 / 73 81 - 63 4
Vertreter: Walter Probst

Dr. Karl-Heinz Schaffartzik
Verbraucher-Zentrale
Mintropstr. 27
40215 Düsseldorf
Telefon 0 21 1 / 38 09 - 0
Fax 0 21 1 / 38 09 17 2
Vertreter: Hanna Mrowetz

Heinz Kowalski
Anerkannte Naturschutzverbände
Wallstr. 16
51702 Bergneustadt
Telefon 0 22 61 / 43 68 6
Fax 0 20 1 / 47 30 87
Vertreter: Prof. Dieter Schmalz

Wolfgang Wende
Landesjugendring
Düsselstr. 34
40219 Düsseldorf
Telefon 0 21 1 / 39 10 67
Fax 0 21 1/ 39 83 74 9
Vertreter: Horst Winter

Dr. Norbert Kühn
Lippischer Heimatbund / Rhein.Verein für Denkmalpflege
Düppelstr. 9-11
50679 Köln
Telefon 0 22 1 / 80 9 - 28 04
Fax 0 22 1 / 80 92 14 1
Vertreter: Herbert Neseker

Heinz-Willy Hermanns
VdK / Reichsbund
VdK - NRW
Postfach 10 51 42
40042 Düsseldorf
Telefon 0 21 1 / 38 41 20
Vertreter: Helmut P. Etzkorn

Volker W. Degener
IG Medien, Fachgruppe Literatur
Bochumer Str. 48
44623 Herne
Telefon 0 23 23 / 40 10 9
Vertreter: Hans van Ooyen

Danny Brees
  Genossenschaft Deutscher Bühnenangehöriger
  Neue Straße 74
  32657 Lemgo
  Telefon 0 52 61 / 44 44
  Vertreter: Claire Rothe-Krings

Prof.Dr. Franz Müller-Heuser
  Landesmusikrat
  Hochschule für Musik
  Dagobertstr. 38
  50668 Köln
  Telefon 0 22 1 / 91 28 18 -0
  Fax 0 22 1 / 13 28 60
  Vertreter: Prof.Bruno Tetzner

Dr. Fritz Michael
  IG Medien, Fachgruppe Journalismus / Deutscher Journalistenverband
  IG Medien
  Hohenzollernring 85-87
  50672 Köln
  Telefon 0 22 1 / 51 70 44
  Fax 0 22 1 / 52 81 95
  Vertreter: Michael Kroemer

Alexander von Cube
  IG Medien / FG Rundfunk, Film, Audiovisuelle Medien
  Allensteiner Str. 4
  51491 Overath
  Telefon 0 22 06 / 50 98
  Vertreter: Dorothee Reinhold

Monika D'Alessandro
  Verband der Fernseh-, Film- und Videowirtschaft/ VFFV
  Burgmauer 10
  50667 Köln
  Telefon 0 22 1 / 25 20 41
  Fax 0 22 1 / 25 74 45 0
  Vertreter: Marianne Traub

Dieter Horky
  Berufsverband Bildender Künstler
  Alteburger Str. 43
  50678 Köln
  Telefon 0 22 8 / 63 04 06
  Vertreter: Dierk Engelken

Dirk Ukena
  Landesverband der Volkshochschulen
  Reinoldistr. 8
  44135 Dortmund
  Telefon 0 23 1 / 95 20 58 -0
  Fax 0 23 1 / 95 20 58 - 3
  Vertreter: Walter Möller

Prof. Dr. Karl Peter Gorothemeyer
  Landesrektorenkonferenz
  Graf-von-Galen-Str. 9
  33619 Bielefeld
  Telefon 0 52 1 / 10 29 71
  Vertreter: Prof. Gerald Koeniger

Dr. Bernhard Nether
  Aus dem Kreis der älteren Menschen
  Grünstr. 63
  41564 Kaarst
  Telefon 0 21 91 / 64 26 3
  Vertreter: Alexander Funke

Fritz Stiller
  Aus dem Kreis der Behinderten
  Luitpoldstr. 6
  45879 Gelsenkirchen
  Telefon 0 20 9 / 20 48 46
  Vertreter: Heinz Bremer

Arzu Toker
  Kreis der ausländischen Mitbürger
  WDR/Rundfunkrat-Gremienbüro
  Appelhofplatz 1
  50667 Köln
  Telefon 0 22 1 / 22 01
  Fax 0 22 1 / 22 04 80 0
  Vertreter: Turan Özkücük

Rundfunkrat-Vertreter:

Dr. Klaus Heugel
Landtag, SPD-Fraktion
Rathaus
50667 Köln
Telefon 0 22 1 / 22 1 - 0
Fax 0 22 1 / 88 4 - 22 90

Walter Haas
DGB
Friedrich-Ebert-Str. 34 - 38
40210 Düsseldorf
Telefon 0 21 1 / 36 83 -0
Fax 0 21 1 / 36 83 - 15 9

Josef Krings
Landtag, SPD-Fraktion
Oberbürgermeister/Rathaus
Burgplatz 19
47051 Duisburg
Telefon 0 20 3 / 28 3 - 0
Fax 0 20 3 / 28 3 - 43 95

Barbara Stober
Landtag,CDU-Fraktion
Am Blütenhain 35
48163 Münster
Telefon 0 25 36 / 17 34
Fax 0 21 1 / 88 4 - 22 65

Ulrich Wehrhöfer
Landtag, SPD-Fraktion
SPD-Bezirk Ostwestfalen/Lippe
Arndtstr. 8
33602 Bielefeld
Telefon 0 52 1 / 52 09 30
Fax 0 52 1 / 17 23 24

Lothar Hegemann
Landtag, CDU-Fraktion
Erlemannskamp 34
45659 Recklinghausen
Telefon 0 23 61 / 18 15 16
Fax 0 23 61 / 18 15 16

Helga Kühn-Mengel
Landtag, SPD-Fraktion
Mühlenbach 35
50321 Brühl
Telefon 0 22 32 / 25 84 3
Fax 0 21 1 / 88 4 - 22 90

Hannelore Ludwig
Landtag, SPD-Fraktion
Sternstr. 39
34114 Warburg
Telefon 0 56 41 /61 76
Fax 0 2 11 / 88 4 - 22 90

Hermann Gröhe
Landtag, CDU-Fraktion
Kanalstr. 16
41460 Neuss
Telefon 0 22 8 / 16 - 81 07 9
Fax 0 22 8 / 16 - 86 24 9

Christa Nickels
Landtag, Fraktion Die Grünen
Walderych 39
52511 Geilenkirchen
Telefon 0 24 51 / 67 18 9
Fax 0 22 8 / 16 - 46 55 2

Ursula Zumhasch
Landtag, SPD-Fraktion
Maximilian-Kolbe-Str. 9
48346 Ostbevern
Telefon 0 25 32 / 76 89
Fax 0 21 1 / 89 4 - 22 90

Thomas Kemper
Landtag, CDU-Fraktion
Obrighausen 3
57392 Schmallenberg
Telefon 0 29 72 / 51 76
Fax 0 21 1 / 88 4 - 22 65

Hartmut Schauerte
  Landtag, SPD-Fraktion
  Postfach 10 90
  57394 Kirchhundem
  Telefon 0 22 8 / 16 - 837 36
  Fax 0 22 8 / 16 - 86 29 2

Kurt Bodewig
  Landtag, SPD-Fraktion
  DGB-Landesbezirk NRW
  Friedrich Ebert-Str. 34 - 38
  40010 Düsseldorf
  Telefon 0 21 1 / 36 83 - 0
  Fax 0 21 1 / 36 83 - 15 9

Erich Anders
  Evangelische Kirchen
  Landes-Kirchenamt
  Hans-Böckler-Str. 7
  40476 Düsseldorf
  Telefon 0 21 1 / 45 62 - 0 / 25 9
  Fax 0 21 1 / 45 62 - 44 4

Dr. Reinhard Marx
  Katholische Kirche
  St.-Klemens-Kommende
  Brackeler Hellweg 144
  44291 Dortmund
  Telefon 0 23 1 / 20 65 36
  Fax 0 23 1 / 20 60 5 - 80

Dr. Yizhak Ahren
  Jüdische Kultusgemeinden / Synagogengemeinde Köln
  Roonstr. 50
  50674 Köln
  Telefon 0 22 1 / 2356 26 - 27
  Fax 0 22 1 / 24 18 44

Jörg Verstegen
  Deutsche Angestellten-Gewerkschaft
  Bastionstr. 18
  40213 Düsseldorf
  Telefon 0 21 1 / 13 00 2 - 0
  Fax 0 21 1 / 13 00 2 - 24

Horst Ritter
  Deutscher Beamtenbund
  Gartenstr. 22
  40479 Düsseldorf
  Telefon 0 21 1 / 49 3 - 19 94
  Fax 0 21 1 / 49 8 - 10 53

Dr. Claus Welcker
  Arbeitgeberverbände
  Firma Schütte
  Alfred-Schütte-Allee 76
  51105 Köln
  Telefon 0 22 1 / 83 99 0
  Fax 0 22 1 / 83 99 - 42 2

Uwe Nehrhoff
  Handwerkstag
  Handwerkskammer Köln
  Heumarkt 12
  50667 Köln
  Telefon 0 22 1 / 20 22 - 1
  Fax 0 22 1 / 20 22 - 36 0

Heinrich Kemper
  Landwirtschaftsverbände
  Ohrser Str. 117
  32791 Lage
  Telefon 0 52 32 / 27 49
  Fax 0 22 8 / 52 00 6 - 60

Anneliese Meyer zu Altenschildesche
  Städtetag / Städte- und Gemeindebund / Landkreis
  Rathaus
  Am Markt 1
  48282 Emsdetten
  Telefon 0 25 72 / 12 0
  Fax 0 25 72 / 12 - 20 9

Klaus-Dieter Lahrkamp
  AG der Spitzenverbände der Freien Wohlfahrtspflege
  Familienverbände
  Rosenstr. 16
  48135 Münster
  Telefon 0 25 1 / 29 39 37

Walter Probst
Landessportbund
Postfach 10 15 06
47015 Duisburg
Telefon 0 20 3 / 73 81 - 21 6
Fax 0 20 3 / 73 81 - 63 4

Hanna Mrowetz
Verbraucher-Zentrale
Mintropstr. 27
40215 Düsseldorf
Telefon 0 21 1 / 38 09 - 0
Fax 0 21 1 / 38 09 - 17 2

Prof. Dieter Schmalz
Anerkannte Naturschutzverbände
Mausbachstr. 57
48149 Münster
Telefon 0 25 1 / 81 37 7
Fax 0 20 1 / 47 30 87

Horst Winter
Sportjugend
Sportjugend NRW
Postfach 10 15 06
47015 Duisburg
Telefon 0 20 3 / 73 81 - 36 4
Fax 0 20 3/ 73 81 - 65 3

Herbert Neseker
Lippischer Heimatbund / Verein für Denkmalpflege
Westf. Heimatbund
Kaiser-Wilhelm-Ring 3
48145 Münster
Telefon 0 25 1 / 59 14 02 7
Fax 0 25 1 / 59 14 02 8

Helmut P. Etzkorn
VdK / Reichsbund
Rückertstr. 64
48165 Münster
Telefon 0 25 01 / 25 22 7

Hans van Ooyen
IG Medien, Fachgruppe Literatur
In der Kämpen 5
45770 Marl
Telefon 0 23 65 / 32 50 7

Claire Rothe-Krings
Genossenschaft Deutscher Bühnenangehöriger
Feldbrunnenstr. 74
20148 Hamburg
Telefon 0 40 / 44 51 85
Fax 0 40 / 45 03 60

Prof. Bruno Tetzner
Landesmusikrat
Wiechertweg 17
42857 Remscheid
Telefon 0 21 91 / 79 06 03
Fax 0 21 91 / 72 49 1

Michael Kroemer
IG Medien, FG Journalismus / Deutscher Journalistenverband
Kronprinzenstr. 16
40217 Düsseldorf
Telefon 0 21 1 / 37 60 12
Fax 0 21 1 / 37 01 84

Dorothee Reinhold
IG Medien, FG Rundfunk, Film, Audiovisuelle Medien
Weißenburgstr. 12
50670 Köln
Telefon 0 22 1 / 73 47 53

Marianne Traub.
Verband der Fernseh-, Film- und Videowirtschaft
Filmbüro NRW
Leineweberstr. 1
45468 Mühlheim/R.
Telefon 0 22 1 / 25 20 41

Dierk Engelken
Berufsverband Bildender Künstler
Industriestr. 170
50999 Köln
Telefon 0 22 8 / 63 04 06

Walter Möller
Landesverband d. Volkshochschulen
Reinddistr. 8
44135 Dortmund
Telefon 0 23 1 / 95 20 58 - 0
Fax 0 23 1 / 95 20 58 - 3

Prof. Gerald Koeniger
Landesrektorenkonferenz
Trapphofstr. 27
44287 Dortmund
Telefon 0 23 1 / 45 46 69

Alexander Funke
Aus dem Kreis der älteren Menschen
Carl-Zeiss-Str. 5
33659 Bielefeld

Heinz Bremer
Aus dem Kreis der Behinderten
Stadtverwaltung Düsseldorf
Postfach 10 11 20
40200 Düsseldorf
Telefon 0 21 1 / 89 9 - 1
Fax 0 21 1 / 89 9 - 41 79

Turan Özkücük
Kreis der ausländischen Mitbürger
Esserstr. 47
51105 Köln
Telefon 0 22 1 / 83 05 45 5

Verwaltungsrat:

Dr. Theodor Schwefer
Westdeutsche Lotto
Weselerstr. 108-112
48151 Münster
Telefon 0 25 1 / 70 06 0 - 1
Fax 0 25 1 / 70 06 - 59 9

Dieter Mahlberg
DGB
Friedrich-Ebert-Str. 34 - 38
40210 Düsseldorf
Telefon 0 21 1 / 36 83 - 1 10
Fax 0 21 1 / 36 83 - 15 9

Prof. Dr. Günter Brakelmann
Gropiusweg 35
44801 Bochum
Telefon 0 23 4 / 7 00 48 05

Ina Hillebrandt
WDR/Personalrat
Appellhofplatz 1
50600 Köln
Telefon 0 22 1 / 2 20 - 62 20
Fax 0 22 1 / 22 0 - 48 00

Dr. Ludwig Jörder
Westfalenhalle
Dortmund
Postfach 10 44 44
44139 Dortmund
Telefon 0 23 1 / 12 04 3 40
Fax 0 23 1 / 12 04 - 56 0

Maren Ernst-Vogel
Mineralölwirtschaftsverband
Büro Bonn
Am Hofgarten 5
53113 Bonn
Telefon 0 22 8 / 22 29 18 - 19
Fax 0 22 8 / 22 15 63

Margot von Renesse
Bundeshaus
53113 Bonn
Telefon 0 22 8 / 16 - 86 98 5
Fax 0 22 8 / 16 - 89 13 0

Elke Semrau
  WDR / Personalrat
  Appellhofplatz 1
  50600 Köln
  Telefon 0 22 1 / 22 0 - 62 20
  Fax 0 22 1 / 22 0 - 48 00

Prof. Dr. Gisela Losseff-Tillmanns
  Am Eichelkamp 63
  40723 Hilden
  Telefon 0 21 2 / 80 55 7

Deutsche Welle (DW)

Raderberggürtel 50
50968 Köln
Telefon 0 22 1 / 38 90
Fax 0 22 1 / 3 89 30 00

Intendant: Dieter Weirich

Amtszeit: 6 Jahre (1989 bis 1995)

Lebenslauf:
Dieter Weirich, geb. am 31. Dezember 1944 in Sülzbach im Landkreis Heilbronn, Journalist und Oberregierungsrat a.D. Seit 1. Dezember 1989 Intendant der Deutschen Welle. 1974 bis 1980 Mitglied des Hessischen Landtags, 1980 bis 1989 Mitglied des deutschen Bundestages, Medienpolitischer Sprecher der Unionsparteien und der CDU/CSU- Bundestagsfraktion. Von 1980 bis 1982 Mitglied der Bundestags-Enquete-Kommission »Künftige Informations- und Kommunikationstechniken«. Von 1984 bis 1989 Mitglied der Bundesfilmauswahlkommission. ZDF-Fernsehrat. Zahlreiche Bücher und Publikationen.

Rundfunkrat:	17 Mitglieder
Amtszeit:	4 Jahre (1994 bis 1998)
Vorsitzender:	Günter Verheugen
Stellvertreter:	Prof. Dr. Joseph-Theodor Blank
Ausschüsse:	- Fernsehausschuß Vorsitz: Manfred Speck
	- Hörfunkausschuß (Vorsitz: Friedel Heße)

Verwaltungsrat:	7 Mitglieder
Amtszeit:	4 Jahre (1991 bis 1995)
Vorsitzender:	Johannes Gerster
Stellvertreter:	Karl Haehser

Rechtsgrundlage: Gesetz über die Errichtung von Rundfunkanstalten des Bundesrechts vom 29.11.1960, geändert durch Gesetz vom 30. 4.1990.

Rundfunkrat

§ 3

(1) Der Rundfunkrat besteht aus 17 Mitgliedern. Frauen sind bei der Wahl, Benennung und Berufung von Mitgliedern des Rundfunkrats angemessen zu berücksichtigen.

(2) Je zwei Mitglieder des Rundfunkrats werden vom Deutschen Bundestag und vom Bundesrat gewählt, drei Mitglieder werden von der Bundesregierung benannt.

(3) Folgende gesellschaftliche Gruppen und Organisationen benennen jeweils ein Mitglied des Rundfunkrats:
1. Evangelische Kirche,
2. Katholische Kirche,
3. Zentralrat der Juden in Deutschland,
4. Bundesvereinigung der Deutschen Arbeitgeberverbände im Einvernehmen mit dem Deutschen Industrie- und Handelstag,
5. gewerkschaftliche Spitzenorganisationen,
6. Deutscher Sportbund,
7. Deutsche Stiftung für Internationale Entwicklung (DSE)

(4) Drei Mitglieder des Rundfunkrats aus den Bereichen Kultur und Wissenschaft werden vom Bundespräsidenten auf gemeinsamen Vorschlag des Deutschen Kulturrats, der Deutschen Akademie für Sprache und Dichtung sowie der Westdeutschen Rektorenkonferenz berufen. Die in Satz 1 bezeichneten Organisationen haben in ihren Vorschlag die doppelte Zahl der zu berufenden Vertreter aufzunehmen.

§4 Verwaltungsrat.

(1) Der Verwaltungsrat besteht aus sieben Mitgliedern. Ihm gehören an:
1. Je ein von den in § 3 Abs. 2 genannten staatlichen Organen zu wählender oder zu benennender Vertreter,
2. zwei vom Rundfunkrat zu wählende Vertreter der in § 3 Abs. 3 genannten gesellschaftlichen Gruppen und Organisationen und
3. zwei vom Rundfunkrat zu wählende Vertreter der im § 3 Abs. 4 genannten Institutionen.

Rundfunkrat:

Günter Verheugen
  Deutscher Bundestag
  SPD-Bundesgeschäftsstelle
  Ollenhauerstr. 1
  53118 Bonn
  Telefon 0 22 8 / 53 22 36
  Fax 0 22 8 / 53 23 85

Eva Leithäuser
  Bundesrat
  Besaltweg 47
  22395 Hamburg
  Telefon 0 40 / 36 81 - 0
  Fax 0 40 / 36 81 - 21 80

Michael Sagurna
Bundesrat
Sächs. Staatskanzlei
Archivstraße 1
01097 Dresden
Telefon 0 35 1 / 56 4 - 13 00
Fax 0 35 1 / 56 4 - 13 09

Prof.Dr. Joseph-Theodor Blank
Deutscher Bundestag
Bundeshaus
53113 Bonn
Telefon 0 22 8 / 168 - 37 30
Fax 0 22 8 / 16 8 - 61 22

Helmut Schäfer
Bundesregierung
Auswärtiges Amt
Adenauer Allee 99-103
53113 Bonn
Telefon 0 22 8 / 17 24 50
Fax 0 22 8 / 17 32 89

Andreas Fritzenkötter
Bundesregierung
Bundeskanzleramt
Adenauer Allee 139 - 141
53113 Bonn
Telefon 0 22 8 / 56 - 25 01
Fax 0 22 8 / 56 23 57 / 58

Manfred Speck
Bundesregierung
BMI
Graurheindorfer Straße 1 98
53117 Bonn
Telefon 0 22 8 / 68 1-38 15
Fax 0 22 8 / 68 1 42 35

Dr. phil. Herbert Heckmann
Bundespräsident
Dt.Akademie für Sprache und Dichtung
Alexandraweg 23
64287 Darmstadt
Telefon: 0 61 51 / 4 09 20
Fax 0 61 51 /40 92 - 99

Prof. Dr. Hans Uwe Erichsen
Bundespräsident
Hochschulrektorenkonferenz
Ahrstr. 39
23175 Bonn
Telefon 0 22 8 / 88 7 - 0 / 113
Fax 0 22 8 / 88 7 - 11 0

Prof. Dr. Andreas Eckhardt
Bundespräsident
Deutscher Musikrat
Am Michalelshof 4 a
53117 Bonn
Telefon 0 22 8 / 83 08 - 0
Fax 0 22 8 / 35 26 50

Dr. Franz Schoser
Bundesvereinigung der Deutschen Arbeitgeberverbände/DIHT
Adenauer Allee 148
53113 Bonn
Telefon 0 22 8 / 10 4 - 0 / 10 2
Fax 0 22 8 / 10 4 - 15 8

Karl Hemberger
Deutscher Sportbund
Otto-Fleck-Schneise 12
60528 Frankfurt
Telefon 0 69 / 67 00 - 0
oder 0 60 21 /42 16 10
Fax 0 69 / 67 49 06

Dr. Heinz Bühler
Deutsche Stiftung für Internationale Entwicklung (DSE)
Rauchstraße 25
10787 Berlin
Telefon 0 30 / 26 06 - 3 11
Fax 0 30 / 26 0 63 75

Gabriele Erpenbeck
Katholische Kirche
Sozialministerium
Am Marstal 18
30159 Hannover
Telefon 0 51 1 / 1 20 - 66 84
Fax 0 51 1 / 12 0 - 66 88

Rolf Koppe
Evangelische Kirche
Herrenhäuser Straße 12
30419 Hannover
Telefon 0 51 1 / 27 96 - 12 5
Fax 0 51 1 / 27 96 - 71 7

Friedel Heße
DGB
Hans-Böckler-Str. 39
40476 Düsseldorf
Telefon 0 21 1 / 43 01 - 28 1
Fax 0 21 1 / 43 01 21 0

Herzs Krymalowski
Zentralrat der Juden in Deutschland
Synagogen-Gemeinde Köln
Roosstr. 50
50674 Köln
Telefon 0 22 1 / 23 56 26
Fax 0 22 1 / 24 18 44

Verwaltungsrat:

Johannes Gerster
Bundestag
CDU-Landesverband
Rheinallee 1 a - 1 d
55116 Mainz
Telefon 0 61 31 / 28 47 - 0
Telefax 0 61 31 / 22 09 85

Karl Haehser
Rundfunkrat
Klausener Straße 10
54296 Trier
Telefon 0 65 1 / 3 17 63
Fax 0 65 1 / 31 76 3

Karl-Heinz Jantzen
Bundesrat
Züricher Straße 1 1 4
28325 Bremen
Telefon 0 42 1 / 42 23 14
Fax 0 42 1 / 40 50 57

Prof. Dr. Claudia Mast
Rundfunkrat
Universität Hohenheim
Fruwirthstraße 49
70599 Stuttgart
Telefon 0 711 / 45 9 - 26 36
Fax 0 71 1 / 4 59 34 29

Dr. Franz Schoser
Rundfunkrat
DIHT
Adenauer Allee 148
53113 Bonn
Telefon 0 22 8 / 10 41 02
Fax: 0 22 8 / 10 41 58

Ursula Seiler-Albring
Bundesregierung
Auswärtiges Amt
Adenauer-Allee 99 - 103
53113 Bonn
Telefon 0 22 8 / 17 29 21
Fax 0 22 8 / 17 39 03

Dr. Christiane Stang-Voss
Rundfunkrat
Deutsche Sporthochschule
Carl-Diem-Weg 6
50933 Köln
Telefon 0 22 1 / 49 82 - 5 39
Fax 0 22 1 / 49 20 01

Deutschlandradio

Raderberggürtel 40
50968 Köln
Telefon 0 22 1 / 3 45 - 1
Fax 0 22 1 / 38 07 66

Am Hans-Rosenthal-Platz
10825 Berlin
Telefon 030 / 85 03 - 0
Fax 0 30 / 85 30 - 3 90

Intendant: Ernst Elitz

Amtszeit: 5 Jahre (1994 bis 1999)

Lebenslauf:
Ernst Elitz, geb. am 24. Juli 1941 in Berlin. Seit 1. April 1994 Intendant beim Deutschland Radio. 1966–1968 Reporter und Redakteur beim RIAS Berlin in der Hauptabteilung »Kulturelles Wort«. Freie Mitarbeit für »Die Zeit« und »Publik«. 1969 bis 1974 Redakteur in der Deutschlandredaktion von »Der Spiegel«. 1974 bis 1983 Redakteur im Studio Berlin des ZDF. 1981–1983 stellv. Leiter und Moderator von »Kennzeichen D«. 1983 bis 1985 stellv. Leiter und Moderator von »heute-journal«. Ab 1. Februar 1985 Chefredakteur Fernsehen beim SDR. Moderation der Sendungen »Pro & Contra«, »Weltspiegel«, »Brennpunkt« und »Wortwechsel«.

Hörfunkrat: 40 Mitglieder
Amtszeit: 4 Jahre (1994 bis 1998)
Vorsitzender: Hinrich Enderlein
Stellvertreter: Dr. Thomas Gross
Ausschüsse: Programmausschuß (Vorsitz: Manfred Jenke)
Verwaltungsrat: 8 Mitglieder
Amtszeit: 5 Jahre (1994 bis 1999)
Vorsitzender: Prof. Dr. Dieter Stolte
Stellvertreter: Jobst Plog

Rechtsgrundlage: Staatsvertrag über die Körperschaft des öffentlichen Rechts »Deutschlandradio« vom 1. Januar 1994

Hörfunkrat

§ 21 Zusammensetzung des Hörfunkrates

1) Der Hörfunkrat besteht aus vierzig Mitgliedern nämlich
   a) je einem Vertreter der vertragschließenden Länder, der von der zuständigen Landesregierung entsandt wird,
   b) drei Vertretern des Bundes, die von der Bundesregierung entsandt werden,
   c) einem Vertreter der Evangelischen Kirchen in Deutschland,
   d) einem Vertreter der Katholischen Kirche,
   e) einem Vertreter des Zentralrats der Juden in Deutschland,
   f) einem Vertreter des Deutschen Gewerkschaftsbundes,
   g) einem Vertreter der Bundesvereinigung Deutscher Arbeitgeberverbände,
   h) einem Vertreter der Arbeitsgemeinschaft der Badisch-Württembergischen Bauernverbände,
   i) einem Vertreter des Bundes der Vertriebenen, Landesverband Bayern e.V.,
   j) einem Vertreter des Landessportbundes Berlin e.V.,
   k) einem Vertreter der Handwerkskammern von Brandenburg,
   l) einem Vertreter des Reichsbundes der Kriegsopfer, Behinderten, Sozialrentner und Hinterbliebenen, Landesverband Bremen,
   m) einem Vertreter der Deutschen-Angestellten-Gewerkschaft – Landesverband Hamburg,
   n) einem Vertreter des Deutschen Mieterbundes, Landesverband Hessen e.V.,
   o) einem Vertreter eines Landesverbandes der Freien Berufe, Landesverband Mecklenburg-Vorpommern e.V.,
   p) einem Vertreter des Landesmusikrates Niedersachsen e.V.,
   q) einem Vertreter des Landesjugendringes Nordrhein-Westfalen,
   r) für jeweils eine Amtsperiode einem Vertreter der IG Medien/Fachgruppe Journalismus, Landesbezirk Rheinland-Pfalz/Saar oder einem Vertreter des Deutschen Journalistenverbandes/Landesverband Rheinland-Pfalz,
   s) einem Vertreter der Verbraucherzentrale des Saarlandes e.V.,
   t) einem Vertreter des Bundes der stalinistisch Verfolgten, Landesverband Sachsen,
   u) einem Vertreter des Deutschen Roten Kreuzes – Landesverband Sachsen-Anhalt e.V.,
   v) einem Vertreter des Landesnaturschutzverbandes Schleswig-Holstein,
   w) einem Vertreter der Industrie- und Handelskammern von Thüringen.

(2) Mitglieder des Personalrats nehmen an den Sitzungen des Hörfunkrates teil und können zu Fragen, die nicht den Programmbereich betreffen, gehört werden.

Verwaltungsrat

§ 24 Zusammensetzung des Verwaltungsrates:
(1) Der Verwaltungsrat besteht aus acht Mitgliedern, nämlich
a) drei Vertretern der Länder, die von den Ministerpräsidenten gemeinsam berufen werden; die Ministerpräsidenten werden sich bemühen, die Berufung möglichst einmütig vorzunehmen;
b) einem Vertreter des Bundes, der von der Bundesregierung entsandt wird;

c) zwei Vertretern der in der ARD zusammengeschlossenen Landesrundfunkanstalten, die von deren Intendanten entsandt werden;
d) zwei Vertretern des ZDF, die vom Indendanten des ZDF entsandt werden.

Hörfunkrat:

Cornelia Schmalz-Jacobsen
  Bundesregierung
  Bundeshaus
  53113 Bonn
  Telefon 0 22 8 / 5 27 - 29 73
  Fax 0 22 8 / 5 27 - 27 60

Dr. Eduard Ackermann
  Bundesregierung
  Bundeskanzleramt
  53106 Bonn
  Telefon 0 22 8 / 56 - 25 00
  Fax 0 22 8 /56 - 23 57

Eduard Lintner
  Bundesregierung
  BMI
  Graurheindorferstr. 198
  53117 Bonn
  Telefon 0 22 8 / 68 1 - 35 70
  Fax 0 22 8 / 6 81 - 43 99

Dr. Erwin Vetter
  Baden-Württemberg
  Staatsministerium
  Richard-Wagner-Str. 15
  70184 Stuttgart
  Telefon 0 71 1 / 21 53 - 27 7
  Fax 0 71 1 / 21 53 - 3 40

Hans Zehetmair
  Bayern
  Ministerium für Unterricht und Kultus
  Salvatorplatz 1
  80333 München
  Telefon 0 89 / 21 86 -22 58
  Fax 0 89 / 21 86 - 28 00

N. N.
  Berlin

Hinrich Enderlein
  Brandenburg
  Unternehmensgruppe Roland Ernst
  Vangerowstr. 16
  69115 Heidelberg
  Telefon 0 62 21 / 90 3 - 0
  Fax 0 62 21 / 90 3 - 16 0

Prof. Thomas Albert
  Bremen
  Musikfest Bremen
  Obernstr. 62 - 68
  28195 Bremen
  Telefon 0 42 1 / 18 09 8
  Fax 0 42 1 / 30 89 0 - 45

Dr. Christina Weiss
  Hamburg
  Senat für Kultur
  Hamburger Str. 45
  22083 Hamburg
  Telefon 0 40 / 2 91 88 - 27 00
  Fax 0 40 / 2 99 65 60

Prof. Dr. Claus Leggewie
  Hessen
  Röderichstr. 20
  60489 Frankfurt
  Telefon 0 69 / 78 62 28 oder 0 64 1/ 70 2 - 52 15
  Fax 0 69 / 78 62 58

Dr. Thomas de Maiziére
Mecklenburg-Vorpommern
Staatskanzlei
Schloßstr. 2 - 4
19053 Schwerin
Telefon 0 38 5 / 5 88 - 0
Fax 0 38 5 / 5 88 - 10 06

Leonore Auerbach
Niedersachsen
Landtag
Hinrich-Wilhelm-Kopf-Platz 1
30159 Hannover
Telefon 0 51 1 / 30 30 - 1 oder 0 51 21 25 39 1
Fax 0 51 1 / 30 30 - 3 80

Manfred Jenke
Nordrhein-Westfalen
Falkenweg 7
23683 Scharbeutz
Telefon 0 45 03 / 75 65 3
Fax 0 45 03 / 75 65 3

Rainer Brüderle
Rheinland-Pfalz
Ministerium für Wirtschaft
Bauhofstr. 4
55116 Mainz
Telefon 0 61 31 / 16 - 22 01
Fax 0 61 31 / 16 - 21 70

Dr. Roland Rixecker
Saarland
Ministerium der Justiz
Zähringerstr. 12
66119 Saarbrücken
Telefon 0 68 1 / 50 5 - 40 1
Fax 0 68 1 / 5 05 - 8 55

Arnold Vaatz
Sachsen
Umweltministerium
Ostra-Allee 23
01002 Dresden
Telefon 0 35 1 / 56 4 - 0
Fax 0 35 1 / 48 62 - 34 3

Marianne Tidick
Schleswig-Holstein
Ministerium für Wissenschaft
Düsternbrooker Weg 64
24105 Kiel
Telefon 0 43 1 / 5 96 - 46 00
Fax 0 43 1 / 59 6 - 48 35

Dr. Michael Krapp
Thüringen
Staatskanzlei
Johann-Sebastian-Bach-Str. 1
99096 Erfurt
Telefon 0 36 1 / 37 73 00 5
Fax 0 36 1 / 37 73 09 8

Veronika Pahl
Deutsche Angestellten-Gewerkschaft
Holstenwall 5
20355 Hamburg
Telefon 0 40 / 34 91 52 72
Telefax 0 40 /34 91 52 74

Manfred Freiherr von Richthofen
Landessportbund Berlin
Jesse-Owens-Allee 2
14053 Berlin
Telefon 0 30-30 00 2 - 11 1
Fax 0 30 / 30 00 2 - 10 7

Wendelin Ruf
Bauernverbände BW
Badischer Landw. Hauptverband
Ortsstraße 5
77704 Oberkirch
Telefon 0 78 02 / 23 63 oder 0 76 1 / 27 13 3 - 0
Fax 0 76 1 / 27 13 3 - 63

Werner Schmidt
Mieterbund
Adelheidstr. 70
65185 Wiesbaden
Telefon 0 61 46 /67 82
Telefax 0 61 46-67 82

Hermann Schultz
  Naturschutzbund Deutschland
  LV Schleswig Holstein
  Carlstr. 169
  24537 Neumünster
  Telefon 0 43 51 / 53 73 4
  Telefax 0 43 21 / 59 81

Hubert Steins
  IG Medien / Landesbezirk Rheinland-Pfalz-Saar
  Binger Str. 20
  55122 Mainz
  Telefon 0 61 31-38 30 04 - 06
  Fax 0 61 31 / 38 58 09

Hubert Tusche
  IHK Ostthüringen
  Humboldstr. 14
  07545 Gera
  Telefon 0 36 5/ 55 3 - 0
  Fax 0 36 5 / 55 3 - 90

Christa Wien
  DGB
  Hans-Böckler-Straße 39
  40476 Düsseldorf
  Telefon 0 21 1 / 43 01 - 33 6
  Fax 0 21 1 / 43 0 - 14 71

Horst Winter
  Sportjugend NRW
  Friedrich-Alfred-Straße 25
  47055 Duisburg
  Telefon 0 20 3 / 73 81 - 36 4
  Telefax 0 20 3 / 73 81-65 3

Rüdiger Albert
  Handwerkskammer
  Postfach 100 565
  03005 Cottbus
  Telefon 0 35 5 / 78 35 10 0
  Fax 0 35 55 / 31 22 0

Karin Schubert
  Sachsen-Anhalt
  Justizministerium
  Wilhelm-Höpfner-Ring 6
  39116 Magdeburg
  Telefon 0 39 1 / 56 7 - 01
  Telefax 0 39 1 / 56 7 - 42 26

Jürgen Zimper
  Verbraucherzentrale des Saarlandes e.V.
  Hohenzollernstr. 11
  66117 Saarbrücken
  Telefon 0 68 1 / 50 08 9 - 0
  Fax 0 68 1 / 50 08 9 - 22

Paul Bocklet
  Katholische Kirche
  Kommissariat der deutschen Bischöfe
  Kaiser-Friedrich-Straße 9
  53113 Bonn
  Telefon 0 22 8 / 26 94-0
  Fax 0 22 8 / 26 15 63

Dr. Renate Busch
  Landesverband Freier Berufe
  Mecklenburg-Vorpommern
  Griebnitzer Weg 2
  18196 Dummerstorf
  Telefon 0 38 20 8 / 76 62
  Fax 0 38 20 8 / 77 12

Jörg Büttner
  Bund der Stalinistisch Verfolgten
  Georg-Schumann-Str. 359
  04159 Leipzig
  Telefon 0 34 1 / 56 18 34 7
  Telefax 0 34 1 / 56 18 34 9

Prof. Dr. Walter Franke
  VdK
  Ellhornstr. 35
  28195 Bremen
  Telefon 0 42 1 / 23 74 43 oder 0 22 8 / 36 30 71
  Fax 0 22 8 / 36 15 50

Dr. Thomas Gross
  Bundesvereinigung der Deutschen Arbeitgeberverbände
  Gustav-Heinemann-Ufer 72
  50968 Köln
  Telefon 0 22 1 / 37 95 18 0
  Fax 0 22 1 / 37 95 - 23 5

Dr. Robert Guttmann
  Zentralrat der Juden in Deutschland, Bonn
  Rüngsdorfer Str. 6
  53173 Bonn
  Telefon 0 22 8 / 35 70 23
  Fax 022 8 / 36 11 48

Hans-Joachim Höner
  Evangelische Kirche in Deutschland
  Herrenhäuser Str. 12
  30419 Hannover
  Telefon 0 51 1 /27 96 - 24 9
  Telefax 0 51 1 / 27 96- 88 8

Prof. Dr. Karl Jürgen Kemmelmeyer
  Landesmusikrat Niedersachsen
  Lange Laube 22
  30159 Hannover
  Telefon 0 51 1 / 66 50 19
  Telefax 0 51 1 / 62 77 12

Rolf Klingen
  DRK-Landesverband Sachsen-Anhalt e.V.
  R.- Breitscheid-Straße 80
  06110 Halle
  Telefon 0 34 5 / 50 08 54 3
  Fax 0 34 5 / 23 14 1

Michael Leh
  Bund der Vertriebenen
  Landesverband Bayern e.V.
  Am Lilienberg 5
  81668 München
  Telefon 0 89 / 48 14 47 oder 53 10 42,
  Telefax 0 89 / 48 26 21 oder 53 10 43

Verwaltungsrat:

Prof. Dr. Dieter Stolte
  ZDF
  ZDF-Str. 1
  55127 Mainz
  Telefon: 0 61 31 / 70 - 20 21
  Fax: 0 61 31 / 70 - 27 88

Jobst Plog
  NDR / ARD
  Rothenbaumchaussee 132–143
  20149 Hamburg
  Telefon 0 40 / 41 56 - 20 20
  Fax 0 40 / 41 56 - 35 35

Heide Dörrhöfer-Tucholski
  Land NRW
  Vertretung NRW beim Bund
  Friedrich-Ebert-Allee 30
  53113 Bonn
  Telefon 0 22 8 / 53 03 - 2 61
  Fax 0 22 8 / 53 03 - 2 82

Volker Kähne
  Land Berlin
  Berliner Rathaus
  10178 Berlin
  Telefon 0 30 / 24 01 - 31 00
  Fax 0 30 / 24 01 - 31 02

Dr. Karl-Heinz Klär
  Land Rheinland-Pfalz
  Landesvertretung beim Bund
  Heussallee 18 - 24
  53113 Bonn
  Telefon 0 22 8 / 91 20 - 0
  Fax 0 22 8/ 91 20 - 22 2

Anton Pfeifer
  Bundesregierung
  Bundeskanzleramt
  Adenauerallee 141
  53113 Bonn
  Telefon 0 22 8 / 56 - 20 61
  Fax 0 22 8 / 56 - 23 57

Dr. Udo Reiter
MDR / ARD
Kantstr. 71-73
04275 Leipzig
Telefon 0 34 1 / 5 59 - 62 02
Fax 0 34 1 / 5 59 - 62 36

Rudi Sölch
ZDF
ZDF-Str. 1
55127 Mainz
Telefon 0 61 31 / 70 - 40 00
Fax 0 61 31 / 70 - 42 99

Zweites Deutsches Fernsehen (ZDF)

Postfach 40 40
55100 Mainz
Telefon: 0 61 31 / 70 - 1
Fax: 0 61 31 / 70 - 21 57

Intendant:	Prof. Dr. Dieter Stolte
Amtszeit:	5 Jahre (1992 bis 1997)

Lebenslauf:
Dieter Stolte, Prof. Dr. h.c., geb. am 18. September 1934 in Köln. Seit 1. März 1982 Intendant des ZDF. 1962 bis 1967 persönlicher Referent des ZDF-Intendanten Holzamer. Danach Leiter der Hauptabteilung Programmplanung. Ab 1. April 1973 Fernsehdirektor und stellv. Intendant des Südwestfunks. 1976 Rückkehr zum ZDF. Zahlreiche Publikationen und Auszeichnungen.

Fernsehrat:	77 Mitglieder
Amtszeit:	4 Jahre (1992 bis 1996)
Vorsitzender:	Dr. Konrad Kraske
Stellvertreter:	Dr. Thomas Gross
	Hans Koschnik
Ausschüsse:	- Richtlinien- und Koordinierungsausschuß (Vorsitz: Wilfried Scharnagl)
	- Ausschuß für Politik und Zeitgeschehen (Vorsitz: Dr. Johannes Niemeyer)
	- Ausschuß für Finanzen, Haushalt und Werbefernsehen (Vorsitz Dr. Andreas Fuchs)
	- Ausschuß für Kultur und Wissenschaft (Vorsitz: Dr. H. Löwe)
	- Ausschuß für Kinder, Jugend und Familie (Vorsitz: Dr. Maria Böhmer
	- Ausschuß für Spiel u. Musik (Vors.: Prof. Theodor Uhlmann)
	- Ausschuß für Kabel- und Satellitenfernsehen (Vorsitz: Hermann Heinemann)
Verwaltungsrat:	14 Mitglieder
Amtszeit:	5 Jahre (1992 bis 1997)
Vorsitzender:	Johannes Rau
Stellvertreter:	Dr. Bernhard Vogel

Rechtsgrundlage: ZDF-Staatsvertrag v. 31. August 1991

§ 21: Zusammensetzung des Fernsehrates

1) Der Fernsehrat besteht aus siebenundsiebzig Mitgliedern, nämlich
   a) je einem Vertreter der vertragschließenden Länder, der von der zuständigen Landesregierung entsandt wird,
   b) drei Vertretern des Bundes, die von der Bundesregierung entsandt werden,
   c) zwölf Vertretern der Parteien entsprechend ihrem Stärkeverhältnis im Bundestag, die von ihrem Parteivorstand entsandt werden,
   d) zwei von der Evangelischen Kirche in Deutschland entsandten Vertretern,
   e) zwei von der Katholischen Kirche entsandten Vertretern,
   f) einem vom Zentralrat der Juden in Deutschland entsandten Vertreter,
   g) je einem Vertreter des Deutschen Gewerkschaftsbundes, der Deutschen Angestellten-Gewerkschaft und des Deutschen Beamtenbundes,
   h) zwei Vertretern der Bundesvereinigung Deutscher Arbeitgeberverbände, einem Vertreter des Deutschen Industrie- und Handelstages, einem Vertreter des Zentralausschusses der Deutschen Landwirtschaft und einem Vertreter des Zentralverbandes des Deutschen Handwerks,
   i) zwei Vertretern des Bundesverbandes Deutscher Zeitungsverleger,
   j) je einem Vertreter des Deutschen Journalistenverbandes e.V. und der Industriegewerkschaft Medien, Druck und Papier, Publizistik und Kunst,
   k) vier Vertretern der Freien Wohlfahrtsverbände, und zwar je einem des Diakonischen Werkes der Evangelischen Kirche in Deutschland, des Deutschen Caritasverbandes e.V., des Deutschen Roten Kreuzes und des Hauptausschusses der Deutschen Arbeiterwohlfahrt e.V.,
   l) je einem Vertreter des Deutschen Städtetages, des Deutschen Städte- und Gemeindebundes und des Deutschen Landkreistages,
   m) einem Vertreter des Deutschen Sportbundes,
   n) einem Vertreter der Europaunion Deutschland e.V.,
   o) je einem Vertreter des Bundes für Umwelt und Naturschutz Deutschland e.V. und des Naturschutzbundes Deutschland,
   p) einem Vertreter des Bundes der Vertriebenen,
   q) einem Vertreter der Vereinigung der Opfer des Stalinismus,
   r) sechzehn Vertretern aus den Bereichen des Erziehungs- und Bildungswesens, der Wissenschaft, der Kunst, der Kultur, der Filmwirtschaft, der Freien Berufe, der Familienarbeit, des Kinderschutzes, der Jugendarbeit, des Verbraucherschutzes und des Tierschutzes.
2) Mitglieder des Personalrats nehmen an den Sitzungen des Fernsehrats teil und können zu Fragen, die nicht den Programmbereich betreffen, gehört werden.

§ 24 Zusammensetzung des Verwaltungsrates

(1) Der Verwaltungsrat besteht aus vierzehn Mitgliedern, nämlich
   a) fünf Vertretern der Länder, darunter einem Vertreter des Sitzlandes des ZDF, die von den Ministerpräsidenten gemeinsam berufen werden; die Ministerpräsidenten werden sich bemühen, die Berufungen einmütig vorzunehmen;

b) acht weiteren Mitgliedern, die vom Fernsehrat mit einer Mehrheit von drei Fünfteln seiner gesetzlichen Mitglieder gewählt werden; diese dürfen weder einer Regierung noch einer gesetzgebenden Körperschaft angehören; wählbar sind auch die Mitglieder des Fernsehrates;
c) einem Vertreter des Bundes, der von der Bundesregierung berufen wird.

(2) Mitglieder des Fernsehrates scheiden mit ihrer Berufung oder der Annahme ihrer Wahl in den Verwaltungsrat aus dem Fernsehrat aus.

Fernsehrat

Dr. Barbara Barsch
§ 21 Abs. 1 (r.)
Institut für Auslandsbeziehungen
Linienstr. 155
10115 Berlin
Telefon 0 30 / 28 2 - 60 30
Fax 0 30 / 2 82 - 33 31

Dr. Wolfgang Bergsdorf
Bundesregierung
BMI
Graurheindorfer Str. 198
53117 Bonn
Telefon 0 22 8 / 6 81 55 02
Fax 0 22 8 / 6 81 55 04

Dr. Wilhelm Bing
Bundesverband Dt. Zeitungsverleger
Waldecksche Landeszeitung
Lengefelder Straße 6
34497 Korbach
Telefon 0 56 31 / 56 00 11
Fax 0 56 31 / 66 00 54

Dr. Karl-Heinz Blessing
SPD
Dillinger Hüttenwerke
66748 Dillingen
Telefon 0 68 31 / 47 22 03
Fax 0 68 31 / 47 35 19

Dr. habil. Maria Böhmer
CDU
Bundeshaus
53113 Bonn
Telefon 0 22 8 / 16 89 33 8
Fax 0 22 8 / 16 8657 5

Dr. Wolfgang Bötsch
Bundesregierung
BMPT
Heinrich-von-Stephan-Str. 1
53175 Bonn
Telefon 0 22 8 / 14 55 00
Fax 0 22 8 / 14 55 04

Dr. Michael-Andreas Butz
Land Berlin
Berliner Rathaus
10178 Berlin
Telefon 0 30 / 24 01 - 32 00
Fax 0 30 / 24 01 - 32 02

Hanni Chill
Deutscher Journalistenverband
Main-Post
Grabengasse 5 a
97688 Bad Kissingen
Telefon 0 97 1 / 13 18
Fax 0 97 1 / 67 12 4

Dr. habil. Ninon Colneric
§ 21 Abs. 1 (r)
Landesarbeitsgericht Schleswig-Hol.
Deliusstraße 22
24114 Kiel
Telefon 0 43 1 / 60 4 - 41 49
Fax 0 43 1 / 60 4 - 41 00

Helga Düchting
§ 21 Abs. 1 (r)
Kreisverwaltung Mainz
Schillerstraße 44
55116 Mainz
Telefon 0 61 31 / 26 32 01
Fax 0 61 31 / 26 3 - 40 0

Gerhard Eickhorn
Europa-Union Deutschland
Bachstraße 32
53115 Bonn
Telefon 0 22 8 / 7 29 00 10
Fax 0 22 8 / 69 57 34

Dr. Hans-Helmut Euler
Bremer Institut f. Film und Fernsehen
§ 21 Abs. 1 (r)
Zweite Schlachtpforte 7
28195 Bremen
Telefon 0 42 1 / 3 39 78 20
Fax 0 42 1 / 3 39 78 33

Jochen Flasbarth
Naturschutzbund Deutschland
Herbert-Rabius-Str. 26
53190 Bonn
Telefon 0 22 8 / 97 56 1 - 0
Fax 0 22 8 / 9 75 61 - 90

Prof. Jürgen Flimm
§ 21 Abs. 1 (r.)
Thalia Theater
Alstertor
20095 Hamburg
Telefon 0 40 / 32 81 41 00
Fax 0 40 / 32 81 42 02

Dr. Michel Friedmann
Zentralrat der Juden in Deutschland
Fürstenbergerstr. 143
60322 Frankfurt
Telefon 0 69 / 55 02 31 - 35
Fax 0 69 / 59 80 52

Dr. Andreas Fuchs
Land Bremen
Senatskanzlei
Rathaus
28195 Bremen
Telefon 0 42 1 / 3 61 - 26 62
Fax 0 42 1 / 3 61 - 63 63

Anke Fuchs
SPD
Bundeshaus
53113 Bonn
Telefon 0 22 8 / 16 - 82 57 7
Fax 0 22 8 / 1 68 61 75

Klaus Gärtner
Land Schleswig-Holstein
Staatskanzlei
Düsternbrooker Weg 70
24105 Kiel
Telefon 0 43 1 / 5 96 24 00
Fax 0 43 1 / 5 96 24 59

Wolfgang Gerhards
Land Sachsen-Anhalt
Staatskanzlei
Hegelstraße 42
39104 Magdeburg
Telefon 0 39 1 / 5 67 65 25
Fax 0 39 1 / 6 67 65 28

Prof. Dr. Peter Glotz
SPD
Bundeshaus
53113 Bonn
Telefon 0 22 8 / 16 83 78 2
Fax 0 22 8 / 1 68 61 95

Gerhardt Gröschke
§ 21 Abs. 1 (r)
Jugendzentrum »Mikado«
Franz-Mehring-Str. 20
15230 Frankfurt/Oder
Telefon 0 33 5 / 2 26 01

Dr. Thomas Gross
Bundesvereinigung Deutscher Arbeitgeberverbände
Gustav-Heinemann-Ufer 72
50968 Köln
Telefon 0 22 1 / 3 79 51 81
Fax 0 22 1 / 3 79 52 98

Albrecht Günther
§ 21 Abs. 1 (r.)
Pestalozzi-Schule
Pestalozzistr. 2
04736 Waldheim
Telefon 0 34 32 7 / 27 79
Fax 0 34 32 7 / 27 79

Ursula M. Händel
§ 21 Abs. 1 (r))
Bernsteinweg 10
76332 Bad Herrenalb
Telefon 0 70 83 / 82 71

Hans Hansen
Deutscher Sportbund
Landessportverband Schleswig Holstein
Winterbeker Weg 49
24114 Kiel
Telefon 0 43 1 / 64 86 - 10 0
Fax 0 43 1 / 64 86 - 19 1

Hermann Heinemann
Land Nordrhein-Westfalen
Paschufer 17
58640 Iserlohn
Telefon 0 23 04 / 52 78

Dr. Fritz-Heinz Himmelreich
Bundesver. Dt. Arbeitgeberverbände
Gustav-Heinemann-Ufer 72
50968 Köln
Telefon 0 22 1 / 3 79 51 07
Fax 0 22 1 / 3 79 51 17

Peter Hintze
CDU
CDU-Bundesgeschäftsstelle
Friedrich-Ebert-Allee 73–75
53113 Bonn
Telefon 0 22 8 / 54 44 44
Fax 0 22 8 / 54 42 33

Dr. Werner Hoyer
FDP
Auswärtiges Amt
Adenauer Allee 99 - 103
53113 Bonn
Telefon 0 22 8 / 17 - 0
Fax 0 22 8 / 17 - 34 02

Roland Issen
Deutsche Angestellten-Gewerkschaft
Karl-Muck-Platz 1
20355 Hamburg
Telefon 0 40 / 34 91 53 01
Fax 0 40 / 34 91 54 96

Prof. Dr. Wolfgang Jäger
§ 21 Abs. 1 (r)
Universität Freiburg
Rempartstraße 15
79085 Freiburg i. Br.
Telefon 0 76 1 / 203 - 34 68/69
Fax 0 76 1 / 20 37 34 80

Dr. Walter Kaiser
DIHT
Adenauerallee 148
53113 Bonn
Telefon 0 22 8 / 10 46 - 00 / - 01
Fax 0 22 8 / 10 46 99

Viktor Klein
Zentralausschuß der Deutschen Landwirtschaft
Bauernverband Saar
Heinestraße 2–4
66121 Saarbrücken
Telefon 0 68 1 / 6 34 15
Fax 0 68 1 / 6 21 36

Richard Knöchel
Vereinigung der Opfer d. Stalinismus
Borsigallee 6
53125 Bonn
Telefon 0 22 8 / 25 74 96
Fax 0 22 8 / 25 74 96

Joseph Köhler
Deutscher Landkreistag
Kreisverwaltung Paderborn
Postfach 19 40
33049 Paderborn
Telefon 0 62 51 / 30 81 03
Fax 0 52 51 / 30 82 22

Hans Koschnick
SPD
Senatskanzlei
Altenwall 14
28195 Bremen
Telefon 0 42 1 / 3 61 65 80
Fax 0 42 1 / 36 14 80 2

Dr. Michael Krapp
Freistaat Thüringen
Staatskanzlei
Johann-Sebastian-Bach-Str. 1
99096 Erfurt
Telefon 0 36 1 / 37 73 00 5
Fax 0 36 1 / 37 73 09 8

Dr. Konrad Kraske
CDU
Benzenweg 12
79868 Feldberg
Telefon 0 76 65 / 5 52
Fax 0 76 55 / 12 31

Thomas Küttler
Freistaat Sachsen
Untere Endestr. 4
08523 Plauen
Telefon 0 37 41 / 22 43 17

Clemens Lindemann
§ 21 Abs. 1 (r)
Saarpfalz-Kreis
Am Forum 1
66424 Homburg/Saar
Telefon 0 68 41 / 1 04 - 202
Fax 0 68 41 / 1 04 - 200

Dr. Hans-Jürgen Lippe
§ 21 Abs. 1 (r.)
Fischergang 3
17252 Mirow
Telefon 0 39 8 33 / 2 05 59
Fax 0 39 8 33 / 2 03 09

Dr. Hartmut Löwe
Evangelische Kirchen
Fritz-Erler-Str. 4
53113 Bonn
Telefon 0 22 8 / 2 28 06 - 20 / -23
Fax 0 22 8 / 2 28 06 - 66

Theo Magin
Deutscher Städte- u. Gemeindebund
Bundeshaus
53113 Bonn
Telefon 0 22 8 / 16 - 7525
Fax 0 22 8/ 16 - 86 525

Dr. Thomas Mirow
Land Hamburg
Senatskanzlei
Rathaus
20095 Hamburg
Telefon 0 40 / 36 81 20 - 31/ - 32
Fax 0 40 / 36 81 13 00

Heinz Neukamm
Freie Wohlfahrtsverbände
Diakonisches Werk
Stafflenbergstr. 76
70184 Stuttgart
Telefon 0 71 1 / 21 59 - 2 01
Fax 0 71 1 / 21 59 - 4 68

Ilse Neumeister
§ 21 Abs. 1 (r)
Vollbrachtstraße 7
99086 Erfurt
Telefon 0 36 1 / 71 62 50

Dr. Johannes Niemeyer
Katholische Kirche
Markenweg 12
49536 Lienen
Telefon 0 54 84 / 82 44

Gerd Nies
IG Medien, Druck und Papier,
Publizistik und Kunst
IG Medien
Friedrichstr. 15
70174 Stuttgart
Telefon 0 71 1 / 20 18 - 1 15
Fax 0 71 1 / 20 18 - 1 99

Albin M. Niklaus
§ 21 Abs. 1 (r)
Ostenstr. 13
85072 Eichstätt
Telefon 0 84 21 / 33 80
Fax 0 84 21 / 58 28

Georg Nuglisch
§ 21 Abs. 1 (r)
Evangelische Frauenhilfe
Oststraße 11
39114 Magdeburg
Telefon 0 39 1 / 56 16 4 35
Fax 0 39 1 / 5 61 68 33

Rainer Prachtl
CDU
Schwedenstr. 11
17033 Neubrandenburg
Telefon 0 39 5 / 58 23 17 2 oder
0 38 5 / 88 8 1 - 00 / 61
Fax 0 39 5 / 58 23 17 4

Dr. Manfred Ragati
Freie Wohlfahrtsverbände / AWO
E-Werk Minden
Postfach 15 42
32005 Herford
Telefon 0 52 21 / 183 - 2 00/ - 2 10
Fax 0 52 21 / 18 3 - 55 0

Otto Regenspurger
Deutscher Beamtenbund
Bundeshaus
53113 Bonn
Telefon 0 22 8/ 16 8 - 3239
Fax 0 22 8 / 16 8 62 39

Jochen Richert
DGB
Hans-Böckler-Straße 39
40476 Düsseldorf
Telefon 0 21 1 / 43 01 - 0
Fax 0 21 1 / 43 01 - 50 0

Manfred Richter
Bundesregierung
FDP-Landesverband
Elsässer Str. 6
28211 Bremen
Telefon 0 42 1 / 34 98 06 3
Fax 0 42 1 / 34 21 45

Roland Ries
Katholische Kirche
Caritasverband
Sichelstraße 10 - 12
54290 Trier
Telefon 0 65 1 / 9 49 31 00
Fax 0 65 1 / 9 49 32 99

Johann Wilhelm Römer
Freie Wohlfahrtsverbände
Deutsches Rotes Kreuz
Friedrich-Ebert-Allee 71
53113 Bonn
Telefon 0 22 8 / 54 13 - 38/ - 39
Fax 0 22 8 / 541 - 4 55

Klaus Rüter
Land Rheinland-Pfalz
Staatskanzlei
Peter-Altmeier-Allee 1
55116 Mainz
Telefon 0 61 31 / 16 47 - 03 / - 04
Fax 0 41 31 / 16 21 88

Günter Samtlebe
Deutscher Städtetag
Rathaus
Friedensplatz 1
44122 Dortmund
Telefon 0 23 1 / 5 02 20 30
Fax 0 23 1 / 50 22 08 8

Wilfried Scharnagl
CSU
Redaktion Bayernkurier
Nymphenburger Straße 64
80335 München
Telefon 0 89 / 12 00 41 46
Fax 0 89 / 1 29 30 50

Reinhard Scheibe
Land Niedersachsen
Niedersächs. Zahlenlotto
Am TÜV 2
30519 Hannover
Telefon 0 51 1 / 84 02 - 2 11
Fax 0 51 1 / 84 02 - 2 82

Hanns-Eberhard Schleyer
Zentralverband des Dt. Handwerks
Johanniterstraße 1
53113 Bonn
Telefon 0 22 8 / 5 46 - 2 13
Fax 0 22 8 / 5 45 - 2 10

Josef Schmitz-Elsen
Freie Wohlfahrtsverbände
Deutscher Caritasverband
Karlstr. 40
79104 Freiburg
Telefon 0 76 1 / 20 04 04
Fax 0 76 1 / 20 05 09

Hans Joachim Suchan
Land Hessen
Staatskanzlei
Bierstadter Str. 2
65189 Wiesbaden
Telefon 0 61 1 / 32 39 - 04 / - 05
Fax 0 61 1 / 32 38 02

Rolf Terheyden
Bundesverband Dt. Zeitungsverleger
Bocholter-Borkener Volksblatt
Europaplatz 26 - 28
46399 Bocholt
Telefon 0 28 71 / 9 65 - 1 11
Fax 0 28 71 / 9 55 - 1 19

Erhard Thomas
Land Brandenburg
Staatskanzlei
Heinrich-Mann-Allee 107
14473 Potsdam
Telefon 0 33 1 / 8 66 12 77
Fax 0 33 1 / 8 66 14 15

Klaus von Trotha
Land Baden-Württemberg
Ministerium f. Wissenschaft und Kunst
Königstraße 46
70173 Stuttgart
Telefon 0 71 1 / 2 79 - 30 00
Fax 0 71 1 / 2 79 30 81

Prof. Theodor Uhlmann
§ 21 Abs. 1 (r.)
Fachhochschule
Rheinlanddamm 203
44139 Dortmund
Telefon 0 23 1 / 1 39 10
Fax 0 23 1 / 91 12 31 5

Andrea Urban
§ 21 Abs. 1 (r)
Landesstelle Jugendschutz
Leisewitzstr. 26
30175 Hannover
Telefon 0 51 1 / 85 87 88
Fax 0 51 1 / 2 83 49 54

Dr. Arno Walter
Land Saarland
Ministerium der Justiz
Zähringer Straße 12
66119 Saarbrücken
Telefon 0 68 1 / 50 54 00
Fax 0 68 1 / 50 58 55

Heidemarie Wieczorek-Zeul
SPD
Bundeshaus
53113 Bonn
Telefon 0 22 8 / 16 - 83 38 6
Fax 0 22 8 / 1 68 67 48

Dr. Otto Wiesheu
Freistaat Bayern
Bayer. Wirtschaftsministerium
Prinzregentenstr. 28
80538 München
Telefon 0 89 / 21 62 22 00
Fax 0 89 / 21 62 27 97

Rudolf Wollner
Bund der Vertriebenen
Friedrichstr. 35
65185 Wiesbaden
Telefon 0 61 1 / 30 40 86
Fax 0 61 1 / 30 40 87

Dr. Gabriele Wurzel
Land Mecklenburg-Vorpommern
Landesvertretung MV
Godesberger Allee 18
53175 Bonn
Telefon 0 22 8 / 95 85 - 20 0
Fax 0 22 8 / 95 85 - 20 2

Cornelia Yzer
CDU
BMFJ
Kennedyallee 105 - 107
63176 Bonn
Telefon 0 22 8 / 9 30 27 01
Fax 0 22 8 / 9 30 49 02

Dorothee Zahn
Evangelische Kirchen
Fachhochschule Frankfurt
Limescorso 9
60439 Frankfurt
Telefon 0 69 / 15 33 28 66

Dr. Angelika Zahrnt
Bund f. Umwelt- u. Naturschutz Dtld.
Im Rheingarten 7
53225 Bonn
Telefon 0 22 8 / 40 09 7 - 0
Fax 0 22 8 / 40 09 7 - 40

Verwaltungsrat:

Kurt Beck
Land Rheinland-Pfalz
Staatskanzlei
Peter-Altmeier-Allee 1
55116 Mainz
Telefon 0 61 31 / 16 47 00
Fax 0 61 31 / 16 47 02

Dieter Beuermann
Neuenburger Str. 17
10969 Berlin
Telefon 0 30 / 2 53 73 80
Fax 0 30 / 25 37 - 38 / - 39

Björn Engholm
Jürgen-Wullenwever-Str. 9
23566 Lübeck

Dr. Hans Fahning
Hamburgische Landesbank
Gerhart-Hauptmann-Platz 50
20095 Hamburg
Telefon 0 40 / 33 33 30 70
Fax 0 40 / 33 33 30 62

Jockel Fuchs
Oechsnerstr. 3
55131 Mainz
Telefon 0 61 31 / 5 38 68

Dr. Hannemarie Kühler
Am Landwehrgraben 5
30519 Hannover
Telefon 0 51 1 / 8 43 69 00

Dr. Otto Graf Lambsdorff
Bundesregierung
Bundeshaus
53113 Bonn
Telefon 0 22 8 / 16 - 87 64 0
Fax 0 22 8 / 16 - 86 74 6

Johannes Rau
Land Nordrhein-Westfalen
Staatskanzlei
Haroldstr. 2
40190 Düsseldorf
Telefon 0 21 1 / 8 37 12 00
Fax 0 21 1 / 8 37 15 - 04

Botho Prinz zu Sayn-Wittgenstein-Hohenlohe
Rentkammer Wittgenstein
Schloßberg 1
57334 Bad Laasphe
Telefon 0 27 52 / 81 2
Fax 0 27 52 / 60 05

Dr. Richard Schröder
Birkenweg 1
15827 Blankenfelde
Telefon 0 33 79 / 21 64

Dr. Edmund Stoiber
Freistaat Bayern
Franz-Josef-Strauß-Ring 1
80539 München
Telefon 0 89 / 21 65 22 15
Fax 0 89 / 21 65 21 10

Dr. Bernhard Vogel
Staatskanzlei
Freistaat Thüringen
Johann-Sebastian-Bach-Str. 1
99096 Erfurt
Telefon 0 36 1 / 37 7 - 30 00
Fax 0 36 1 / 66 97 23

Dr. Friedrich Zimmermann
Kanzlei Nörr und Kollegen
Brienner Str. 28
80333 München
Telefon 0 89 / 28 01 11

Lothar Zimmermann
Königsberger Str. 78
73760 Ostfildern
Telefon 0 71 1 / 34 12 78 4
Fax 0 71 1 / 34 30 45 2

3sat Satellitenfernsehen des deutschen Sprachraums

ZDF – ORF – SRG – ARD
ZDF-Str. 1
55127 Mainz
Telefon 0 61 31 / 70 - 1
Fax 0 61 31 / 70 - 24 13

Koordinator 3sat: Dr. Walter Konrad

Lebenslauf:
Dr. Walter Konrad, geb. 3.1.1935 in Würzburg, 1963 Eintritt in die ZDF-Rechtsabteilung, Zulassung als Rechtsanwalt. Von 1965–1982 stellvertretender ZDF-Justitiar. 1982–1987 Leiter der ZDF-Hauptabteilung Programmplanung. Seit 1987 Leiter (Koordinator) von 3sat. 1993 Bestätigung als Chef dieses Programms auch in der neuen Veranstalterkonstellation ZDF, ORF, SRG und ARD.

Rechtsgrundlage: Vereinbarung über das Satellitenfernsehen des deutschen Sprachraums 3 sat v. 8. Juli 1993

Der europäische Kulturkanal – ARTE

ARTE G.E.I.E.
2a, rue de la Fonderie
L - 67080 Strasbourg CEDEX
Telefon 0033 / 88 14 - 9
Fax 0033 / 88 14 - 22 00

LE SEPT / ARTE
50, avenue Théophile Gautier
F - 75016 Paris
Telefon 0033 / 1 / 44147777
Fax 0033 / 1 / 44147700

ARTE Deutschland TV GmbH
Schützenstraße 1
76530 Baden-Baden
Telefon 07221 / 936910
Fax 07221 / 936950

RTBF-ARTE
52, boulevard Reyers
B - 1044 Bruxelles
Tel 0032 / 2 / 7372111
Fax 0032 / 2 / 7334020

Vorstand:

Jérôme Clément (F)

Bevor er 1972 die Verwaltungs-Hochschule ENA absolviert, studiert er Jura und Politikwissenschaft. Zwischen 1974 und 1978 im Kulturministerium und am Rechnungshof tätig. Es folgen zwei Jahre als stellvertretender Leiter der Abteilung »Patrimoine Culturel« (französischer Kulturbesitz) im Kulturministerium sowie der Posten als Kultur- und Wissenschaftsattache an der französischen Botschaft in Kairo. 1981–1984 als Fachberater für kulturelle Angelegenheiten zum Kabinett Mauroy. 1984–1989 Generaldirektor des  CNC (Centre National de la Cinématographie). Seit 1989 Präsident von LA SEPT, seit April 1991 zugleich Geschäftsführer und Präsident von ARTE.

Jörg Rüggeberg (D)
Victor Rocaries (F)
Wolfgang Bernhard (D)

Amtszeit: 1995–1996

Rechtsgrundlage: Vertrag zwischen den Bundesländern und der Französischen Republik zum Europäischen Fernsehkulturkanal v. 1.August 1990

Mitgliederversammlung der ARTE G.E.I.E.

Die Mitgliederversammlung von ARTE, die sich zur Zeit paritätisch aus deutschen und französischen Vertretern von ARTE Deutschland TV und LA SEPT/ARTE und einem beratenden Mitglied von RTBF zusammensetzt, trifft alle Grundsatzentscheidungen.

Die in die Mitgliederversammlung berufenen Vertreter sind:
  Jobst Plog, Präsident, Intendant des Norddeutschen Rundfunks (NDR)
  Daniel Toscan du Plantier, Vizepräsident
  Jean-Louis Stalport, Administrateur Général der RTBF
  Prof. Dr. Carl Eugen Eberle, Justitiar des ZDF
  Peter Voß, Intendant des Südwestfunks (SWF)
  Prof. Albert Scharf, Intendant des Bayerischen Rundfunks (BR)
  Prof. Dr. h.c. Dieter Stolte Intendant des ZDF
  Dr. h.c. Heinz Ungureit, Direktor für Europäische Programmbeteiligungen beim ZDF
  Michel Anthonioz, Stellvertretender Generaldirektor von LA SEPT/ARTE
  Jean-Pierre Elkabbach, Präsident von France Télévision (France 2 u. France 3)
  Francis Brun-Buisson, Leiter der Abteilung für juristische und technische Angelegenheiten in Medienfragen (SJTI), Mitglied des Aufsichtsrates von LA SEPT/ARTE
  Michel Laffitte, Leiter der Abteilung Währungs- und Finanzfragen im Wirtschafts- und Finanzministerium
  Bernard-Henri Lévy, Schriftsteller und Philosoph, Vorsitzender des Aufsichtsrates von LA SEPT/ARTE
  Dominique Wallon, Generaldirektor des »Centre National de la Cinématographie« (CNC)

Mitglieder der Programmkonferenz:

Vorsitzender:	Victor Rocaries (Programmdirektor ARTE G.E.I.E.)
ARTE G.E.I.E.:	Hans Robert Eisenhauer
	Sabine Rollberg
	Arnaud Bosom
ARTE Deutschland TV GmbH:	Dr. Hans-Günther Brüske
	Dr. Hanne Landbeck
LA SEPT/ARTE:	Pierre-André Boutang
	Michel Anthonioz RTBF (mit beratender Stimme):
	Jacques Delcuvellerie

Programmbeirat ARTE G.E.I.E

Der Programmbeirat umfaßt Persönlichkeiten der Mitgliedsländer aus Kultur, Wissenschaft und Medien. Er berät den Vorstand und die Mitgliederversammlung in Programmfragen.

Die Mitglieder des Programmbeirats sind für die Dauer des Mandats des Vorstands benannt.

Präsident des Programmbeirats:
Prof. Dr. Lothar Gall, benannt vom ZDF
   Universität Frankfurt/M
   Senckenberganlage 31, 60325 Frankfurt,
   Telefon 0 69 / 79 8 -1, Fax 0 69 / 79 8 - 83 83

Vizepräsident des Programmbeirats:
Daniel Vernet, Direktor für Internationale Beziehungen bei »Le Monde«

Deutsche Mitglieder:

Dr. Hans-Helmut Euler
   Bremer Institut für Film und Fernsehen, benannt vom ZDF
Dr. h.c. Ludwig Harig
   Schriftsteller, benannt vom SR
Werner Hauser
   Geschäftsführendes Vorstandsmitglied des Städtetages Baden-Württemberg, benannt vom SDR
Karin Junker
   Mitglied des Europäischen Parlaments, benannt vom WDR
Dr. Johannes Niemeyer
   Vertreter der katholischen Kirche im Fernsehrat des ZDF, benannt vom ZDF
Katrin Rabus
   Galeristin, Mitglied des Vorstandes des Bundesverbandes Deutscher Galerien, benannt von Radio Bremen
Andrea Urban
   Landesstelle Jugendschutz Niedersachsen, benannt vom ZDF

Französische Mitglieder:

Bernard Faivre d'Arcier
   Leiter des Festivals von Avignon
Francoise Héritier-Augé
   Professor am Collége de France
Christine Juppé-Leblond
   Leiterin der »Maison du Geste et de l'Image«, Paris
Michel Laclotte
   Präsident des Louvre, Paris
Pierre Léna
   Professor an der Universität Paris VII
Jean-Michel Meurice
   Fernsehregisseur und Maler
Daniel Rondeau
   Journalist

Belgisches Mitglied:

Isabelle Stengers
  Philosophin

Programmbeirat ARTE Deutschland

ZDF:
Prof.Dr. Christian Starck
Universität Göttingen
Platz der Göttinger Sieben Nr. 6
37073 Göttingen
Telefon 0 55 1 / 39 74 12
Fax 0 55 1 / 39 48 72

BR:
Paul Rieger
Enzianstr. 54
82178 Puchheim/Bhf.
Telefon 0 89 / 80 73 22
Fax 0 89 / 80 05 54 9

ARD:

HR:
Friedrich Hertle
Im Wiesengrund 2 a
36039 Fulda
Telefon 0 61 1 / 35 07 46
Fax 0 61 1 / 35 0 - 60 0

NDR:
Dr.Bärbel Kern
24,Avenue Palmerston
B- 1040 Brüssel
Telefon 00 32 / 2 / 2 30 00 17
Fax 00 32 / 2 / 2/ 2 30 13 20

ORB:
Lothar Krone
Schloßstr. 14
14467 Potsdam
Telefon 0 33 1 / 29 14 89

RB:
Barbar Claasen-Schmal
Bleicherstr. 55
28203 Bremen
Telefon 0 42 1 / 70 18 89

SDR:
Gisela Wöhler
Deutscher kath. Frauenbund
Füllerstr. 20
70839 Gerlingen
Telefon 0 71 56 / 22 77 0

SFB:
Jürgen Grimming
Journalistenverband Berlin e.V.
Lietzenburger Str. 77
10719 Berlin
Telefon 0 30 / 88 26 68 8

SR:
Prof. Dr. Wendelin Müller-Blattau
Landesmusikrat Saarbrücken
Am Ludwigsplatz 5
66117 Saarbrücken
Telefon 0 68 1 / 58 54 49

SWF:
Herbert Moser
Rathausstr. 7
78532 Tuttlingen
Telefon 0 71 1 / 64 42 63 0

WDR:
Jürgen Rosorius
Auf dem Gerotten 20
53721 Siegburg
Telefon 0 22 3 / 70 60

ZDF:
Ronald Berthelmann
Deutscher Bundesjugendring
Haager Weg 44
53127 Bonn
Telefon 0 22 8 / 91 02 12 0
Fax: 0 22 8 / 91 02 12 2

Klaus Daweke
Institut für Auslandsbeziehungen
Charlottenplatz 17
70173 Suttgart
Telefon 0 7 11 / 22 25 12 0

Helga Düchting
Elisenhöhe 11
55411 Bingen/Rhein
Telefon 0 61 31 / 26 32 0 1 oder 207
Fax 0 61 31 / 26 34 00

Gerhard Eickhorn
Europa-Union Deutschland e.V.
Europa Union Verlag
Bachstr. 32
53115 Bonn
Telefon 0 22 8 / 72 90 01 0
Fax 0 22 8 / 69 57 34

Dr. Michel Friedmann
Fürstenbergerstr. 143
60322 Frankfurt
Telefon 0 69 / 55 02 31 - 35
Fax 0 69 / 59 80 52

Albrecht Günther
Vorsitzender des Verbandes Bildung
    und
Erziehung Sachsen
R. Schumann-Str. 43
04746 Hartha
Telefon 0 34 32 8 / 38 43 2

Hermann Heinemann
Paschufer 17
58640 Iserlohn
Telefon 0 23 04 / 52 78

Hanns Schreiner
Staatssekretär a.D.
Kehlweg 53
55124 Mainz-Gonsenheim
Telefon 0 61 31 / 47 29 83

Prof. Theodor Uhlmann
Kortental 60
44149 Dortmund
Telefon 0 23 1 / 91 12 47 9
Fax 0 23 1 / 91 12 31 5

Prof. Dorothee Zahn
Huserstr. 8 a
61350 Bad Homburg
Telefon 0 69 / 15 33 28 66

Einführung zu den Landesmedienanstalten

Gemäß dem föderalistischen Staatsaufbau mit der Länderhoheit über Medienfragen verfügt die Bundesrepublik Deutschland über 15 Landesmedienanstalten, d. h. mit Ausnahme der per Staatsvertrag gebildeten Zwei-Länder-Anstalt Berlin-Brandenburg existiert in jedem Bundesland eine selbständige Medienanstalt. Die Finanzierung der als Anstalt des öffentlichen Rechts organisierten Einheiten erfolgt primär durch die allgemeine Rundfunkgebühr, von der generell zwei Prozent des Gebührenaufkommens an die Anstalten abfließen; 1992 erhielten so die Anstalten knapp 154 Millionen Mark.
Die Landesmedienanstalten sind zuständig für Zulassung und Kontrolle der im jeweiligen Land sendenden privaten elektronischen Medien und Dienste. Bis zur Novellierung des derzeit gültigen Rundfunkstaatsvertrag kann auch jede Landesmedienanstalt nach Prüfung eine bundesweit gültige Senderzulassung ausstellen.
Die Anstalten haben sich bundesweit zur Direktorenkonferenz der Landesmedienanstalten (DLM) zusammengeschlossen, die jedoch aufgrund der föderalen Rechte der einzelnen Ländermedienorgane bisher nur einen Papiertiger darstellte. Eine gemeinsame Politik vor allem auf dem Gebiet der Zulassung und Kontrolle von Medienunternehmen ergab sich bisher nur ansatzweise.

In den Grund- und Organisationsstruktur gibt es zwischen Landesrundfunkanstalt und Landesmedienanstalt je nach Bundesland teilweise erhebliche Unterschiede.
An der Spitze jeder Landesmedienanstalt steht ein Präsident oder Direktor oder Geschäftsführer, der bei einigen Anstalten die Befähigung zum Richteramt besitzen muß und die Anstalt in eigener Verantwortung führt. Die Amtszeiten bewegen sich zwischen Lebenszeitbeamter und sieben Jahren. Abberufungen sind mit hohen Hürden meist möglich.

Die Vertretung der Interessen der Allgemeinheit, die Lizenzierung privater Medienanbieter sowie die Kontrollfunktion übernehmen für jede Landesmedienanstalt sog. Medienräte, Versammlungen, Vorstände, Landesrundfunkausschüsse oder Rundfunkkommissionen - inzwischen rund 430 "Gremien" (ohne Ersatzvertreter). Ihre Amtszeiten liegen zwischen zwei und sechs Jahren, die Anzahl der Medienräte schwankt zwischen 7 und 50. In Nordrhein-Westfalen kommt auf jeden der 45 Kommissionsmitglieder ein eigener Stellvertreter. Für ihre Tätigkeit erhalten die Gremienmitglieder eine monatliche Aufwandsentschädigung sowie Sitzungsgelder. Ihre Berufung und Abberufung erfolgt entweder eigenverantwortlich durch die gesetzlich benannten Entsender oder teilweise auch durch die Landtage.
In den Aufsichtsgremien der Medienanstalten sollen in der Regel - analog zu den Landesrundfunkanstalten - die sogenannten gesellschaftlich relevanten Gruppen (Kirchen, Gewerkschaften, Arbeitgeber, Journalistenverbände, Behinderte, Heimatverbände etc.), aber auch - zahlenmäßig gering - Parteien und Landesregierungen organisiert sein. Die Mitglieder sind offiziell nicht an Weisungen und Auf-

träge gebunden. Grundsätzlich können sie nur dann abberufen werden, wenn sie aus der Organisation, von der sie entsandt wurden, ausscheiden. Bei wenigen Anstalten ist eine Frauenquote festgeschrieben.

Von politischer Brisanz ist hier weniger die Zahl der reinen Parteienvertreter, als die durch die Landtage herzustellenden Bestimmung derjenigen gesellschaftlichen Organisationen, die in den Aufsichtsräten vertreten sein dürfen.

Im Gegensatz zu den öffentlich-rechtlichen Landesrundfunkanstalten verfügen nur die Bayerische Landeszentrale für neue Medien (BLM) und die Sächsische Landesanstalt für privaten Rundfunk und neue Medien (SLM) mit dem Verwaltungsrat über weitere Organe. Beide Räte (Amtszeiten: 4 bzw. 6 Jahre) setzen sich aus 9 bzw. 6 Mitgliedern zusammen; sie sind in erster Linie für die wirtschaftlichen Angelegenheiten der Anstalt, d.h. also für den Haushalts-und Finanzplan, den Jahresabschluß und Fragen der Teilnehmerentgelte zuständig. Analog zu den öffentlich-rechtlichen Verwaltungsräten gilt auch hier: ihre Zusammensetzung spiegelt den parteipolitischen Proporz des Medienrats wieder.

Die Landesmedienanstalten

Verteilung der Aufgaben
innerhalb der Gemeinschaft der Landesmedienanstalten

Direktorenkonferenz (DLM)

Vorsitzender: Thomas Kleist (LAR)
c/o Landesanstalt für das Rundfunkwesen Saarland (LAR)
Karcherstr. 4, 66111 Saarbrücken
Telefon: 0 68 1 / 3 94 - 27
Fax: 0 68 1 / 39 4 - 94 - 20

Stellvertreter: Dr.Rainer Hochstein (Landeszentrale für private Rundfunkveranstalter Rheinland-Pfalz / LPR)
Dr. Norbert Schneider (Landesanstalt für Rundfunk Nordrhein-Westfalen / LfR)

Geschäftsführung der Gemeinsamen Stellen

Jugendschutz und Programm
Vorsitzender: Friedrich Wilhelm Raasch, Niedersächsische Landesanstalt für privaten Rundfunk (NLM)
Stellvertreter: Joachim Steinmann, Landesrundfunkzentrale Mecklenburg-Vorpommern (LRZ)
Dr. Rainer Hochstein, Landeszentrale für private Rundfunkveranstalter Rheinland-Pfalz (LPR)

Werbung
Vorsitzender: Wolfgang Thaenert, Landesanstalt für privaten Rundfunk (LPR) Hessen
Stellvertreter: Christian Schurig, Landesrundfunkausschuß Sachsen-Anhalt (LRA)
Gernot Schumann, Unabhängige Landesanstalt für das Rundfunkwesen Schleswig-Holstein (ULR)

Konzentrationsprüfung

Vorsitzender: Dr. Helmut Haeckel, Hamburgische Anstalt für neue Medien (HAM)

Arbeitsgruppen:

Technische Kommission (TKLM):
Vorsitz: Prof. Dr. Wolf-Dieter Ring, Bayerische Landeszentrale für neue Medien (BLM)

Recht:
Vorsitz: Dr. Norbert Schneider, Landesanstalt für Rundfunk Nordrhein-Westfalen (LfR)

Europa:
Vorsitz: Thomas Kleist, Landesanstalt für das Rundfunkwesen Saarland(LAR)

Offene Kanäle:
Vorsitz: Gernot Schumann, Unabhängige Landesanstalt für das Rundfunkwesen Schleswig-Holstein (ULR)

Landesanstalt für Kommunikation Baden-Württemberg (LfK)

Anstalt des öffentlichen Rechts
Mörikestr. 21
70178 Stuttgart
Telefon: 07 11 / 6 49 58 - 0
Fax: 07 11 / 6 49 58 - 15

Präsident: Dr. Eugen Volz

Amtszeit: 6 Jahre (1992 bis 1998)

Lebenslauf:
Dr. jur. Eugen Volz, geb. am 02. März 1932 in Tübingen. Seit 1. Juni 1992 Präsident der Landesanstalt für Kommunikation Baden-Württemberg. 1960–1965 Tätigkeit im Geschäftsbereich Bundesministerium der Verteidung. 1965–1969 pers. Referent der Wehrbeauftragten Vizeadmiral Heye und Hoogen. Lehrbeauftragter für öffentliche Verwaltung an der FH Stuttgart. 1978–1989 Politischer Staatssekretär im Justizministerium. Seit Oktober 1989 Politischer Staatssekretär im Finanzministerium. 1974-1989 Mitglied des Kreistages. Seit 17. Mai 1992 Mitglied des Landtags von Baden-Württemberg.

Medienrat:	37 Mitglieder
Amtszeit:	5 Jahre (1991 - 1996)
Vorsitzender:	Prof. Dieter Barth
Stellvertreter:	Gisela Ewald
	Horst Keil
Ausschüsse:	Haushaltsausschuß (Vorsitz: Gisela Ewald)
	Medienpädagogischer Ausschuß (Vorsitz: Dr. Klaus Koziol)

Rechtsgrundlage: Landesmediengesetz Baden-Württemberg (LMedienG) in der Fassung vom 17. März 1992

Medienrat:

§ 72: Medienrat

(1) Der Medienrat setzt sich zusammen aus
1. einem Vertreter der evangelischen Landeskirchen,
2. einem Vertreter der römisch-katholischen Kirche,
3. einem Vertreter der israelitischen Religionsgemeinschaften,
4. einem Vertreter der Freikirchen,
5. einem Vertreter des Deutschen Gewerkschaftsbundes, Landesbezirk Baden- Württemberg,
6. einem Vertreter der Deutschen Angestellten-Gewerkschaft, Landesverband Baden-Württemberg,
7. einem Vertreter des Christlichen Gewerkschaftsbundes Deutschlands, Landesverband Baden-Württemberg,
8. einem Vertreter des Beamtenbundes Baden-Württemberg,
9. einem Vertreter der kommunalen Landesverbände,
10. einem Vertreter der Arbeitsgemeinschaft der Industrie- und Handelskammern in Baden-Württemberg,
11. einem Vertreter des Baden-Württembergischen Handwerkstags,
12. einem Vertreter, der von dem Landesverband der baden-württembergischen Industrie und der Landesvereinigung Baden-Württembergischer Arbeitgeberverbände benannt wird,
13. einem Vertreter, der von dem Landesverband der freien Berufe Baden-Württemberg und dem Bund der Selbständigen, Landesverband Baden-Württemberg, benannt wird,
14. einem Vertreter, der von dem Südwestdeutschen Zeitschriftenverlegerverband e.V. und dem Verband Südwestdeutscher Zeitungsverleger e. V. benannt wird,
15. einem Vertreter der Journalistenverbände,
16. einem Vertreter des Landesmusikrats Baden-Würtemberg,
17. einem Vertreter des Landeselternbeirats,
18. einem Vertreter des Landesfamilienrats Baden-Württemberg,
19. einem Vertreter des Landesfrauenrats Baden-Württemberg,
20. einem Vertreter der Aktion Jugendschutz,
21. einem Vertreter der Sportverbände,
22. einem Vertreter der Jugendverbände,
23. einem Vertreter der Bauernverbände,
24. einem Vertreter des Deutschen Bundeswehrverbandes,
25. einem Vertreter des Bundes der Vertriebenen, Landesverband Baden-Württemberg,
26. einem Vertreter, der von den Schriftstellerorganisationen, dem Bühnenverein und der Bühnengenossenschaft benannt wird,
27. einem Vertreter der Informationstechnischen Gesellschaft,
28. einem Vertreter der Aktionsgemeinschaft Natur- und Umweltschutz Baden-Württemberg,
29. einem Vertreter, der von den Landesrektorenkonferenzen der Universitäten, der Kunsthochschulen, der Pädagogischen Hochschulen und der Fachhochschulen benannt wird.

(2) Jede Fraktion im Landtag entsendet einen Vertreter. Vier weitere Vertreter werden auf Grund von Vorschlägen der Fraktionen vom Landtag im Wege der Verhältniswahl nach dem Höchstzahlverfahren (d'Hondt) gewählt.

Mitglieder:

Rudi Arnold
Sportverbände/LSVB
Im Zinsholz
73760 Ostfildern.
Telefon: 0 62 81 / 34 16
Fax 0 71 1 / 34 80 7 - 13

Dieter Barth
ARGE der IHK Baden-Württemberg
IHK Reutlingen
Hindenburgstr. 54
72 762 Reutlingen
Telefon: 0 71 21 / 201-110
Fax: 0 71 1 / 201 - 18 1

Gisela Ewald
Landesfrauenrat
Rotebühlstr. 133
70197 Stuttgart
Telefon: 07 11 / 85 10 52
Fax 0 71 1 / 61 31 93

Dr. Alfred Geisel
Landtag, SPD-Fraktion
Konrad-Adenauer-Str. 3
70173 Stuttgart
Telefon: 0 7 11 / 20 63 - 0
Fax 0 71 1 / 20 63 - 29 9

Dr. Ulrich Goll
FDP/DVP-Fraktion - Landtag
Postfach 1127
88678 Salem
Telefon: 0 75 53 / 80 70
Fax: 0 71 1 / 20 63 - 6 10

Dr. Gerhart Hammerbacher
Bund d. Vertriebenen, LV Baden-W.
Schloßstr. 92
70176 Stuttgart
Telefon 0 71 1 / 62 52 77

Hans Hartmann
Deutsche Angestellten-Gewerkschaft
Jägerstr. 24
70174 Stuttgart
Telefon: 07 11 / 65 16 58
Fax: 07 11 / 2 29 25 60

Michael Hüffner
LV b.-w. Industrie und LV b.-w. Arbeitgeberverbände
Löffelstr. 2/24
70597 Stuttgart
Telefon: 0 71 1 / 16 57 - 0
Fax: 0 7 11 / 76 16 75

Michael Jacobi
Fraktion Grüne -Landtag
Konrad-Adenauer-Str. 3
70173 Stuttgart
Telefon: 0 71 1 / 20 63 - 68 3
Fax: 07 11 / 20 63 - 6 60

Horst Keil
Evangelische Landeskirchen
Gänsheidestr. 4
70184 Stuttgart
Telefon: 07 11 / 21 49 - 5 03
Fax 0 7 11 / 21 49 - 23 6

Horst Kiesecker
SPD-Fraktion - Landtag
Konrad-Adenauer-Str. 3
70173 Stugart
Telefon: 0 74 32 / 30 04
Fax: 07 11 / 20 63 - 7 10

Günter Könemann
Schriftstellerorg., Bühnenverein, Bühnengenossenschaft / Deutscher Bühnenverein
Königstr. 80
70173 Stuttgart
Telefon: 07 11 / 2 26 22 31
Fax: 07 11 / 2 26 87 34

Dr. Klaus Koziol
Landesfamilienrat
Rotebühlstr. 133
70197 Stuttgart
Telefon: 0 711 / 62 59 30

Burkhardt Kroymann
AG Natur- u. Umweltschutz Baden-W.
Olgastr. 19
70182 Stuttgart
Telefon: 0 71 1 / 23 29 28

Jan Leemreijze
Zeitungsverleger-Verbände
Eberhardstr. 61
70173 Stuttgart
Telefon: 07 11 / 24 79 24
Fax: 0 7 11 / 23 60 45 7

Franz Longin
Landtag,CDU-Fraktion
Wächterstr. 3 B
70182 Stuttgart
Telefon: 07 11 / 7 65 64 19
Fax: 0 7 11 / 20 63 - 29 9

Günter Mahler
Freikirchen
Postfach 31 11 41
70471 Stuttgart
Telefon: 07 11 / 83 99 17 - 21
Fax: 0711 / 83 99 17- 29

Heinrich Maurer
Bauernverbände
Bopserstr. 17
70180 Stuttgart
Telefon: 07 11 / 21 40 - 0
Fax 0 71 1 / 21 40 - 17 7

Dr. Paul-Stefan Mauz
Landtag, CDU-Fraktion
Konrad-Adenauer-Str. 3
70173 Stuttgart
Telefon: 07 11 / 20 63 - 8 50
Fax: 07 11 / 20 63 - 8 10

Fridhart Pascher
Kommunale Landesverbände
Panoramastr. 33
70174 Stuttgart
Telefon: 0 71 25 / 4 04 56

Günther-Martin Pauli
Jugendverbände
Turmstr. 14
72351 Geislingen-Binsdorf
Telefon: 0 74 28 / 34 15

Manfred Pfaus
Landtag, CDU-Fraktion
Zellerstr. 26
70180 Stuttgart
Telefon: 07 11 / 6 49 71 41
Fax 0 7 11 / 2063 - 29 9

Dr.-Ing. Theodor Pfeiffer
Informationstechnische Gesellschaft
Kelterweg 42
70734 Fellbach
Telefon: 0 71 1 / 58 74 25

Werner Pfennig
Deutscher Gewerkschaftsbund
Willi Bleicher-Str. 20
70174 Stuttgart
Telefon: 071 1 / 29 96 51
Fax: 0 71 1 / 29 08 36

Vinzenz Platz
Katholische Kirche
Katholisches Büro
Stafflenbergstr. 14
70184 Stuttgart
Telefon: 07 11 / 2 36 44 98

Dr. Fritz Richert
Landesmusikrat
Ortsstr. 6
76228 Karlsruhe
Telefon: 0 72 1 / 9 47 67 - 0

Dr. Hartmut Richter
Baden-Württemberg. Handwerkstag
Heilbronner Str. 43
70191 Stuttgart
Telefon 0 71 1 / 16 57 - 40 1
Fax 0 71 1 / 16 57 - 444

Ekkehart Schäfer
LV Freier Berufe u. Bund d. Selbständigen
Schloßstraße 84
70176 Stuttgart
Telefon: 07 11 / 55 20 71
Fax: 0 71 1 / 61 94 85 5

Gerhard Sobeck
Deutscher Bundeswehrverband
Paulinenstr. 6
71642 Ludwigsburg
Telefon: 0 71. 44 / 55 76
Fax 0 71 44 / 55 76

Fany Solter
Landesrektorenkonferenz d. Univ.,
Kunst-, Fach-, Pädagog. Hochschulen
Hochschule f. Musik
Weberstr. 8
76133 Karlsruhe
Telefon: 07 21 / 66 29 - 50
Fax 0 72 1 / 66 29 - 66

Meinhard M. Tenné
Israelitische Religionsgemeinschaften
Hospitalstr. 36
70174 Stuttgart
Telefon: 0 71 1 / 71 14 48

Jörg Tisken
Journalistenverbände / DJV
Herdweg 63
70174 Stuttgart
Telefon: 0 74 25 / 65 81
Fax 0 71 1/ 29 61 13

Dr. Almut Todorow
Landeselternbeirat
Kurpfalzstr. 34
97944 Boxberg
Telefon: 0 70 71 / 6 61 56

Dr. Rainer Ullrich
Beamtenbund Baden Württemberg
Am Hohengeren 12
70188 Stuttgart
Telefon: 0 71 21 / 8 87 63
Fax: 0 71 1 / 1 68 76 - 76

Hans Volle
Landtag, CDU-Fraktion
Postfach 4453
78509 Tuttlingen
Telefon: 0 74 61 / 7 92 29
Fax: 07 11 / 20 63 - 8 10

Johann Weber
Christl. Gewerkschaftsbund, LV Baden-Württemberg
Alexanderstr. 9 b
70184 Stuttgart
Telefon 06221 / 2 02 90

Peter Wittemann
Aktion Jugendschutz
Stafflenbergstr. 44
70184 Stuttgart
Telefon: 0 70 24 / 5 23 05

Bayerische Landeszentrale für neue Medien (BLM)

Anstalt des öffentlichen Rechts
Fritz-Erler-Str. 30
81737 München
Telefon: 089 / 6 38 08 - 0
Fax: 089 / 6 37 43 - 36

Präsident: Prof. Dr. Wolf-Dieter Ring
Amtszeit: 4 Jahre (1993 bis 1997)

Lebenslauf:
Prof. Dr. jur. Wolf-Dieter Ring, geb. 1941 in Wien. Seit 1990 Präsident der Bayer. Landeszentrale für neue Medien. Bis 1975 Tätigkeiten beim Verein der Bayer. Chem. Industrie und im Haushaltsreferat des Bayer. Staatsministeriums für Arbeit und Sozialordnung. 1975–1978 pers. Referent des Intendanten des Bayer. Rundfunks, Reinhold Vöth. 1978–1985 Leiter des Referates Medienpolitik der Bayer. Staatskanzlei, zuletzt im Range eines Ministerialrates. 1980–1985 Geschäftsführer der Projektkommission zum Kabelpilotprojekt München. Danach Beauftragter der BLM. 1986–1989 Vors. der Direktorenkonferenz der Landesmedienanstalten (DLM). Seit 1990 Leiter des Fachstudiums Medienmarketing an der Bayer. Akademie der Werbung. Seit 1993 Vizepräsident der Bayer. Akademie für Fernsehen und Vors. der Technischen Kommission der Landesmedienanstalten. Honorarprofessor für Rundfunkpolitik und neue Medien an der Sozialwissenschaftl. Fakultät der Universität München.

Medienrat:	49 Mitglieder
Amtszeit:	4 Jahre (1993 bis 1997)
Vorsitzender:	Klaus Kopka
Stellvertreter:	Prof. Dr. Ekkehard Schumann
Ausschüsse:	- Fernsehausschuß (Vorsitz: Prof. Dr. Dieter Schäfer)
	- Hörfunkausschuß (Vorsitz: Anke Geiger)
	- Grundsatzausschuß (Vorsitz: Dr. Klaus Beichel)
	- Technologieausschuß (Vorsitz: Hermann Regensburger)
	- Programmförderungs-Ausschuß (Vorsitz: Gustl Huber)
Verwaltungsrat:	9 Mitglieder
Amtszeit:	4 Jahre (1993 bis 1997)
Vorsitzender:	Dr. Hans Domcke
Stellvertreter:	Erhardt D. Stiebner

Rechtsgrundlage: Gesetz über die Entwicklung, Förderung und Veranstaltung privater Rundfunkangebote und anderer Mediendienste in Bayern (Bayerisches Mediengesetz – Bay MG) vom 24. November 1992

Medienrat:

Art. 13: Mitglieder des Medienrats

(1) Der Medienrat setzt sich zusammen aus
1. einem Vertreter der Bayerischen Staatsregierung,
2. Vertretern des Bayerischen Landtags in der Weise, daß der Landtag für jede im Landtag vertretene Partei für je angefangene 20 Abgeordnete ein von den Vertretern der Partei im Landtag nominiertes Mitglied entsendet,
3. drei Mitgliedern des Bayerischen Senats,
4. je einem Vertreter der katholischen und evangelischen Kirche sowie der Israelitischen Kultusgemeinden,
5. je einem Vertreter der Gewerkschaften, des Bayerischen Bauernverbandes, der Industrie- und Handelskammern und der Handwerkskammern,
6. einem Vertreter des Bayerischen Städtetags, des Bayerischen Landkreistags und des Bayerischen Gemeindetags,
7. einem Vertreter der Verbände der Heimatvertriebenen,
8. fünf Frauen, von denen je eine von den Gewerkschaften, vom Bauernverband, von den katholischen und evangelischen kirchlichen Frauenorganisationen und vom Bayerischen Landessportverband zu benennen ist,
9. einem Vertreter des Bayerischen Jugendrings,
10. einem Vertreter des Bayerischen Landessportverbands;
11. je einem Vertreter der Schriftsteller-, der Komponisten- und der Musikorganisationen,
12. einem Vertreter der Intendanzen (Direktionen) der Bayerischen Staatstheater und einem Vertreter der Leiter der Bayerischen Schauspielbühnen,
13. je einem Vertreter des Bayerischen Journalistenverbandes und des Bayerischen Zeitungsverlegerverbandes,
14. einem Vertreter der bayerischen Hochschulen,
15. je einem Vertreter der Lehrerverbände, der Elternvereinigungen und der Organisationen der Erwachsenenbildung,
16. einem Vertreter des Bayerischen Heimattags,
17. einem Vertreter der Familienbände,
18. einem Vertreter der Vereinigung der Arbeitgeberverbände in Bayern,
19. einem Vertreter des Bundes Naturschutz in Bayern,
20. einem Vertreter des Verbandes der freien Berufe.

(2) Würde der Landtag nach Absatz 1 Nr. 2 durch mehr als 13 Vertreter im Medienrat vertreten sein, so entsendet der Landtag zusammen 13 Mitglieder. Jede Partei stellt ein Mitglied; die weiteren Mitglieder stellen die Parteien nach dem d'Hondtschen Verfahren.

Verwaltungsrat:

Art. 14: Zusammensetzung

(2) Der Verwaltungsrat setzt sich zusammen aus
1. zwei Mitgliedern,die in einem Beschäftigungsverhältnis zu einer Medienbetriebsgesellschaft stehen oder einem Organ einer Medienbetriebsgesellschaft angehören.
2. zwei Mitgliedern, die als Anbieter tätig sind,einem Organ eines Anbieters angehören oder in einem Beschäftigungsverhältnis zu einem Anbieter stehen.
3. fünf weiteren Mitgliedern, die nicht den in den Nummern 1 und 2 genannten Personenkreis angehören.

Die Mitglieder des Verwaltungsrats werden vom Medienrat in geheimer Einzelabstimmung gewählt.

Mitglieder:

Dietmar Ahrndsen
  Verband Bayer. Zeitungsverleger
  Trogerstr. 40
  81675 München
  Telefon 0 89 / 4 70 50 11
  Fax 0 89 / 47 03 51 5

Frauke Ancker
  Bayerischer Journalistenverband
  Seidlstr. 8 / VI
  80335 München
  Telefon: 0 89 / 59 63 27
  Fax 0 89 / 59 51 44

Dr. Sebastian Anneser
  Erzbischöfliches Ordinariat / Kath. Kirche
  Maxburgstr. 2
  80333 München
  Telefon: 089 / 2 13 71
  Fax 0 89 / 21 37 - 47 8

Wilfried Anton
  Musikorganisationen
  Klosterstr. 9 - 11
  95028 Hof (Saale)
  Telefon: 0 92 81 / 30 01
  Fax 0 92 81 / 29 03

Gisela Bartmann
  Bayerischer Landessportverband
  Georg-Brauchle-Ring 93
  80992 München
  Telefon 0 89 / 1 57 02 - 0
  Fax 0 89 / 15 70 2 - 63 0

Willi Baumann
  IG Medien Bayern / Gewerkschaften
  Schwanthalerstr. 64
  80336 München
  Telefon 0 89 / 53 09 02 7

Adolf Beck
  Bayerischer Landtag, CSU-Fraktion
  Maximilianeum
  81675 München
  Telefon 0 89 / 41 26 - 0
  Fax 0 89 / 47 02 43 5

Dr. Klaus Beichel
  Verband der Bayer. Druckindustrie
  Friedrichstr. 22
  80801 München
  Telefon 0 89 / 39 90 61
  Fax 0 89 / 34 01 39 5

Horst Beloch
  Verband der freien Berufe
  Türkenstr. 55
  80799 München
  Telefon 0 89 / 24 71 02 71

Ferdinand Betzer
  Bayerischer Gemeindetag, Stadt
  Münnerstadt
  Marktplatz 1
  97702 Münnerstadt
  Telefon 0 97 33 / 81 05 0
  Fax 0 97 33 / 81 05 - 65

Wolfgang Burnhauser
  Bayerischer Senat
  Maximilianeum
  81675 München
  Telefon 0 89 / 41 26 - 0
  Fax 0 89 / 41 26 - 12 78

Walter Engelhardt
  Bayerischer Landtag, SPD-Fraktion
  Maximilianeum
  81675 München
  Telefon 0 89 / 41 26 - 0
  Fax 0 89 / 41 26 - 13 51

Dr. Walter Eykmann
  Bayerischer Landtag,CSU-Fraktion
  Maximilianeum
  81675 München
  Telefon 0 89 / 41 26 - 0
  Fax 0 89 / 47 02 43 5

Anke Geiger
  Evang. kirchl. Frauenorganisationen
  Julius-Leber-Str. 20
  90473 Nürnberg
  Telefon 0 91 1 / 80 57 73

Dorle Baumann
  Bayerischer Landtag,SPD-Fraktion
  Maximilianeum
  81675 München
  Telefon 0 89 / 41 26 - 0
  Fax 0 89 / 41 26 - 13 51

Barbara Hahn
  Bayerischer Bauernverband
  Max-Joseph-Str. 9
  80333 München
  Telefon 0 80 24 / 73 46
  Fax 0 89 / 55 87 3 - 50 5

Claus Haupt
  Bayerischer Landtag
  Fraktion Die Grünen
  Freyjastr. 9
  90461 Nürnberg
  Telefon 0 91 1 / 46 67 11
  Fax 0 91 1 / 46 67 11

Anton Hinterdobler
  Handwerkskammern
  Nikolastr.10
  94032 Passau
  Telefon 0 85 1 / 5301-0
  Fax 0 85 1 / 58 14 5

Dr. Eberhard Reichert
  Bayerischer Städtetag
  Rathaus
  Postfach 82 15 4
  82166 Gräfelfing
  Telefon 0 89 / 8 58 20
  Fax 0 89 / 85 82 - 55

Christa Harrer.
  Bayerischer Landtag, SPD-Fraktion
  Maximilianeum
  81675 München
  Telefon 0 89 /41 26 - 0
  Fax 0 89 / 41 26 - 13 51

Gustl Huber
Verbände der Heimatvertriebenen
Am Lilienberg 5
81669 München
Telefon 0 89 / 48 14 47

Dr. Erich Jooß
Organisationen d. Erwachsenenbildung/ St. Michaelsbund
Herzog-Wilhelm-Str. 5
80331 München
Telefon 0 89 / 2 36 80 90
Fax 0 89 / 23 68 09 68

Prof. Dr. Walther Keßler
Bayerische Hochschulen /
FH München
Lothstr. 34
80335 München
Telefon 0 89 / 12 65 - 13 12
Fax 0 89 / 12 65 - 14 90

Peter Keusch
Familienverbände
Max-Schulze-Str. 36
93133 Burglengenfeld
Telefon 0 94 71 / 7 12 37

Dr. Tebbe Harms Kleen
Bayerische Schauspielbühnen / Stadttheater Würzburg
Theaterstr. 21
97070 Würzburg
Telefon 0 93 1 / 5 06 44 - 46
Fax 0 93 1 / 14 40 8

Christian Knauer
Bayerischer Landtag
CSU-Fraktion
Maximilianeum
81675 München
Telefon 0 89 / 41 26 - 0
Fax 0 89 / 47 02 43 5

Charlotte Knobloch
Israelitische Kultusgemeinden
Effnerstr. 68
81925 München
Telefon 0 89 / 98 94 - 42 / - 43
Fax 0 89 / 98 27 35 4

Ernst Knoesel
Bayerischer Landessportverband
Georg-Brauchle-Ring 93
80992 München
Telefon 0 89 / 1 57 20 20
Fax 0 89 / 15 70 2 - 63 0

Klaus Kopka
Bayerischer Landtag,CSU-Fraktion
BLM - Fritz-Erler Str. 30
81737 München
Telefon 0 89 / 638 08 - 12 9
Fax 0 89 / 63 74 3 - 36

Ulla Kriebel
Kath. kirchl. Frauenorganisationen
Breslauer Str. 1
97072 Würzburg
Telefon 0 93 1 / 88 75 05

Dr. Christoph Maier
Bayerischer Landtag, CSU-Fraktion
Maximilianeum
81675 München
Telefon 0 89 / 41 26 - 0
Fax 0 89 / 47 02 43 5

Dr. Hellmuth Matiasek
Bayerische Staatstheater / Gärtnerplatz-Theater
Klenzestraße
80469 München
Telefon 0 89 / 20 24 12 02
Fax 0 89 / 20 24 1 - 23 7

Donat Müller
  Bayerischer Senat
  Maximilianeum
  81675 München
  Telefon 0 89 / 41 26 - 0
  Fax 0 89 / 41 26 - 12 78

Adolf Dinglreiter
  Bayerischer Landtag, CSU-Fraktion
  Maximilianeum
  81675 München
  Telefon 0 89 / 41 26 - 0
  Fax 0 89 / 47 02 43 5

Hildegard Othersen
  DGB-Landesbezirk Bayern
  Schwanthaler Str. 64
  80336 München
  Telefon 0 89 / 51 41 - 62 2
  Fax 0 89 / 53 28 31 4

Thomas Rebensburg
  Komponistenorganisationen
  Seestr. 43
  83684 Tegernsee
  Telefon 0 80 22 / 42 96

Dr. Herbert Huber
  Bayerische Staatsregierung
  Umweltministerium
  Rosenkavalierplatz 2
  80925 München
  Telefon 0 89 / 92 14 - 0
  Fax 0 89 / 92 14 - 22 6

Rainer Rupp
  Lehrerverbände/ BPhV
  Zeppelinstr. 145
  85051 Ingolstadt
  Telefon 0 84 1 / 1 78 77 oder
  0 89 / 74 61 63 - 0
  Fax 0 89 / 72 11 07 3

Dr. Dieter Schäfer
  Industrie- und Handelskammern
  Lortzingstr. 39
  97074 Würzburg
  Telefon 0 93 1 / 4 19 43 20
  Fax 0 93 1 / 41 94 - 10 0

Albert Schallmoser
  Bayerischer Bauernverband
  Weizhof 72
  84367 Tann
  Telefon 0 89 / 55 87 30
  Fax 0 89 / 55 87 3 - 50 5

Franz-Josef Schick
  Bayer. Landkreistag /
  Landratsamt Neu-Ulm
  Kantstr. 8
  89231 Neu-Ulm
  Telefon 0 73 1 / 70 40 - 100 / - 101
  Fax 0 73 1 / 70 40 - 69 0

Lore Schultz-Wild
  Schriftstellerorganisationen / Verband
  Deutscher Schriftsteller - IG Medien
  Konradstr. 16
  80801 München
  Telefon 0 89 / 34 55 81
  Fax 0 89 / 39 20 94

Prof. Dr. Ekkehard Schumann
  Bayerischer Senat
  Maximilianeum
  81675 München
  Telefon 0 89 / 41 26 - 0
  Fax 0 89/ 41 26 - 12 78

Hans Schwager
  Evangelische Kirche
  Meiserstr. 11 - 13
  80333 München
  Telefon 0 89 / 55 95 - 0
  Fax 0 89 / 55 95 - 46 6

Helmut Steininger
  Bund Naturschutz Bayern
  Kirchenstr. 88
  81675 München
  Telefon 0 89 / 48 20 26
  Fax 0 89 / 45 58 66

Dr. Manfred Treml
  Bayerischer Heimattag / Verband
  Bayer. Geschichtsvereine
  Ludwigstr. 23, Rgb.
  80539 München
  Telefon 0 89 / 28 20 64
  Fax 0 89 / 28 24 34

Dr. Heinz Kaiser
  Bayerischer Landtag, SPD-Fraktion
  Plinganser Str. 24
  81369 München
  Telefon 0 89 / 77 24 94
  Fax 0 89 / 41 26 - 13 51

Helmut Wöckel
  Elternvereinigungen
  Kerbe 5
  91583 Schillingsfürst
  Telefon 0 98 68 / 59 25

Sepp Zenger
  Bayerischer Jugendring
  Albrecht-Altdorfer-Str. 5
  93182 Deggendorf
  Telefon 0 94 09 / 28 45
  Fax 0 89 / 51 45 8 - 88

Verwaltungsrat:

Dr. Hans Domcke
  Kaltenbacher Str. 19 B
  94133 Röhrnbach
  Telefon 0 85 82 / 8 27 0

Hans Schröpf
  Oberbürgermeister
  Postfach 20 20
  92610 Weiden
  Telefon 0 96 1 / 8 10
  Fax 0 96 1 / 81 - 18 0

Marie-Luise Große-Peclum
  Waldstr. 14
  82064 Straßlach-Hailafing
  Telefon 0 81 70 / 8 00 5
  Fax 0 81 70 / 80 06

Dr. Helmut Simon
  Grüntenstr. 28
  87600 Kaufbeuren
  Telefon 0 83 41 / 8 99 4 oder 3 82 8

Heinz-Georg Harbauer
  Senator
  Rumfordstr. 42
  80469 München
  Telefon 0 89 / 2 236 74

Erhardt D. Stiebner
  F.-Bruckmann-Verlag
  Postfach 20 03 53
  80003 München
  Telefon 0 89 / 12 57 - 00 / 23 2

Klaus Hartmann
  Landrat
  Großviehbergstr. 34
  91217 Hersbruck
  Telefon 0 91 51 / 2 64 6

Manfred Nüssel
  Senator
  Rimlas 2
  95460 Bad Berneck
  Telefon 0 92 73 / 6 800

Eduard Priller
Hubertusweg 22
85540 Haar
Telefon 0 89 / 4 69 65

Medienanstalt Berlin-Brandenburg (MABB)
Anstalt des öffentlichen Rechts
Europa-Center, 14. OG
10789 Berlin
Telefon: 030 / 2 61 15 21
Fax: 030 / 2 62 10 48

Direktor: Dr. Hans Hege

Amtszeit: 5 Jahre (1992 bis 1997)

Lebenslauf:
Dr. jur. Hans Hege, geb. am 14. Juni 1946 in Schwäbisch Hall. Seit 1985 Direktor der Medienanstalt Berlin-Brandenburg. 1976–1977 Referent im Abgeordnetenhaus in Berlin. 1978–1983 Referent beim Senator für Justiz. 1983–1985 Leiter des Medienreferates beim Senator für Kulturelle Angelegenheiten in Berlin.

Medienrat:	7 Mitglieder
Amtszeit:	5 Jahre (1992 bis 1997)
Vorsitzender:	Prof. Dr. Ernst Benda
Stellvertreter:	Frank Dahrendorf

Rechtsgrundlage: Staatsvertrag über die Zusammenarbeit zwischen Berlin und Brandenburg im Bereich des Rundfunks vom 29. 2. 1992

Medienrat:

§ 10: Zusammensetzung und Amtszeit des Medienrates

(1) Der Medienrat besteht aus sieben Mitgliedern, die auf Grund ihrer Erfahrung und ihrer Sachkunde in besonderer Weise befähigt sein sollen, die Aufgaben nach diesem Staatsvertrag wahrzunehmen.

§ 11: Wahl des Medienrates

(1) Von den Mitgliedern des Medienrates werden je drei vom Brandenburger Landtag und vom Abgeordnetenhaus von Berlin jeweils mit einer Mehrheit von zwei Dritteln der gesetzlichen Mitgliederzahl gewählt. Ein weiteres Mitglied, das zugleich den Vorsitz im Medienrat innehat, wird von beiden Länderparlamenten jeweils mit einer Mehrheit von zwei Dritteln ihrer gesetzlichen Mitgliederzahl gewählt.

Mitglieder:

Prof. Dr. Ernst Benda
Käthe-Kollwitz-Str. 46
76227 Karlsruhe
Telefon 0 72 1 / 40 46 61
Fax 0 72 1 / 49 66 34

Frank Dahrendorf
Dr.Weiland und Partner
Friedrichstr. 180
10117 Berlin
Telefon 0 30 / 30 85 86 - 21 0
Fax 0 30 / 30 85 86 - 22 2

N.N.

Renate Feyl
MABB
Europa Center, 14. OG
10789 Berlin
Telefon 0 30 / 26 11 52 1
Fax 0 30 / 26 21 0 48

Alfred Limberg
Siedlerstr. 12
03058 Groß Gaglow
Telefon 0 35 5 / 53 63 43

Dr. Hermann Meyn
Waldallee 66
14089 Berlin
Telefon 0 30 / 3 65 37 98
Fax 0 30 / 36 57 90 4

Dr. Jost von Trott zu Solz
Kurfürstendamm 29
10719 Berlin
Telefon 0 30 / 88 09 1 - 0
Fax 0 30 / 88 38 31 8

Bremische Landesmedienanstalt

Anstalt des öffentlichen Rechts
Am Wall 140
28195 Bremen
Telefon: 04 21 / 1 42 82
Fax: 04 21 / 1 42 26

Direktor: Wolfgang Schneider

Amtszeit: 5 Jahre (1994 bis 1999)

Lebenslauf:
Wolfgang Schneider, geb. am 20. April 1942. Seit 01. April 1989 Direktor der Bremischen Landesmedienanstalt. 1971–1989 verschiedene Funktionen in der Senatskanzlei Bremen, seit 1979 als Medienreferent.

Versammlung: 24 Mitglieder
Amtszeit: 4 Jahre (1993 bis 1997)
Vorsitzender: Gerhard Schäfer
Stellvertreter: Ursula Kaltenstein
Ausschüsse: - Programmausschuß (Vorsitz: Jürgen Fränzel)
 - Rechts- und Finanzausschuß (Vorsitz: Otto Brauch)
 - Arbeitsgruppe »Offener Kanal«, nicht ständig (Vorsitz: Konstanze Radziwill)

Rechtsgrundlage: Bremisches Landesmediengesetz (BREMLMG) vom 1. Juli 1993

Versammlung:

§ 39: Zusammensetzung des Landesrundfunkausschusses

(1) Der Landesrundfunkausschuß besteht aus folgenden Mitgliedern:
  1. Acht Mitglieder werden von folgenden Organisationen entsandt:
     a) ein Mitglied durch die Evangelische Kirche,
     b) ein Mitglied durch die Katholische Kirche,
     c) ein Mitglied durch die Israelitische Gemeinde,
     d) ein Mitglied durch den Deutschen Gewerkschaftsbund,
     e) ein Mitglied durch die Arbeitgeberverbände,
     f) ein Mitglied durch den Landessportbund,
     g) ein Mitglied durch den Senat für die Stadtgemeinde Bremen,
     h) ein Mitglied durch den Magistrat für die Stadtgemeinde Bremerhaven.
  2. Außerdem wird je ein Vertreter von den politischen Parteien entsandt, die in der der Amtsperiode des Landesrundfunkausschusses vorangegangenen Bürgerschaftswahl mindestens 5 vom Hundert der Stimmen erreicht haben.
(2) Außerdem gehören dem Landesrundfunkausschuß an:
  1. drei Mitglieder aus dem Bereich der Kammern oder anderer berufständischer Organisationen, darunter mindestens eine Frau,
  2. drei Mitglieder aus dem Bereich der Kultur, der Jugend, der Bildung und der Erziehung, darunter mindestens eine Frau,
  3. fünf Mitglieder aus dem Bereich der sonstigen gesellschaftlich relevanten Organisationen, darunter mindestens zwei Frauen.

Mitglieder:

Karin Bazak
  FDP-Bürgerschaft
  Am Markt 20
  28195 Bremen
  Telefon 0 42 1 / 66 24 75
  Fax   0 42 1 / 34 11 41

Prof. Gisela Bentz
  Landessportbund
  Eduard-Grunow-Str. 30
  28203 Bremen
  Telefon 0 42 1 / 45 18 25
  Fax 0 42 1 / 71 83 4

Christiane Bodammer
  Die Grünen-Bürgerschaft
  Am Markt 20
  28195 Bremen
  Telefon 0 42 1 / 3 63 04 10
  Fax 0 42 1 / 36 30 43 2

Otto Brauch
  Arbeitgeberverband
  Schillerstr. 10
  28195 Bremen
  Telefon 0 42 1 / 27 12 75 od. 36 80 2- 0
  Fax 0 42 1 / 36 80 2 - 49

Emmy Brüggemann
  Seniorenvertretung
  Schifferstr. 14
  28217 Bremen
  Telefon 0 42 1 / 38 42 53
  Fax 0 42 1 / 32 11 20

Heiner Erling
  SPD-Bürgerschaft
  Am Markt 20
  28195 Bremen
  Telefon 0 42 1 / 6 36 54 74
  Fax 0 42 1 / 32 11 20

Aydin Findikci
Deutsch-Türkische Gesellschaft
Wilhelm-Leuschner-Str. 6
28329 Bremen
Telefon 0 42 1 / 7 029 78

Jürgen Fränzel
Deutscher Journalistenverband
Am Wall 171
28195 Bremen
Telefon 0 42 1 / 32 54 50
Fax 0 42 1 / 33 78 12 0

Gule Iletmis
Dachverband d. Ausländerkulturvereine
Lahnstr. 90
28199 Bremen
Telefon 0 42 1 / 50 54 02

Reinhard Janz
DGB
Besenbinderhof 60
20097 Hamburg
Telefon 0 42 1 / 3 357 60
Fax 0 42 1 / 33 57 6 60

Ursula Kaltenstein
Arbeiterwohlfahrt
Auf den Häfen 30-32
28203 Bremen
Telefon 0 42 1 / 79 02 - 0
Fax 0 42 1 / 79 02 - 49

Dr. Rolf Lattreuter
Katholische Kirche
Gravelottestr. 69
28211 Bremen
Telefon 0 42 1 / 49 45 29

Siegfried Leeuwarden
Israelitische Gemeinde
Schwachhauser Heerstr. 117
28209 Bremen
Telefon 0 42 1 / 49 85 10 4
Fax 0 42 1 / 49 84 94 4

Reiner Lohse
Deutscher Bundeswehrverband
Buchtstr. 15
27570 Bremerhaven
Telefon 0 47 1 / 2 64 31

Henrik Marckhoff
Stadtgemeinde Bremen
Watjenstr. 29
28195 Bremen
Telefon 0 42 1 / 21 34 79
Fax 0 42 1 / 36 1 - 63 63

Konstanze Radziwill
Verband Deutscher Schriftsteller
Benquestr. 9
28209 Bremen
Telefon 0 42 1 / 3 49 85 43

Margarete Reimelt
Stadtgemeinde Bremerhaven
Fritz-Thiemst-Weg 30
27578 Bremerhaven
Telefon 0 47 1 / 6 15 55
Fax 0 47 1 / 59 0 - 24 00

Dr. Erich Röper
CDU-Bürgerschaft
Am Markt 20
28125 Bremen
Telefon 0 42 1 / 34 41 88
Fax 0 42 1 / 30 89 44 4

Gerold Rudolphi
Jugendverbände
Virchowstr. 23
27574 Bremerhaven
Telefon 0 47 1 / 2 14 53
Fax 0 42 1 / 17 06 98 - 99

Gerhard Schäfer
Evangelische Kirche
Beim Kleinen Tagwerk 14
28355 Bremen
Telefon 0 42 1 / 25 50 54

Petra Schulze-Grönda
 Anwaltskammer
 Paul-Singer-Str. 156
 28329 Bremen
 Telefon 0 42 1 / 3 68 00 21

Waltraut Steimke
 Verband d. Künstlerinnen u. Kunst-
 freunde / GEDOK
 Landweg 6
 28203 Bremen
 Telefon 0 42 1 / 32 64 48

Karl-Heinz Tamm
 Verband Bremischer Bürgervereine
 Am Fillerkamp 12
 28777 Bremen
 Telefon 0 42 1 / 60 30 02

Peter Zellmer
 DVU

Hamburgische Anstalt für neue Medien (HAM)

Anstalt des öffentlichen Rechts
Kleine Johannisstr. 10
Skandinavia-Haus
20457 Hamburg
Telefon 0 40 / 36 90 05 - 0
Fax 0 40 / 36 90 05 - 55

Direktor: Dr. Helmut Haeckel

Amtszeit: 7 Jahre (1993 bis 2000)

Lebenslauf:
Dr. jur. Helmut Haeckel, geb. am 2.Dezember 1936 in Berlin. Seit 1. Mai. 1986 Direktor der Hamburgerischen Anstalt für neue Medien (HAM). 1965–1968 Tätigkeit im allg. höheren Verwaltungsdienst der Freien und Hansestadt Hamburg. 1968–1974 persönlicher Referent der Hamburger Bürgermeister Prof. Herbert Weichmann und Peter Schulz, zuletzt als Leiter des Bürgermeisterbüros. 1975–1986 Abteilungsleiter in der Senatskanzlei Hamburg für Verfassungs- und Medienangelegenheiten.

Vorstand:	13 Mitglieder
Amtszeit:	6 Jahre (1994 bis 2000)
Vorsitzender:	Dr. Gerhard Schäfer
Stellvertreter:	Christian Rink
Ausschüsse:	- Programm- und Zulassungsausschuß (Vorsitz: Claus Kühn)
	- Rechts- und Finanzausschuß (Vorsitz: Dr. Ekkehard Nümann)
	- Ausschuß Offener Kanal (Vorsitz: Werner Niedorf)

Rechtsgrundlage: Hamburgisches Mediengesetz (HmbMedienG) vom 20. April 1994

Vorstand:
§61: Zusammensetzung des Vorstands

(1) Der Vorstand besteht aus dreizehn Mitgliedern, wobei beide Geschlechter zahlenmäßig möglichst gleichgewichtig vertreten sein sollen. Von ihnen entsenden
1. je ein Mitglied die Nordelbische Evangelisch-Lutherische Kirche und die römisch-katholischen Kirchengemeinden in Hamburg,
2. je ein Mitglied der hamburgische Landesverband des Deutschen Gewerkschaftsbundes und der Deutschen Angestellten-Gewerkschaft,
3. je ein Mitglied die Handelskammer Hamburg und die Handwerkskammer Hamburg,
4. je ein von der Bürgerschaft gewähltes Mitglied sieben weitere gesellschaftlich bedeutsame Organisationen und Gruppen mit Sitz in Hamburg.

Die Mitglieder des Vorstands werden für eine Amtszeit entsandt oder gewählt; eine einmalige Wiederentsendung oder Wiederwahl ist zulässig.

Mitglieder:

Greta Blunck
  Hamburger Sport-Bund
  Schäferkampsallee 1
  20357 Hamburg
  Telefon 0 40 / 41 90 80
  Fax 0 40 / 41 21 - 27 4

Karl Ludwig Kohlwage
  Nordelbische Evang.-Luth. Kirche
  Neue Burg 1
  20457 Hamburg
  Telefon 0 40 / 36 89 - 216
  Fax 0 40 / 36 89 - 20 8

Claus Kühn
  Hamb. röm.-kath. Kirchengemeinden
  Danziger Str. 52
  20099 Hamburg
  Telefon 040 / 2 48 770

Marianne Matzen
  Handwerkskammer Hamburg
  Holstenwall 12
  20355 Hamburg
  Telefon 0 40 / 35 90 51
  Fax 0 40 / 35 90 52 08

Rolf Meier
  DGB- Landesbezirk Nordmark
  Besenbinderhof 60
  20097 Hamburg
  Telefon 0 40 / 28 58 33 3
  Fax 0 40 / 28 58 - 29 9

Heike Mundzeck
  Landesfrauenrat Hamburg
  Bebelallee 10
  22299 Hamburg
  Tel 040 / 51 73 60

Werner Niendorf
  Deutsche Angestellten-Gewerkschaft
  Karl-Muck-Platz 1
  20355 Hamburg
  Telefon 0 40 / 34 91 50 1
  Fax 0 40 / 34 91 5 - 40 0

Dr. Ekkehard Nümann
  Freie Akademie d. Künste i. Hamburg
  Klosterwall 23
  20095 Hamburg
  Telefon 0 40 / 38 101 - 80 4
  Fax 0 40 / 38 10 1 - 80 5

Thomas Ricken
 AG Kultur für alle
 HAM/ Kleine Johannisstr. 10
 20457 Hamburg
 Telefon 0 40 / 39 35 79
 Fax 0 40 / 36 90 05 - 55

Christian Rink
 Verbraucherzentrale Hamburg
 Große Bleichen 23–27
 20354 Hamburg
 Telefon 0 40 / 35 00 14 81
 Fax 0 40 / 34 11 16

Dr. Gerhard Schröder
 Handelskammer Hamburg
 Adolphsplatz 1
 20457 Hamburg
 Telefon 0 40 / 36 13 80
 Fax 0 40 / 36 13 84 01

Landesanstalt für privaten Rundfunk Hessen (LPR)

Anstalt des öffentlichen Rechts
Wilhelmshöher Allee 262
34131 Kassel
Telefon 0 56 1 / 9 35 86 - 0
Fax 0 56 1 / 9 35 86 - 30

Direktor: Wolfgang Thaenert

Amtszeit: seit 1989
(keine feste Amtszeit, Abberufung möglich)

Lebenslauf:
Wolfgang Thaenert, geb. am 12. Juni 1950 in Hildesheim. Seit 1990 Direktor der Hessischen Landesanstalt für privaten Rundfunk. 1978–1985 vers. Tätigkeiten im Landesdienst Niedersachsen. 1985–1990 Geschäftsführer des Niedersächsischen Landesrundfunkauschusses. Seit 1993 Vors. der Gemeinsamen Stelle Werbung der Landesmedienanstalten. Seit 1992 Lehrauftrag an der Universität Gesamthochschule Kassel.

Versammlung:	28 Mitglieder
Amtszeit:	4 Jahre (1995 bis 1999)
Vorsitzender:	Winfried Engel
Stellvertreter:	Marita Eilrich
	Karl-Eugen Becker
Ausschüsse:	- Haushaltsausschuß : Günter Grotmann-Höfling
	- Rechtsausschuß Vorsitz: Prof. Anita Breithaupt
	- Programmausschuß Vorsitz: Edgar Thielemann

Rechtsgrundlage: Gesetz über den privaten Rundfunk in Hessen (HPRG) vom 30.11.1988, geändert durch Gesetz vom 10.10.1994

Versammlung:

§ 39: Zusammensetzung und Amtszeit der Versammlung

(1) Die Versammlung vertritt innerhalb ihres Zuständigkeitsbereiches die Interessen der Allgemeinheit. Zur Anstaltsversammlung entsenden einen Vertreter:
1. die evangelischen Kirchen,
2. die katholische Kirche,
3. der Landesverband der jüdischen Gemeinden in Hessen,
4. der Landessportbund Hessen
5. der Landesfrauenrat für die hessischen Frauenverbände,
6. der Deutsche Gewerkschaftsbund
7. die Deutsche Angestelltengewerkschaft,
8. die Gewerkschaft Erziehung und Wissenschaft,
9. die Industriegewerkschaft Medien -Druck und Papier, Publizistik u.Kunst
10. der Hessische Journalistenverband
11. der Deutsche Beamtenbund,
12. die Vereinigung der hessischen Unternehmerverbände,
13. der Verband freier Berufe in Hessen,
14. der Hessische Bauernverband,
15. die Handwerksfachverbände Hessen,
16. der Landsmusikrat Hessen,
17. die Vorstände der anerkannten Naturschutzverbände,
18. die Vorstände des Verbandes der Kriegs- und Wehrdienstopfer, Behinderten und Sozialrentner Deutschlands, des Reichsbundes der Kriegsopfer, Behinderten, Sozialrentner und Hinterbliebenen und des Verbandes der Heimkehrer, Kriegsgefangenen und Vermißtenangehörigen Deutschlands,
19. der Landeselternbeirat
20. der Deutsche Kinderschutzbund.
21. der Hessische Jugendring
22. die Arbeitsgemeinschaft der Verbraucherverbände
23. die Arbeitsgemeinschaft der Ausländerbeiräte Hessen,
24. die Liga der Freien Wohlfahrtspflege in Hessen.
25. jede Fraktion des Landtages.

Mitglieder:

Rainer Wiedemann
 Arbeitsgemeinschaft der
 Verbraucherverbände
 Berliner Str. 27
 60311 Frankfurt
 Telefon 0 69 / 28 07 01 od 97 20 10- 0.
 Fax 0 69 / 28 50 79 od. 97 20 10 - 50

Sieglinde Knöll
 Deutscher Kinderschutzbund
 Gebrüder-Lang-Str. 7
 61169 Friedberg
 Telefon 0 60 31 / 18 7 33 oder 31 75

Karl-Eugen Becker
Deutsche Angestellten-Gewerkschaft
Bockenheimer Landstr. 72
60323 Frankfurt
Telefon: 0 69 / 71 91 16 - 35 / - 36
Fax: 0 69 / 71 91 16 60

Prof. Anita Breithaupt
SPD-Landtagsfraktion
Hessischer Landtag
Schloßplatz 1-3
65183 Wiesbaden
Telefon 0 61 1 / 3 50 - 6 46
Fax 0 61 1 / 35 0 - 51 1

Horst Dickel
Evangelische Kirchen / Landeskirchenamt
Wilhelmshöher Allee 330
34131 Kassel
Telefon 0 56 1 / 93 78 - 270 / - 27 1
Fax 0 56 1 / 93 78 - 41 0

Heinz Christian Bär
Hessischer Bauernverband
Taunusstr. 151
61381 Friedrichsdorf/Ts. 1
Telefon 0 61 72 / 71 06 - 0
Fax 0 61 72 / 71 06 10

Marita Eilrich
DGB, Landesbezirk Hessen
Wilhelm-Leuschner-Str. 69
60329 Frankfurt
Telefon: 0 69 / 27 30 05 - 0 / - 53
Fax: 0 69 / 27 30 05 - 55

Winfried Engel
Katholische Kirche / Bischöfl.Generalvikariat
Postfach 147
36001 Fulda
Telefon 0 66 1 / 8 72 92
Fax: 06 61 / 8 75 69

Helene von Friedeburg
Landesfrauenrat Hessen
Faulbrunnenstr. 9
65183 Wiesbaden
Telefon 0 61 1 / 37 45 55
Fax 0 61 1 / 30 57 72

Arwed Gamer
Landeselternbeirat Hessen
Nassaustr. 12
65812 Bad Soden/Ts.
Telefon 0 61 96 / 24 34 5

Günter Woltering
Liga der freien Wohlfahrtspflege
Carl- von-Ossietzky-Str. 3
65197 Wiesbaden
Telefon 0 61 1 / 46 74 72
Fax 0 61 1 / 46 84 12

Wilhelm Kremer
VdK
Elsheimer Str. 10
60322 Frankfurt
Telefon: 069 / 7 14 00 20

Adolf Lang
Landesmusikrat Hessen / IAK Musik
Heinrich-Schütz-Allee 29
34185 Kassel
Telefon 0 56 1 / 3 79 27
Fax 0 56 1 / 31 37 72

Rolf Lutz
Landessportbund Hessen
Otto-Fleck Schneise 4
60528 Frankfurt
Telefon 0 69 / 67 89 - 0
oder 0 60 35 / 66 02
Fax 0 69 / 67 89 - 11 8
oder 0 60 35 / 66 02

Thomas Östreicher
IG Medien
Egenolffstr. 37
60316 Frankfurt
Telefon 0 69 / 58 09 8 - 15 8
Fax 0 69 / 44 85 39

Heide Platen
Landtag
Landtagsfraktion Die Grünen
Schloßplatz 1-3
65183 Wiesbaden
Telefon 0 61 1 / 350 - 0
Fax 0 61 1 / 35 0 - 50 1

Dieter Posch
Landtag
FDP-Landtagsfraktion
Schloßplatz 1- 3
65183 Wiesbaden
Telefon 0 61 1 / 35 0 - 0 / 73 1
Fax 0 61 1/ 35 0 - 57 0

Gerhard Repp
Hessischer Handwerkstag / HWK
HWK Kassel
Scheidemannplatz 2
34117 Kassel
Telefon: 05 61 / 78 88 - 0
Fax: 05 61 / 77 88 - 165

Prof. Reinhard Sander
Vorstände der anerkannten Naturschutzverbände
LPR
Wilhelmshöher Allee 262
34131 Kassel
Telefon 0 56 1 / 93 586 - 0
Fax 0 56 1 / 93 58 6 - 30

Hermann Schoppe
CDU-Landtagsfraktion
Gustav-Stresemann-Str. 17
63073 Offenbach-Bieber
Telefon 0 69 / 89 76 59
Fax 0 69 / 80 65 22 36

Günter Grotmann-Höfling
Vereinigung der hessischen Unternehmerverbände
Karthäuser Str. 23
34117 Kassel
Telefon 0 56 1 / 10 91 31 0 / 31 1
Fax: 0 56 1 / 77 91 94

Walter Spieß
Deutscher Beamtenbund
Goetheplatz 7
60313 Frankfurt
Telefon 0 69 / 28 17 80
Fax 0 69 / 28 29 46

Dr. med. dent. Jorg Zey
Verband freier Berufe in Hessen / Landeszahnärztekammer
Lyoner Str. 21
60528 Frankfurt
Telefon 0 69 / 66 07 - 0
oder 0 64 31 / 23 16 0
Fax 0 64 31 / 26 94 5

Max Zweig
Landesverband der jüd. Gemeinden
Hebelstr. 6
60318 Frankfurt
Telefon: 0 69 / 44 40 49
Fax 069 / 43 14 55

Gonhild Gerecht
Gewerkschaftl.Erziehung und Wissenschaft
Zimmerweg 12
60325 Frankfurt
Telefon 0 69 / 72 35 79
Fax 0 69 / 17 22 27

Edgar Thielemann
Hessischer Journalistenverband
Liebigstr. 24
60323 Frankfurt
Telefon 0 69 / 72 10 09
Fax 0 69 / 17 28 78

Frank Kistner
 Hessischer Jugendring
 Bismarckring 23
 65183 Wiesbaden
 Telefon 0 61 1 / 99 0 83 - 0
 Fax 0 61 1 / 99 08 3 - 60

Murat Cakir
 Arbeitsgemeinschaft der Ausländer-
 beiräte
 Kaiser-Friedrich-Ring 31
 65185 Wiesbaden
 Telefon 0 61 1 / 98 99 5 - 0
 Fax 0 611 / 98 99 5 - 18

Landesrundfunkzentrale Mecklenburg-Vorpommern (LRZ)

Anstalt des öffentlichen Rechts
Eisenbahnstr. 21
19053 Schwerin
Telefon 0 38 5 / 5 81 - 21 29
Fax 0 38 5 / 58 1 - 20 77

Direktor: Joachim Steinmann

Amtszeit: 6 Jahre (1992 bis 1998)

Lebenslauf:
Joachim Steinmann, geb. am 15. März 1949 in Zwenkau Krs. Leipzig. Seit 17. Januar 1992 Direktor der Landesrundfunkanstalt Mecklenburg-Vorpommern. 1974–1985 Lehrer für Kunsterziehung, Geographie und Englisch. 1981–1985 Buchgestalter für kirchliche Verlage, Mitarbeit bei Kirchenzeitungen und im Feuilleton der »Neuen Zeit«. Antrag auf Übersiedlung in die Bundesrepublik Deutschland. Suspendierung vom Unterricht. 1985-1986 Hilfsarbeiter in der Materialversorgung für den Werkunterricht; Rücknahme des Aussreiseantrags. 1986–1989 Freischaffender Grafiker, Buchgestalter, Maler und Publizist. 1990 Mitglied der Volkskammer der DDR als Vertreter der CDU/DA. 1990–1991 Mitglied des Landtages Mecklenburg-Vorpommern.

Landesrundfunkausschuß: 11 Mitglieder
Amtszeit: 5 Jahre (1992 bis 1997)
Vorsitzender: Eckhart Ohse
Stellvertreter: - Horst Brüning
- Petra Willert
Ausschüsse: -Rechts- und Programmausschuß (Vorsitz: Horst Nielsen)
-Finanzausschuß (Vorsitz: Klaus Dohrmann)

Rechtsgrundlage: Rundfunkgesetzfür das Land Mecklenburg-Vorpommern – RGMV – vom 9. Juli 1991 mit Berichtigung vom 21. November 1991

Landesrundfunkausschuß:

§ 39: Zusammensetzung des Landesrundfunkausschusses
(1) Der Landesrundfunkausschuß besteht aus 11 Mitgliedern, die von den in Mecklenburg-Vorpommern beheimateten Organisationen jeweils gemeinsam dem Vorsitzenden des Landesrundfunkausschusses innerhalb einer von diesem zu bestimmenden Frist benannt werden:
1. die evangelischen Kirchen, die katholischen Kirche, die jüdische Kultusgemeinde;
2. die Spitzenverbände der freien Wohlfahrtspflege, die Seniorenverbände, die Behindertenverbände;
3. die Landesverbände des Deutschen Gewerkschaftsbundes, der Deutschen Angestelltengewerkschaft und des Deutschen Beamtenbundes;
4. der Journalistenverband und der Zeitungsverlegerverband;
5. die Künstlerverbände, der Landeskulturrat, der Schriftstellerverband;
6. die Unternehmerverbände, die Industrie- und Handelskammern, die Handwerkskammern, die Freiberuflerverbände;
7. der Städte- und Gemeindetag Mecklenburg-Vorpommern, der Landkreistag Mecklenburg-Vorpommern;
8. der Bauernverband, der Tierschutzverband, die Umweltverbände;
9. der Landesheimatverband, der Landesfremdenverkehrsverband;
10. die Landesarbeitsgemeinschaft der Gleichstellungbeauftragten, die Frauenverbände, die Verbraucherzentrale;
11. der Landessportbund, der Landesjugendring.

Mitglieder:

Horst Brüning
  Deutscher Beamtenbund
  Pappelgrund 15
  19055 Schwerin
  Telefon 0 38 5 / 5 81 10 50
  Fax 0 38 5 / 58 11 04 9

Klaus Dohrmann
  Bauernverband M.V.
  Windbergsweg 4
  17033 Neubrandenburg
  Telefon 0 39 5 / 44 28 11
  Fax 0 39 5 / 51 78 und 44 28 13

Christina Hömke
  Paritätischer Wohlfahrtsverband
  Pappelgrund 10
  19055 Schwerin
  Telefon 0 38 5 / 59 22 1 - 0
  Fax 0 38 5 / 59 22 1 - 22

Jörg-Werner Koch
  Landesfremdenverkehrsverband
  Rostock
  Platz der Freundschaft 1
  18059 Rostock
  Telefon 0 38 1 / 44 84 24
  Fax 0 38 / 1 / 44 84 23

Bernd Mahnke
  Städte- und Gemeindetag Mecklenburg-Vorpommern
  Schleifmühlenweg 19
  19061 Schwerin
  Telefon: 0 38 5/ 56 40 10
  Fax 0 38 5 / 51 25 52

Horst Nielsen
  Verband der Zeitungsverlage Nord / Zeitungsverlegerverband Schleswig-Holstein
  Fleethörn 1- 7
  24103 Kiel
  Telefon 0 43 1 / 9 38 39
  Fax 0 43 1 / 97 89 82

Eckart Ohse
  Evangelisch-Lutherische Landeskirche Mecklenburg
  Münzstr. 8
  19055 Schwerin
  Telefon 0 38 5 / 51 85 - 0
  Fax 0 38 5/ 51 85 - 17 0

Wolfgang Remer
  Landessportbund
  Am Niklotstadion
  18273 Güstrow
  Telefon: 0 38 43 / 25 09 - 0
  Fax 0 38 53 / 21 30 03

Dr. Jürgen Röwe
  Handwerkskammer Schwerin
  Friedensstr. 4 A
  19053 Schwerin
  Telefon 0 38 5 / 74 17 - 0
  Fax 0 38 5 / 71 60 51

Jörg Velten
  Künstlerbund Mecklenburg-Vorpommern
  Mecklenburgstr. 2
  19053 Schwerin
  Telefon: 03 85 / 81 24 94

Petra Willert
  Landesarbeitsgemeinschaft d. Gleichstellungsbeauftragten
  Anne-Frank-Straße
  19061 Schwerin
  Telefon 0 38 5 / 34 29 12

Niedersächsische Landesmedienanstalt für privaten Rundfunk (NLM)

Anstalt des öffentlichen Rechts
Seelhorststr. 18
30175 Hannover
Telefon 0 51 1 / 28 477 - 0-
Fax 0 51 1 / 28 477 - 36

Direktor: Friedrich-Wilhelm Raasch

Amtszeit: 5 Jahre (1994 bis 1999)

Lebenslauf:
Friedrich-Wilhelm Raasch, geb. am 12. Oktober 1938. Seit 1994 Direktor der Niedersächsischen Landesmedienanstalt für Privaten Rudfunk. Bis 1978 Rechtspflegerlaufbahn. 1968–1990 Kommunalpolitiker, davon 16 Jahre Bürgermeister in Lilienthal/Niedersachsen. 1978–1990 Mitglied des Niedersächsischen Landtags, stellv. Vors. des Medienausschusses. 1990 Leiter der Geschäftsstelle der NLM.

Versammlung:	43 Mitglieder
Amtszeit:	6 Jahre (1994 bis 2000)
Vorsitzender:	Jens-Peter Kruse
Stellvertreter:	Jörg-Holger Behrens
	Ilse Klingner
Ausschüsse:	- Rechtsausschuß (Vorsitz: Ulrike Block)
	- Ausschuß für nichtkommerziellen lokalen Hörfunk und Offene Kanäle (Vorsitz: Heinz-Hermann Witte)
	- Ausschuß für Fernsehen (Vorsitz: Alfred Reckmann)
	- Ausschuß für Hörfunk (Vorsitz: Thomas Koch)
	- Ausschuß für Haushalt und Finanzen (Victor Lis)

Rechtsgrundlage: Niedersächsisches Landesrundfunkgesetz (LRG) vom 9. November 1993

Versammlung:

§ 55 Zusammensetzung der Versammlung

(1) Die Versammlung besteht aus mindestens 41 Mitgliedern. Von ihnen entsenden
  1. fünf Mitglieder die im Landtag vertretenen Parteien entsprechend dem Verhältnis der bei der vorausgegangenen Wahl zum Landtag für sie abgegebenen Stimmen nach dem Höchstzahlverfahren d'Hondt,
  2. je ein Mitglied jede Partei, die zu Beginn der Amtszeit der Versammlung mit einer Fraktion im Landtag vertreten ist und nicht bereits nach Nummer 1 ein Mitglied entsendet,
  3. ein Mitglied die Konföderation evangelischer Kirchen in Niedersachsen,
  4. ein Mitglied die römisch-katholische Kirche,
  5. ein Mitglied die jüdischen Gemeinden,
  6. zwei Mitglieder der Deutsche Gewerkschaftsbund,
  7. ein Mitglied die Deutsche Angestellten-Gewerkschaft,
  8. ein Mitglied der Deutsche Beamtenbund,
  9. zwei Mitglieder die Arbeitgeberverbände, und zwar eines aus dem Bereich der Industrie und eines aus dem Bereich des Handels,
  10. ein Mitglied die Handwerksverbände,
  11. ein Mitglied die Bauernverbände,
  12. ein Mitglied der Landesfrauenrat,
  13. ein Mitglied der Landesjugendring,
  14. zwei Mitglieder der Landessportbund,
  15. ein Mitglied die Verbraucherzentrale,
  16. ein Mitglied der Naturschutzbund Deutschland,
  17. ein Mitglied die Arbeiterwohlfahrt,
  18. ein Mitglied der Arbeitskreis Neue Erziehung,
  19. ein Mitglied die Humanistische Union,
  20. ein Mitglied der Verband der entwicklungspolitischen Initiativen Niedersachsens,
  21. ein Mitglied der Deutsche Mieterbund,
  22. ein Mitglied der Landesverband Niedersächsischer Haus-, Wohnungs- und Grundeigentümervereine,
  23. ein Mitglied der Flüchtlingsrat,
  24. ein Mitglied der Landesverband Bürgerinitiativen Umweltschutz.

(2) je ein Mitglied entsenden folgende Organisationen aus den Bereichen Publizistik, Kunst und Kultur:
  1. Landesmusikrat,
  2. Film- und Medienbüro,
  3. Landesarbeitsgemeinschaft sozio-kultureller Zentren,
  4. Landesarbeitsgemeinschaft Jugend und Film,
  5. gemeinsam die Fachgruppe Rundfunk, Film, audiovisuelle Medien und der Verband deutscher Schriftsteller in der IG Medien,
  6. Deutscher Journalistenverband,

7. Arbeitsgemeinschaft Kultur in der Deutschen Angestellten-Gewerkschaft,
8. gemeinsam der Verband Nordwestdeutscher Zeitungsverleger und der Verband der Zeitschriftenverlage Niedersachsen-Bremen,
9. Bund für freie Erwachsenenbildung,
10. Landesverband der Kunstschulen,
11. Landesverband der Volkshochschulen.

Mitglieder:

Jörg-Holger Behrens
 Konföderation evangelischer Kirchen
 Rote Reihe 6
 30169 Hannover
 Telefon 0 51 1 / 12 41 - 33 1
 Fax 0 51 1 / 12 41 - 26 6

Ulrike Block
 Landesfrauenrat
 Johanssenstr. 10
 38159 Hannover
 Telefon 0 53 1 / 79 86 03 oder 0 511 / 32 10 31
 Fax 0 51 1 / 32 10 21

Mathias Brandt
 FDP-Landesverband
 Walter-Gieseking-Str. 2
 30159 Hannover
 Telefon 0 51 1 / 28 07 1 - 0
 Fax 0 51 1 / 28 07 1 - 25

Helga Christensen
 DGB / Kreis Hannover
 Otto-Brenner-Str. 1
 30159 Hannover
 Telefon 0 51 1 / 88 30 04
 Fax 0 51 1 / 12 60 1 - 57

Christina Haselbacher
 Landtag
 CDU-Landesverband
 Böttcherstr. 7
 30419 Hannover
 Telefon 0 51 1 / 27 99 1- 0
 Fax 0 51 1 / 27 99 1 - 31

Ulrich Dütemeyer
 Landtag
 CDU-Landesverband
 Konrad-Adenauer-Stiftung
 Leinstr. 8
 30159 Hannover
 Telefon 0 51 1 / 32 41 56
 Fax 0 51 1 / 32 41 72

Jochen Flitta
 Arbeitskreis Neue Erziehung
 Ostwender Str., 3
 30161 Hannover
 Telefon 0 51 1 / 2 34 45 55

Horst Garbers
 Deutscher Beamtenbund
 Große Packhofstr. 28
 30159 Hannover
 Telefon 0 51 1 / 32 37 07
 Fax 0 51 1 / 36 36 59

Dr. Heinz Gerwers
 Kath. Kirche
 Katholisches Büro Niedersachsen
 Nettelbeckstr. 11
 30175 Hannover
 Telefon 0 51 1 / 28 10 79
 Fax 0 51 1 / 28 3 47 66

Dr. Narciss Göbbel
 Landesverband der Kunstschulen
 Am grünen Hagen 80
 30459 Hannover
 Telefon 0 51 1 / 41 47 76

Elisabeth Harries
Deutscher Journalistenverband
Lister Meile 17
30161 Hannover
Telefon 0 51 1 / 3 18 08 - 08
Fax 0 51 1 / 31 80 4 - 44

Herma Heyken
Landtag
SPD-Landesverband
Odeonstr. 15
30159 Hannover
Telefon 0 51 1 / 30 30 - 20 5
Fax 0 51 1 / 30 30 - 20 7

Ulrich Holefleisch
Landtag
Die Grünen-Landesverband
Voltastr. 35
30165 Hannover
Telefon 0 55 1 / 5 30 89
Fax 0 51 1 / 62 88 39

Elisabeth Holstein
Landessportbund
Ferd.-Wilhelm-Fricke-Weg 10
30169 Hannover
Telefon 0 51 35 / 7 82
Fax 0 51 1 / 12 68 / - 19 0

Christine Jordan
Landesverband Bürgerinitiativen Umweltschutz
Waldheim-Str. 9
30519 Hannover
Telefon 0 51 1 / 83 08 73
Fax 0 51 1 / 83 08 98

Uwe Kalwar
Landesarbeitsgemeinschaft soziokultureller Zentren
Lister Meile 4
30161 Hannover
Telefon 0 51 1 / 3 48 25 80

Ilse Klingner
Verbraucherzentrale Niedersachsen
Herrenstr. 14
30159 Hannover
Telefon 0 51 1 / 9 11 96 01
Fax 0 51 1 / 91 19 6 - 10

Thomas Koch
Unternehmerverbände
Schiffgraben 36
30175 Hannover
Telefon 0 51 1 / 8 505 - 1
Fax 0 51 1 / 85 05 - 2 68

Jens-Peter Kruse
Landesjugendring
Maschstr. 22 - 24
30169 Hannover
Telefon 0 51 1 / 66 17 60 oder 80 50 55
Fax 0 51 1 / 80 50 57

Klaus Kune
Landesverband jüdischer Gemeinden
Haeckelstr. 10
30173 Hannover
Telefon 0 51 1 / 81 27 62

Katrin Lampe-Wendlandt
Arbeiterwohlfahrt
Körtingsdorf 1
30455 Hannover
Telefon 0 51 81 / 8 11 48
Fax 0 51 1 / 49 52 - 20 0

Victor Lis
Verband Nordwestdt. Zeitungsverleger und Verb. d. Zeitschriftenverleger
Schiffgraben 17
30159 Hannover
Telefon 0 51 1 / 3 06 07 0
Fax 0 51 1 / 30 60 72

Karl Maier
Film & Medienbüro Niedersachsen
Postfach 1861
49008 Osnabrück
Telefon 0 54 1 / 2 84 2

Georg May
Verein z. Förd. entwicklungspolit. Initiativen u. Entwicklungszusammenarbeit / VEN
Vahrenwalder Str. 219 A
30165 Hannover
Telefon 0 51 1 / 37 11 55

Klaus Meier
Deutsche Angestellten-Gewerkschaft
Hildesheimer Str. 17
30169 Hannover
Telefon 0 51 1 / 2 80 93 0
Fax 0 51 1 / 28 09 3 - 94

Johannes Pissarczyk
Fachverbände Handwerk
Herschelstr. 28
30159 Hannover
Telefon 0 51 1 / 1 76 28

Bernd Rebens
Landesverband der Volkshochschulen
Bödekerstr. 16
30161 Hannover
Telefon 0 51 1 / 34 84 1 - 0
Fax 0 51 1 / 34 84 1 25

Alfred Reckmann
Landtag
SPD-Landesverband
Odeonstr. 15
30159 Hannover
Telefon 0 57 24 / 85 77 od. 3030 - 1
Fax 0 51 1 / 16 74 - 21 1

Klaus Schaede
Niedersächsischer Bund für freie Erwachsenenbildung
Marienstr. 11
30171 Hannover
Telefon 0 51 1 / 61 98 67

Eberhard Schmidt
Landesmusikrat
Lange Laube 22
30159 Hannover
Telefon 0 51 1 / 15 24 7
Fax 0 51 1 / 18 94 0

Egbert Schulz
Naturschutzbund Deutschland
Calenberger Str. 24
30169 Hannover
Telefon 0 57 51 / 65 18
Fax 0 51 1 / 91 10 5 - 40

Ute Schwiegershausen
Unternehmerverbände / Unternehmerverband Einzelhandel
Hinüberstr. 16
30175 Hannover
Telefon 0 51 1 / 33 70 80
Fax 0 51 1 / 33 70 8 - 29

Hamza Sinanoglu
Förderverein Niedersächs. Flüchtlingsrat
Goschenstr. 20
31134 Hildesheim
Telefon 0 55 1 / 4 65 07

Lothar Springer
AG Kultur in der DAG
Hildesheimer Str. 17
30165 Hannover
Telefon 0 57 21 / 45 73
Fax 0 51 1 / 28 09 3 - 94

Klaus Stadtmüller
IG Medien
Dreyerstr. 6
30169 Hannover
Telefon 0 51 1 / 1 31 86 83
Fax 0 51 1 / 17 82 9

Bernd Stöver
Deutscher Mieterbund
Herrenstr. 14
30159 Hannover
Telefon: 05 11 / 1 21 06 - 0
Fax 0 51 1/ 12 10 6 - 16

Hans-Jürgen Tast
Landesarbeitsgemeinschaft Jugend und Film
Moorstr. 98
29664 Walsrode

Günther Volker
Landessportbund
Ferd.-Wilhelm-Fricke Weg 10
30169 Hannover
Telefon 0 51 41 / 2 31 40 od. 12 68 - 0
Fax 0 51 1/ 12 68 - 19 0

Ulrich Vultejus
Humanistische Union
Brandensteinstr. 36
30519 Hannover
Telefon 0 89/ 22 64 41
Fax 0 89 / 22 64 42

Friedrich-Wilhelm Warnecke
Landesverband Haus und Grund
Berliner Allee 12
30175 Hannover
Telefon 0 51 1 / 33 60 37 5
Fax 0 51 1 / 33 60 40 1

Amei Wiegel
Landtag
SPD-Landesverband
Odeonstr. 15
30159 Hannover
Telefon 0 51 41 / 2 66 09 od. 30 30 - 1
Fax 0 51 1 / 16 74 - 21 1

Heinz-Hermann Witte
DGB-Landesbezirk
Dreyerstr. 6
30169 Hannover
Telefon 0 51 1 / 12 60 1 - 0
Fax 0 51 1 / 12 6 01 - 57

Henning Ziegenmeier
Landesverband des Niedersächs. Landvolkes
Backhausstr. 9
31275 Lehrte-Ahlten
Telefon 0 51 32 /62 01
Fax 0 51 32 / 94 45 4

Landesanstalt für Rundfunk Nordrhein-Westfalen (LfR)
Anstalt des öffentlichen Rechts
Willi-Becker-Allee 10
40227 Düsseldorf
Telefon 0 21 1 / 7 70 07 - 0
Fax 0 21 1 / 72 71 70

Direktor: Dr. Norbert Schneider

Amtszeit: 6 Jahre (1993 bis 1999)

Lebenslauf:
Dr. theol. Norbert Schneider, geb. am 7. August 1940 in Langenau/Württemberg. Seit 15. Januar 1993 Direktor der Landesanstalt für Rundfunk Nordrhein-Westfalen. 1964–1965 Lehrvikar und Vikar in Ludwigsburg. 1967 Vikar in Aalen und Bopfingen. 1968 Volontariat beim SWF/Hörfunk. 1968–1970 Assistent am Seminar für Neues Testament an der Universität Marburg. 1971–1973 Refernt für Hörfunk und Fernsehen bei der Ev. Konferenz für Kommunikation in Frankfurt, Redakteur der Zeitschrift »Medium«. 1974–1976 Leiter des Grundsatzreferates im Gemeinschaftswerk der Ev. Publizistik (GEP). 1977–1981 Direktor der GEP. 1981–1986 Hörfunk- und Fernsehdirektor des SFB. Seit 1986 Geschäftsführer der Allianz Filmproduktion GmbH Berlin.

Rundfunkkommission: 45 Mitglieder
Amtszeit: 6 Jahre (1993 bis 1999)
Vorsitzender: Helmut Hellwig
Stellvertreter: Helmut Elfring
Ausschüsse: - Ausschuß für lokalen Rundfunk (Vorsitz: Wolfgang Hahn-Cremer)
             - Ausschuß für Jugendschutz (Vorsitz: Dieter Dehnen)
             - Ausschuß für landesweite und in Kabelanlagen weiterverbreitete Rundfunkprogramme (Vorsitz: Prof. Dr. Erika Bock-Rosenthal)
             - Ausschuß für Forschung (Vorsitz: Dr. Barbara Hix)
             - Ausschuß für Haushalt und Finanzen (Vorsitz: Dieter Pützhofen)

Rechtsgrundlage: Rundfunkgesetz für das Land Nordrhein-Westfalen (LRG NW) vom 19. Januar 1987 in der Fassung der Bekanntmachung vom 31. März 1993

Rundfunkkommission:

§ 55: Zusammensetzung der Rundfunkkommission, Amtszeit der Mitglieder

(1) Die Rundfunkkommission besteht aus 45 Mitgliedern. Von den nach Absatz 2 entsandten Mitgliedern müssen mindestens sechs Mitglieder Frauen sein. Organisationen und gesellschaftliche Gruppen müssen mindestens für jede zweite Amtszeit der Rundfunkkommission eine Frau entsenden. Die Anforderungen nach Satz 3 entfallen nur, wenn der jeweiligen Organisation oder gesellschaftlichen Gruppe aufgrund ihrer Zusammensetzung eine Entsendung von Frauen regelmäßig oder im Einzelfall nicht möglich ist. Dies ist gegenüber dem/der Vorsitzenden der Rundfunkkommission bei der Benennung des Mitglieds schriftlich zu begründen. Die Begründung ist der Rundfunkkommission bekanntzugeben.

(2) 13 Mitglieder werden vom Landtag gewählt. Die Mitglieder werden nach den Grundsätzen der Verhältniswahl (d'Hondtsches Höchstzahlverfahren) gewählt. Listenverbindungen sind zulässig. Bei gleicher Höchstzahl entscheidet über die Entsendung des letzten Mitglieds das vom Präsidenten des Landtags zu ziehende Los. Der Landtag kann mit Zustimmung aller Fraktionen beschließen, abweichend vom Verfahren nach Satz 2 die Mitglieder nach einer gemeinsamen Wahlliste aller Fraktionen zu wählen. Bis zu acht Mitglieder dürfen dem Europäischen Parlament, dem Bundestag, dem Landtag oder einer kommunalen Vertretungskörperschaft angehören.

(3) Achtzehn weitere Mitglieder werden von folgenden Organisationen entsandt
  1. ein Mitglied durch die Evangelischen Kirchen in Nordrhein-Westfalen,
  2. ein Mitglied durch die Katholische Kirche,
  3. ein Mitglied durch die Landesverbände der jüdischen Kultusgemeinden von Nordrhein und Westfalen und die Synagogen-Gemeinde Köln,
  4. ein Mitglied durch den Deutschen Gewerkschaftsbund, Landesbezirk Nordrhein-Westfalen,
  5. ein Mitglied durch die Deutsche Angestellten Gewerkschaft, Landesverband Nordrhein-Westfalen,
  6. ein Mitglied durch den Deutschen Beamtenbund, Landesbund Nordrhein-Westfalen,
  7. ein Mitglied durch die Landesvereinigung der Arbeitgeberverbände Nordrhein-Westfalen e. V.,
  8. ein Mitglied durch den Nordrhein-Westfälischen Handwerkstag und den Westfälisch-Lippischen Landwirtschaftsverband e. V. und den Rheinischen Landwirtschafts-Verband e. V.,
  9. ein Mitglied durch den Verband Freier Berufe im Lande Nordrhein-Westfalen e. V.,
  10. ein Mitglied durch den Städtetag Nordrhein-Westfalen, den Nordrhein-Westfälischen Städte- und Gemeindebund und den Landkreistag Nordrhein-Westfalen,

11. ein Mitglied durch die Arbeitsgemeinschaft der Spitzenverbände der Freien Wohlfahrtspflege des Landes Nordrhein-Westfalen,
12. ein Mitglied durch den Landessportbund Nordrhein-Westfalen e. V.,
13. ein Mitglied durch die Verbraucher-Zentrale Nordrhein-Westfalen, Landesarbeitsgemeinschaft der Verbraucherverbände e. V.,
14. ein Mitglied durch die nordrhein-westfälischen Landesverbände der nach § 29 Abs. 2 Bundesnaturschutzgesetz anerkannten Verbände,
15. ein Mitglied durch den Landesjugendring Nordrhein-Westfalen,
16. ein Mitglied durch den Lippischen Heimatbund e. V., den Rheinischen Verein für Denkmalpflege und Landschaftsschutz e. V. und den Westfälischen Heimatbund e. V.,
17. ein Mitglied durch den Verband der Kriegs- und Wehrdienstopfer, Behinderten und Sozialrentner Deutschlands, Landesverband Nordrhein-Westfalen e. V. (VdK) und den Reichsbund der Kriegsopfer, Behinderten, Sozialrentner und Hinterbliebenen e. V., Landesverband Nordrhein-Westfalen,
18. ein Mitglied durch die Landesarbeitsgemeinschaft der Familienverbände in Nordrhein-Westfalen und den Frauenrat Nordrhein-Westfalen.

(4) Ein Mitglied wird als Vertreter aus dem Kreis der ausländischen Mitbürger/innen entsandt. Der Vertreter der ausländischen Mitbürger/innen wird durch die Arbeitsgemeinschaft der Spitzenverbände der Freien Wohlfahrtspflege des Landes Nordrhein-Westfalen entsandt.

(5) Dreizehn weitere Mitglieder werden aus den Bereichen Publizistik, Kultur, Kunst und Wissenschaft wie folgt entsandt
1. ein Mitglied durch die Industriegewerkschaft Medien, Druck und Papier, Publizistik und Kunst (IG Medien), Landesbezirk NordrheinWestfalen, Fachgruppe Literatur (VS),
2. ein Mitglied durch die IG Medien, Landesbezirk Nordrhein-Westfalen, Fachgruppe Rundfunk, Film, Audiovisuelle Medien (RFFU) und die Genossenschaft Deutscher Bühnenangehöriger, Landesverband Nordrhein-Westfalen,
3. ein Mitglied durch den Landesmusikrat Nordrhein-Westfalen e. V.,
4. ein Mitglied durch den Deutschen Journalisten-Verband, Gewerkschaft der Journalisten, Landesverband Nordrhein-Westfalen e. V. und die IG Medien, Landesbezirk Nordrhein-Westfalen, Fachgruppe Journalismus (dju),
5. ein Mitglied durch das Filmbüro Nordrhein-Westfalen e.V. und den Verband der Fernseh-, Film- und Videowirtschaft Nordrhein-Westfalen e. V.,
6. ein Mitglied durch den Berufsverband Bildender Künstler, Landesverband Nordrhein-Westfalen e. V.,
7. ein Mitglied durch den Landesverband der Volkshochschulen von Nordrhein-Westfalen e. V. und die Landesorganisationen der Weiterbildung in anderer Trägerschaft,
8. ein Mitglied durch die Landesrektorenkonferenz Nordrhein-Westfalen und die Landesrektorenkonferenz der Fachhochschulen des Landes Nordrhein-Westfalen,

9. ein Mitglied durch den Verband Rheinisch-Westfälischer Zeitungsverleger e. V. und den Verein der Zeitschriftenverlage Nordrhein-Westfalen,
10. ein Mitglied durch die Gesellschaft für Medienpädagogik und Kommunikationskultur in der Bundesrepublik e. V., Regionalgruppe Nordrhein-Westfalen, und das Adolf-Grimme-Institut,
11. ein Mitglied durch den Verband Lokaler Rundfunk in NordrheinWestfalen,
12. ein Mitglied durch den Verband der Hörfunkbetriebsgesellschaften in Nordrhein-Westfalen e. V.,
13. ein Mitglied durch den Interessenverein Gemeinnütziger Rundfunk im Lande Nordrhein-Westfalen e. V.

(6) Für jedes Mitglied ist zugleich ein/e Stellvertreter/in zu wählen oder zu entsenden. Das stellvertretende Mitglied nimmt bei Verhinderung des ordentlichen Mitglieds vollberechtigt an den Sitzungen der Rundfunkkommission und ihrer Ausschüsse teil.

Mitglieder:

Hermann-Josef Arentz
  Landtag, CDU-Fraktion
  Platz des Landtags 1
  40221 Düsseldorf
  Telefon 0 21 1 / 8 84 1
  Fax 0 21 1 / 88 4 - 22 65
  Stellvertreter: Armin Laschet

Prof. Dr. Erika Bock-Rosenthal
  Landesrektorenkonferenz/Landesrektorenkonferenz der Fachhochschulen
  Baedekerstr. 7 A
  44318 Dortmund
  Telefon 0 23 1 / 21 11 71
  Stellvertreter: Günter Fandel

Jochen Börger
  Landesjugendring
  Ilsestr. 13
  42287 Wuppertal
  Telefon 0 20 2 / 55 24 24
  Fax 0 21 1/ 39 83 74 9
  Stellvertreter: Christa Becker-Lettow

Harry Böseke
  IG Medien, FG Literatur
  Gervershagener Str. 4
  51709 Marienheide-Müllenbach
  Telefon 0 22 64 / 15 67
  Stellvertreter: Dorothea Müller

Josef Bowinkelmann
  Landessportbund
  Hardenbergstr. 28 A
  58511 Lüdenscheid
  Telefon 0 23 51 / 45 86 71
  Fax 0 20 3 / 73 81 - 61 6
  Stellvertreter: Maria Windhövel

Reinhold Bräuer
  Bundesverband Bildender Künstler
  Tußmannstr. 113
  40477 Düsseldorf
  Telefon 0 21 1 / 46 15 95
  Fax 0 22 8 / 69 69 94
  Stellvertreter: Inge Kamps

Dietrich Dehnen
  Evangelische Kirche / Landeskirchenamt
  Postfach 32 03 40
  40418 Düsseldorf
  Telefon 0 21 1 / 1 39 0 90
  Fax 0 21 1 / 45 62 - 44 4
  Stellvertreter: Ute Windmann

Walter Dierse
AG der Spitzenverbände der Freien Wohlfahrtspflege
Lohmannweg 15
48161 Münster-Nienberge
Telefon 0 25 33 / 10 17
Stellvertreter: Dr. Jörg Steinhausen

Heinz Döring
Verband Freier Berufe
Postfach 35 01 40
44243 Dortmund
Telefon 0 23 1 / 8 88 36
Fax 0 21 1 / 45 42 15 7
Stellvertreter: Christina Hirthammer-Schmidt-Bleibtreu

Jan-Hendrik Driessen
Verband d. Hörfunkbetriebsgesellschaften
Ludwig-Erhard-Allee 14
40227 Düsseldorf
Telefon 0 21 1 / 4 20 14 03
Stellvertreter: Dr. Michael Laumanns

Klaus Eberz
Verband Lokaler Hörfunk
Leibnizstr. 10
47447 Moers
Telefon 0 28 41 / 3 57 43
Fax 0 20 9 / 95 4 - 36 77
Stellvertreter: Frank Böhnke

Helmut Elfring
Landtag, CDU-Fraktion
August-Schlüter-Str. 29
48249 Dülmen
Telefon 0 25 94 / 34 44
Fax 0 21 1 / 88 4 - 22 65
Stellvertreter: Ruprecht Polenz

Miguel Freund
Landesverbände d. jüdischen Kultusgemeinden/Synagogengemeinde Köln
Roonstr. 50
50674 Köln
Telefon 0 22 1 / 29 56 26
Fax 0 21 1 / 24 18 44
Stellvertreter: Renée Kraus

Ingeborg Friebe
Städtetag/Städte- u. Gemeindebund/Landkreistag
Postfach 10 00 01
40770 Monheim
Telefon 0 21 73 / 6 22 66
Fax 0 21 1 / 88 4 - 22 90
Stellvertreter: Dr. Joachim Bauer

Günter Grotkamp
Verband Rheinisch-Westfäl. Zeitungsverleger/Verein d. Zeitschriftenverlage / WAZ
Friedrichstr. 34–38
45128 Essen
Telefon 0 20 1 / 80 40
Fax 0 20 1 /80 4 - 22 85
Stellvertreter: Dr. Joachim von Sperber

Wolfgang Hahn-Cremer
Landtag, SPD-Fraktion
Wittener Str. 242 A
44803 Bochum
Telefon 0 21 1 / 88 41
Fax 0 21 1 / 88 4 - 22 90
Stellvertreter: Wolfram Kuschke

Hansheinz Hauser
NRW Handwerkstag/Landwirtschaftsverbände
Georg-Schulhoff-Platz 1
40221 Düsseldorf
Telefon 0 21 1 / 39 68 48
Fax 0 21 1 / 93 04 96 6
Stellvertreter: Werner Gehring

Dieter Heimann
Deutsche Angestellten-Gewerkschaft
Bastionstr. 18
40213 Düsseldorf
Telefon 0 21 1 / 86 45 60
Fax 0 21 1/ 13 00 2 - 24
Stellvertreter: Marita Klein

Helmut Hellwig
Landtag, SPD-Fraktion
Postfach 20 02 52
44632 Herne
Telefon 0 23 25 / 7 56 21
Fax 0 21 1/ 88 4 - 22 90
Stellvertreter: Carmen Rudolph

Dr. Nicola Hirsch
DGB
Friedrich-Ebert-Str. 34–38
40210 Düsseldorf
Telefon 0 21 1 / 36 83 - 11 3
Fax 0 21 1 / 36 83 - 15 9
Stellvertreter: Andreas Schmidt

Dr. Barbara Hix
LV der Volkshochschulen/Landesorg.
d. Weiterbildung in and. Trägerschaft
Burgstr. 8 A
32791 Lage
Telefon 0 52 32 / 6 66 83
Fax 0 23 1 / 95 20 58 - 3
Stellvertreter: Erwin Müller-Ruckwitt

Berthold Holzgreve
VdK/Reichsbund
Frans-Hals-Str. 10
44795 Bochum-Weitmar
Telefon 0 23 4 / 43 09 77
Stellvertreter: Sophie Goetzke

Ludgerus Hovest
Landtag, SPD-Fraktion
Moltkestr. 15
46483 Wesel
Telefon 0 28 1 / 6 57 76
Fax 0 21 1 / 88 4 - 22 90
Stellvertreter: Sabine Pape

Karin Jung
Landtag, SPD-Fraktion
Pfalzstr. 5
40477 Düsseldorf
Telefon 0 21 1 / 4 98 05 12
Fax 0 2 11 / 88 4 - 22 90
Stellvertreter: Prof. Dr. Gisela Losseff-Tillmanns

Ulrike Kaiser
Deutscher Journalistenverband/IG Medien, FG Journalismus
Bennauerstr. 60
53115 Bonn
Telefon 0 22 8/ 22 29 74
Fax 0 22 8 / 21 49 17
Stellvertreter: Wolfgang Schumacher-Münstermann

Dr. Siegfried Kross
Landesmusikrat
Ippendorfer Allee 5
53127 Bonn
Telefon 0 22 8 / 28 42 52
Stellvertreter: Peter Tonger

Doris Langenbruch
Landtag, SPD-Fraktion
Ernteweg 8
32549 Bad Oeynhausen
Telefon 0 57 31 / 5 54 03
Fax 0 21 1/ 88 4 - 22 90
Stellvertreter: Friedel Uthe

Sergio Mancini
Vertreter aus dem Kreis der ausländischen Mitbürger/innen
Halbenmorgen 19
51427 Bergisch Gladbach
Telefon 0 22 04 / 2 31 86
Stellvertreter: Pera Jordeva

Dr. Jürgen Neuhaus
 Landesvereinigung der Arbeitgeber-
 verbände / Dresdner Bank AG
 Unter Sachsenhausen 5 - 7
 50667 Köln
 Telefon 0 22 1 / 1 46-1
 Fax 0 22 1 / 14 6 - 27 75
 Stellvertreter: Reinhold Schneider

Anne Nilges
 Landtag, Fraktion Die Grünen
 An der Elisabethkirche 18
 53113 Bonn
 Telefon 0 22 8 / 22 26 42
 Fax 0 21 1 / 88 4 - 28 70
 Stellvertreter: Marianne Thomann-Stahl

Marianne Paus
 Landtag,CDU-Fraktion
 Jochen-Klepper-Str. 16
 33615 Bielefeld
 Telefon 0 52 1 / 10 11 26
 Fax 0 21 1 / 88 4 - 22 65
 Stellvertreter: Rita Fritz

Rainer Polke
 Anerkannte Naturschutz-
 verbände NRW
 Rosenstr. 20
 51427 Bergisch Gladbach
 Telefon 0 22 04 / 6 31 27
 Fax 0 20 1 / 47 30 87
 Stellvertreter: Prof. Dr. Wolfgang Gerß

Dieter Pützhofen
 Landtag / CDU -Fraktion
 von-der-Leyen-Platz 1
 47798 Krefeld
 Telefon 0 21 51 / 81 98 70
 Fax 0 21 1 / 88 4 - 22 65
 Stellvertreter: Antonius Rüsenberg

Ilse Redemann
 Deutscher Beamtenbund
 Osthellenweg 33
 48653 Coesfeld
 Telefon 0 25 41 / 30 18
 Fax 0 21 1 / 49 8 - 10 53
 Stellvertreter: Ralf Eisenhöfer

Antje von Rein
 Ges. f. Medienpädagogik u. Kommu-
 nikationskultur/Adolf-Grimme-Institut
 Im Lohenfeld 13
 45768 Marl
 Telefon 0 23 65 / 1 59 21
 Fax 0 23 65 / 91 89 - 89
 Stellvertreter: Michaela Thier

Marianne Reinartz
 LAG Familienverbände/Frauenrat
 Grasegger Str. 99
 50737 Köln-Longerich
 Telefon 0 22 1 / 74 26 62
 Fax 0 21 51 / 52 01 98
 Stellvertreter: Waltraut Siebert-da
 Costa Gomez

Wilhelm Rinne
 Lippischer Heimatbund/Rhein. Verein
 f. Denkmalpflege/Westfäl. Heimatbund
 Lessingstr. 9
 32756 Detmold
 Telefon 0 52 31 / 2 63 24
 Stellvertreter: Dr. Edeltraud Klueting

Hans Wolfgang Rombach
 Katholische Kirche
 Peter-Roos-Str. 11
 40547 Düsseldorf
 Telefon 0 21 1 / 57 07 84
 Stellvertreter: Elmar Meyer

Christoph Schaefler
Interessenverein Gemeinnütziger
Rundfunk
Horbacher Str. 336
52072 Aachen-Horbach
Telefon 0 24 07 / 85 10
Stellvertreter: Christine Werner

Günter Schlatter
Landtag, SPD-Fraktion
Carl-Bosch-Str. 26
50126 Bergheim-Zieverich
Telefon 0 22 71 / 6 45 14
Fax 0 21 1 / 88 4 - 22 90
Stellvertreter: Hildegard Furler-Zantop

Martina Schmück-Glock
Landtag, SPD-Fraktion
Goldhammerstr. 9
44793 Bochum
Telefon 0 23 4 / 1 87 52
Fax 0 21 1 / 88 4 - 22 90
Stellvertreter: Barbara Dieckmann

Prof. Dr. Martin Stock
IG Medien, FG Rundfunk, Film, AV-
Medien/Gen. Dt. Bühnenangehöriger
Universität Bielefeld
Postfach 10 01 31
33501 Bielefeld
Telefon 0 52 1 / 6 03 10
Fax 0 52 1 / 10 6 - 29 64
Stellvertreter: Richard Panzner

Johanna Gräfin von Westphalen
Landtag,CDU-Fraktion
Haus Laer
59872 Meschede
Telefon 0 29 1 / 16 41
Fax 0 21 1/ 88 4 - 22 65
Stellvertreter: Notker Becker

Michael Wiedemann
Filmbüro NRW/Verband der Fern-
seh-, Film- und Videowirtschaft
Brassertstr. 36
45130 Essen
Telefon 0 2 0 1 / 77 59 49
Stellvertreter: Friedhelm Hauschild

Dr. Theo Wolsing
Verbraucher-Zentrale NRW/LAG der
Verbraucherverbände
Eicker Grund 111
47445 Moers
Telefon 0 21 1 / 38 09 0
Fax 0 21 1 / 38 09 01 72
Stellvertreter: Marga Kersten

Stellvertreter:

Dr. Joachim Bauer
Städtetag/Städte- und Gemeinde-
bund/Landkreistag NRW
Liliencronstr. 14
40472 Düsseldorf
Telefon 0 21 1 / 96 50 8 - 0
Fax 0 21 1 / 96 50 85 5

Notker Becker
Landtag, CDU-Fraktion
Klever Str. 112 A
41464 Neuss
Telefon 0 21 31 / 86 00
Fax 0 21 1 / 88 4 - 22 65

Christa Becker-Lettow
Landesjugendring
Kappertsiepen 45
45309 Essen
Telefon 0 20 1 / 55 16 27
Fax 0 21 1 / 39 83 74 9

Frank Böhnke
Verband Lokaler Rundfunk
Benrodestr. 86
40597 Düsseldorf
Telefon 0 21 1 / 71 89 01
Fax 0 20 9 / 95 4 - 36 77

Barbara Dieckmann
Landtag, SPD-Fraktion
Erftweg 40
53129 Bonn
Telefon 0 22 8 / 23 29 14
Fax 0 21 1 / 88 4 - 22 90

Ralf Eisenhöfer
Deutscher Beamtenbund
Rather Kirchplatz 11
40472 Düsseldorf
Telefon 0 21 1 / 65 28 75
Fax 0 21 1 / 49 8 - 10 53

Prof. Dr. Günter Fandel
Landesrektorenkonferenz/Landesrektorenkonferenz der Fachhochschulen
Feithstr. 152
58084 Hagen
Telefon 0 23 31 / 98 7 - 24 00
Fax 0 23 31 / 98 7 - 33 0

Rita Fritz
Landtag, CDU-Fraktion
Langerohstr. 31
44319 Dortmund
Telefon 0 23 1 / 28 13 59
Fax 0 21 1 / 88 4 - 22 65

Hildegard Furler-Zantop
Landtag, SPD-Fraktion
Ursfelder Str. 50
50169 Kerpen-Türnich
Telefon 0 17 2 / 2 92 92 94
Fax 0 21 1 / 88 4 - 22 90

Werner Gehring
NRW Handwerkstag/Landwirtschaftsverbände
Am Kanonengraben 8
48151 Münster
Telefon 0 25 1 / 41 75 0 - 1
Fax 0 25 1 / 41 75 - 13 6

Prof. Dr. Wolfgang Gerß
Annerkannte Naturschutzverbände
Eifelstr. 14
42579 Heiligenhaus
Telefon 0 20 56 / 29 86
Fax 0 28 1 / 29 70 0

Sophie Goetzke
VDK/Reichsbund
von-der-Markstr. 11
47137 Duisburg
Telefon 0 20 3 / 44 84 28

Friedhelm Hauschild
Filmbüro NRW/Verband der Fernseh-, Film- und Videowirtschaft
Immenweg 23
51147 Köln
Telefon 0 22 03 / 6 37 10

Christina Hirthammer-Schmidt-Bleibtreu
Verband Freier Berufe
Tersteegenstr. 31
40474 Düsseldorf
Telefon 0 21 1 / 45 42 16 7
Fax 0 21 1 / 45 42 15 7

Pera Jordeva
Vertreter aus dem Kreis der ausländischen Mitbürger
Freisenstr. 2
44649 Herne
Telefon 0 23 25 / 7 35 66

Inge Kamps
Bundesverband Bildender Künstler
Rolshover Str. 99
51105 Köln
Telefon 0 22 1 / 83 31 37
Fax 0 22 8 / 69 69 94

Marga Kersten
Verbraucher-Zentrale NRW/LAG der Verbraucherverbände
Gabelsbergerstr. 13
45879 Gelsenkirchen
Telefon 0 20 9 / 2 21 69
Fax 0 21 1 / 38 09 01 72

Marita Klein
Deutsche Angestellten-Gewerkschaft
Bastionstr. 18
40213 Düsseldor
Telefon 0 21 1 / 86 45 60
Fax 0 21 1/ 13 0 0 2 - 24

Dr. Edeltraud Klueting
Lippischer Heimatbund/Rhein. Verein f. Denkmalpflege/Westfäl. Heimatbund
Kaiser-Wilhelm-Ring 3
48145 Münster
Telefon 0 25 1 / 59 14 02 7
Fax 0 25 1 / 59 14 02 8

Renée Kraus
Landesverbände der jüdischen Kultusvereine/Synagogengemeinde Köln
Prinz-Friedrich-Karl-Str. 112
44135 Dortmund
Telefon 0 23 1 / 52 84 9
Fax 0 23 1 / 55 64 45

Wolfram Kuschke
Landtag,SPD-Fraktion
Fichtestr. 1
44532 Lünen
Telefon 0 23 06 / 5 24 11
Fax 0 21 1 / 88 4 - 22 50

Armin Laschet
Landtag,CDU-Fraktion
Am Römerhof 24 B
52066 Aachen-Burtscheid
Telefon 0 24 1 / 60 32 17
Fax 0 21 1 / 88 4 - 22 65

Dr. Michael Laumanns
Verband der Hörfunkbetriebsgesellschaften
Hansastr. 2
59557 Lippstadt
Telefon 0 29 41 / 7 70 33

Prof. Dr. Gisela Losseff-Tillmanns
Landtag, SPD-Fraktion
Am Eichelkamp 63
40723 Hilden
Telefon 0 21 2 / 8 05 57
Fax 0 21 1 / 88 4 - 22 90

Elmar Meyer
Katholische Kirche
Markusstr. 12
41751 Viersen
Telefon 0 21 62 / 5 15 10

Dorothea Müller
IG Medien, FG Literatur
Scharpenacker Weg 53
42287 Wuppertal
Telefon 0 20 / 59 57 85

Erwin Müller-Ruckwitt
LV der Volkshochschulen/Landesorg.
d. Weiterbildung in and. Trägerschaft
Generalvikariat Erzb. Köln
Marzellenstr. 32
50668 Köln
Telefon 0 22 1 / 16 42 0
Fax 0 22 1/ 16 42 - 70 0

Richard Panzner
IG Medien, FG Rundfunk, Film, AV-Medien/Gen. Dt. Bühnenangehöriger
Graf-von-Stauffenberg-Str. 7 A
33615 Bielefeld
Telefon 0 52 1 / 2 35 32

Sabine Pape
Landtag, SPD-Fraktion
Verdistr. 11
40724 Hilden
Telefon 0 21 03 / 4 75 75
Fax 0 21 1/ 88 4 - 22 90

Ruprecht Polenz
Landtag, CDU-Fraktion
Straßburger Weg 18
48151 Münster
Telefon 0 25 1 / 79 78 25 oder
0 22 8 / 16 - 81 0 93
Fax 0 22 8 / 16 - 86 41 6

Carmen Rudolph
Landtag, CDU-Fraktion
Am Leiloh 19
58300 Wetter
Telefon 0 23 35 / 7 27 96
Fax 0 21 1 / 88 4 - 22 90

Antonius Rüsenberg
Landtag,CDU-Fraktion
Detmolder Str. 34
32839 Steinheim
Telefon 0 52 33 / 87 54
Fax 0 21 1/ 88 4 - 22 65

Reinhold Schneider
Landesvereinigung der Arbeitgeberverbände
Metall- und Elektro-Industrie NRW
Uerdinger Str. 58-62
40474 Düsseldorf
Telefon 0 21 1 / 45 73 - 271
Fax 0 21 1 / 45 73 - 231

Wolfgang Schumacher-Münstermann
Deutscher Journalistenverband/
IG Medien, FG Journalismus
Lütticher Str. 184
52064 Aachen
Telefon 0 24 1 / 7 93 70
Fax 0 22 1 / 52 81 95

Waltraud Siebert-da Costa Gomez
LAG Familienverbände/Frauenrat
Alexanderstr. 34
47533 Kleve
Telefon 0 28 21 / 48 98 3

Dr. Joachim von Sperber
Verband Rhein.-Westf. Zeitungsverleger/Verein der Zeitschriftenverlage
Gustav-Lübbe-GmbH
Scheidtbachstr. 23 - 31
51469 Bergisch-Gladbach
Telefon 0 22 02 / 12 10
Fax 0 22 02 / 41 63 3

Dr. Jörg Steinhausen
Spitzenverbände der Freien Wohlfahrtspflege
Dt. Paritätischer Wohlfahrtsverband
Loher Str. 7
42283 Wuppertal
Telefon 0 20 2 / 28 22 - 42 5
Fax 0 20 2 / 28 22 - 42 8

Michaela Thier
  Ges. f. Medienpädagogik u. Kommu-
  nikationskultur/Adolf-Grimme-Institut
  Kanalstr. 69
  48147 Münster
  Telefon 0 25 1 / 29 85 04

Marianne Thomann-Stahl
  Landtag, FDP-Fraktion
  Geroldstr. 39
  33098 Paderborn
  Telefon 0 52 51 / 2 69 83
  Fax 0 21 1 / 88 4 - 23 71

Peter Tonger
  Landesmusikrat
  Postfach 50 18 65
  50978 Köln
  Telefon 0 22 1 / 35 36 67

Friedel Uthe
  Landtag, SPD-Fraktion
  Kessemeierweg 6
  32756 Detmold
  Telefon 0 52 31 / 6 42 04
  Fax 0 21 1/ 88 4 - 22 90

Christine Werner
  Interessenverein Gemeinnütziger
  Rundfunk
  Melatener Weg 35
  50825 Köln
  Telefon 0 22 1 / 54 48 91
  Fax 0 22 1 / 54 48 91

Maria Windhövel
  Landessportbund
  Bredeneyer Str. 82
  45133 Essen
  Telefon 0 20 1 / 41 32 62
  Fax 0 20 3 / 73 81 - 61 6

Ute Windmann
  Evangelische Kirchen
  Wehrstr. 11 B
  32758 Detmold
  Telefon 0 52 31 / 6 63 20
  Fax 0 21 1 / 45 62 - 44 4

Andreas Schmidt
  DGB
  Friedrich-Ebert-Str. 34–38
  40210 Düsseldorf
  Telefon 0 21 1 / 43 0 10
  Fax 0 21 1 / 96 83 - 15 9

Landeszentrale für private Rundfunkveranstalter Rheinland-Pfalz (LPR)

Anstalt des öffentlichen Rechts
Turmstr. 8
67008 Ludwigshafen
Telefon 0 62 1 / 52 02 - 0
Fax 0 62 1 / 52 02 - 1 52

Direktor: Dr. Reiner Hochstein

Amtszeit: 5 Jahre (1992 bis 1997)

Lebenslauf:
Dr. jur. Reiner Hochstein, geb. am 15. September 1940 in Remscheid. Seit 1. Oktober 1987 Direktor der Landeszentrale für private Rundfunkveranstalter Rheinland-Pfalz. 1969–1974 Richter am Landgericht Köln. 1974–1987 Staatskanzlei des Landes Nordrhein-Westfalen; Leiter des Referat Medienrecht (Ministerialrat). Seit 1988 Berater in der Publizistischen Kommission des Zentralkommites der Deutschen Katholiken.

Versammlung: 42 Mitglieder
Amtszeit: 5 Jahre (1992 bis 1997)
Vorsitzender: Klaus-Jürgen Lais
Stellvertreter: Armin Schmitt
Helga Gerigk
Ausschüsse: - Hauptausschuß (Vorsitz: Klaus-Jürgen Lais)
- Rechts- und Zulassungsausschuß
(Vorsitz: Prof. Gabriele Kokott-Weidenfeld)
- Ausschuß für Haushalt, Wirtschaft und Finanzen
(Vorsitz: Friedrich L. Jacob)
- Ausschuß für Jugendschutz und Programmangelegenheiten
(Vorsitz: Manfred Helmes)
- Rechnungsprüfungsausschuß (Vorsitz: Kurt Böckmann)
- Ausschuß für Rundfunktechnik und Medienentwicklung
(Vorsitz: Josef-Heinrich Weiske)

Rechtsgrundlage: Landesrundfunkgesetz (LRG) für das Land Rheinland-Pfalz vom 28. Juli 1992

Versammlung:

§ 45: Versammlung

(1) Die Versammlung besteht aus 42 Mitgliedern. Von ihnen entsenden
1. sieben Mitglieder der Landtag Rheinland-Pfalz,
2. ein Mitglied die Landesregierung,
3. je ein Mitglied der Städtetag Rheinland-Pfalz, der Landkreistag Rheinland-Pfalz sowie der Gemeinde- und Städtebund RheinlandPfalz,
4. ein Mitglied die Katholischen Bistümer in Rheinland- Pfalz, ein Mitglied die Evangelischen Kirchen im Lande Rheinland-Pfalz und ein Mitglied der Landesverband der Jüdischen Gemeinden von Rheinland-Pfalz,
5. je ein Mitglied der Deutsche Gewerkschaftsbund - Landesbezirk Rheinland-Pfalz -, die Deutsche Angestelltengewerkschaft - Landesverband Rheinland-Pfalz-Saar - und der Deutsche Beamtenbund Rheinland-Pfalz,
6. je ein Mitglied die Landesvereinigung rheinland-pfälzischer Unternehmerverbände, die Arbeitsgemeinschaft der Industrie- und Handelskammern Rheinland-Pfalz und die Arbeitsgemeinschaft der Handwerkskammern Rheinland-Pfalz,
7. ein Mitglied die Arbeitsgemeinschaft der Bauernverbände Rheinland-Pfalz,
8. ein Mitglied der Landesverband Einzelhandel Rheinland-Pfalz,
9. ein Mitglied der Verband der Zeitungsverleger in Rheinland-Pfalz und Saarland,
10. ein Mitglied der Südwestdeutsche Zeitschriftenverleger-Verband,
11. je ein Mitglied der Deutsche Journalistenverband - Landesverband Rheinland-Pfalz - und die IG Medien/Fachgruppe Journalismus - Landesbezirk Rheinland-Pfalz-Saar -,
12. ein Mitglied der Landesverband der Freien Berufe Rheinland-Pfalz,
13. ein Mitglied der Landesjugendring Rheinland-Pfalz,
14. ein Mitglied der Landeselternbeirat Rheinland-Pfalz,
15. ein Mitglied der Landesfrauenbeirat Rheinland-Pfalz,
16. ein Mitglied die Landesarbeitsgemeinschaft der Familienverbände Rheinland-Pfalz,
17. ein Mitglied der Landessportbund Rheinland-Pfalz,
18. ein Mitglied der Landesbeirat für Weiterbildung in Rheinland-Pfalz,
19. ein Mitglied die Verbraucherzentrale Rheinland-Pfalz,
20. ein Mitglied der Bund für Umwelt und Naturschutz Deutschland, Landesverband Rheinland-Pfalz -,
21. ein Mitglied der Deutsche Kinderschutzbund - Landesverband Rheinland-Pfalz -,
22. ein Mitglied die Stiftung Lesen, Mainz,
23. ein Mitglied die Liga der Spitzenverbände der Freien Wohlfahrtspflege im Lande Rheinland-Pfalz,
24. ein Mitglied der Landesaltenbeirat Rheinland-Pfalz,
25. ein Mitglied die Landesbeauftragte für Ausländerfragen zur Vertretung der ausländischen Arbeitnehmer und ihrer Familienangehörigen,

26. ein Mitglied die Verbände aus den Bereichen Kunst und Kultur,
27. ein Mitglied die Verbände aus dem Bereich der Behinderten einschließlich der Kriegsopfer und ihrer Hinterbliebenen.

Mitglieder:

Dr. Hans Althoff
  Landeselternbeirat
  Mittlere Bleiche 61
  55116 Mainz
  Telefon 0 61 31 / 16 33 30
  Fax 0 61 31 / 16 34 47

Josef Ambrosius
  Deutscher Beamtenbund
  Adam-Karrillon-Str. 62
  55118 Mainz
  Telefon 0 6131 / 61 13 56
  Fax 0 61 31 / 67 99 95

Hans Frieder Baisch
  Verband Zeitungsverleger Rheinland-Pfalz und Saarland
  Große Bleiche 44–50
  55116 Mainz
  Telefon 0 61 31 / 14 4 - 0 / 50 0
  Fax 0 61 31 / 14 4 - 504

Hans-Arthur Bauckhage
  Landtag, FDP-Fraktion
  Deutschhausplatz 12
  55116 Mainz
  Telefon 0 61 31 / 2 08 - 4 38
  Fax 0 61 31 / 22 68 48

N. N.
  Landtag,CDU-Fraktion
  Deutschhausplatz 12
  55116 Mainz
  Telefon 0 61 31 / 2 08 - 0
  Fax 0 61 31 / 20 8 - 34 2

Martin Denger
  AG d. Industrie- u. Handelskammern
  Ludwigsplatz 2–3
  67059 Ludwigshafen
  Telefon 0 62 1 / 59 04 0
  Fax 0 62 1 / 59 04 - 10 0

Brigitte Dewald-Koch
  Landesfrauenbeirat / Ministerium für die Gleichstellung
  Bauhofstr. 4
  55116 Mainz
  Telefon 0 61 31 / 16 - 41 67
  Fax 0 61 31 / 16 - 46 36

Dr. Hans-Dieter Drewitz
  Landesregierung / Staatskanzlei
  Peter-Altmeier-Allee 1
  55116 Mainz
  Telefon 0 61 31 / 1 60
  Fax 0 61 31 / 16 - 46 69

Hans Jörg Duppré
  Landkreistag
  Deutschhausplatz 1
  55116 Mainz
  Telefon 0 61 31 / 2 86 55 - 0
  Fax 0 61 31 / 23 40 85

Jürgen Fielstette
  LV Rheinland-Pfälzischer Unternehmerverbände
  Hölderlinstr. 1
  55131 Mainz
  Telefon 0 61 31 / 55 75 0
  Fax 0 61 31 / 55 75 - 39

Guido Flörchinger
AG der Handwerkskammern
Göttelmannstr. 1
55130 Mainz
Telefon 0 61 31 / 83 02 - 0
Fax 0 61 31 / 83 02 - 63

Erika Fritsche
Landtag, Fraktion Die Grünen
Deutschhausplatz 12
55116 Mainz
Telefon 0 61 31 / 2 08 - 3 39
Fax 0 61 31 / 22 80 80

Helga Gerigk
Vertretung ausländischer Arbeitnehmer
Postfach 38 80
55028 Mainz
Telefon 0 61 31 / 16 24 67
Fax 0 61 31 / 16 40 90

Günther Gremp
Katholische Kirche / Kath. Büro
Bischofsplatz 2
55116 Mainz
Telefon 0 61 31 / 25 31 37
Fax 0 61 31 / 25 34 02

Wolfgang Haas
Südwestdeutscher Zeitschriften - Verlegerverband
Leuschnerstr. 3
70174 Stuttgart
Telefon 0 71 1 / 29 06 18
Fax 0 71 1 / 22 19 15

Manfred Helmes
DGB
Kaiserstr. 26 - 30
55116 Mainz
Telefon 0 61 31 / 28 16 - 0
Fax 0 61 31 / 22 57 39

Friedrich L. Jacob
LV der Freien Berufe
Hölderlinstr. 8
55131 Mainz
Telefon 0 61 31 / 67 67 67
Fax 0 61 31 / 95 21 0 - 40

Toni Kahl
Landessportbund
Rheinallee 1
55116 Mainz
Telefon 0 61 31 / 28 14 - 0
Fax 0 61 31 / 22 23 79

Harry Kindermann
Zentralrat der Juden in Deutschland
Ludwigstr. 20
67433 Neustadt/Weinstaße
Telefon 0 63 21 / 26 52

Prof. Gabriele Kokott-Weidenfeld
Landtag, CDU-Fraktion
Deutschhausplatz 12
55116 Mainz
Telefon 0 61 31 / 2 08 - 3 02 oder
0 26 1 / 40 36 36
Fax 0 61 31 / 20 8 - 34 2 oder
0 26 1 / 47 41 5

Klaus-Jürgen Lais
Landtag, SPD-Fraktion
Deutschhausplatz 12
55116 Mainz
Telefon 0 61 31 / 2 08 - 37 4
Fax 0 61 31 / 20 8 - 31 4

Hans-Otto Lohrengel
Verbände aus Kunst und Kultur
Finkenstr. 5
53547 Siebenmorgen
Telefon 0 26 38 / 12 70
Fax 0 26 38 / 14 33

Ulrich Mohr
Bund für Umwelt und Naturschutz
Friedrich-Ebert-Str. 3
67574 Osthofen
Telefon 0 62 42 / 46 46
Fax 0 62 42 / 74 81

Helmut Mühlender
Verbände Behinderte, Kriegsopfer, Hinterbliebene
Mainzer Str. 18
56068 Koblenz
Telefon 0 26 1 / 3 60 18

Dorothea Müller
Deutsche Angestellten-Gewerkschaft
Rheinstr. 105–107
55116 Mainz
Telefon 0 61 31 / 28 19 - 0
Fax 0 61 31 / 28 19 - 16

Prof. Dr.Ulrike Six
Deutscher Kinderschutzbund
Industriestr. 18
76829 Landau
Telefon 0 63 41 / 88 80 0

Renate Pepper
Landtag, SPD-Fraktion
Deutschhausplatz 12
55116 Mainz
Telefon 0 61 31 / 2 08 - 31 2
Fax 0 61 31 / 20 8 - 31 4

Alfred Rollinger
Familienverbände
Kaiserstr. 74
55116 Mainz
Telefon 0 61 31 / 23 20 61

Dr. Christian Roßkopf
Städtetag
Deutschhausplatz 1
55116 Mainz
Telefon 0 61 31 / 2 86 44 - 0
Fax: 0 61 31 / 2 86 44 - 80

Liesel Schäfer
Landesseniorenbeirat / Ministerium für Arbeit und Soziales
Bauhofstr. 9
55116 Mainz
Telefon 0 61 31 / 160
Fax 0 61 31 / 16 - 24 52

Franz Schatt
Bauernverbände (BWV)
Mainzer Str. 60 A
56068 Koblenz
Telefon 0 2 61 / 30 43 30 - 0
Fax 0 26 1 / 30 43 3 - 90

Dr. Dieter Schiffmann
Landtag, SPD-Fraktion
Deutschhausplatz 12
55116 Mainz
Telefon 0 61 31 / 2 08 - 3 12
Fax 0 61 31 / 20 8 - 31 4

Armin Schmitt
Landesverband Einzelhandel
Ludwigstr. 7
55116 Mainz
Telefon 0 61 31 / 22 39 32

Josef Sold
Gemeinde- und Städtebund
Deutschhausplatz 1
55116 Mainz
Telefon 0 61 31 / 23 98 - 0
Fax 0 61 31 / 23 98 - 39

Karin Stock
 Verbraucherzentrale
 Große Langgasse 16
 55116 Mainz
 Telefon 0 61 31 / 28 48 - 0
 Fax 0 61 31 / 28 48 - 40

Frieder Theysohn
 LIGA der Spitzenverbände der freien
 Wohlfahrtsverbände / AWO
 Dreikaiserweg 4
 56068 Koblenz
 Telefon 0 26 1 / 13 00 6 - 0
 Fax 0 26 1 / 13 00 6 - 26

Elisabeth Vanderheiden
 Landesjugendring
 Alexander-Diehl-Str. 12
 55130 Mainz
 Telefon 0 61 31 / 83 11 57
 Fax 0 61 31 / 82 86 0

Monika Weber
 Evangelische Kirchen
 Landeskirchenrat
 Domplatz 5
 67346 Speyer
 Telefon 0 62 32 / 109 -0
 Fax 0 62 32 / 109-246

Stefan Weinert
 IG Medien, FG Journalismus
 Binger Str. 20
 55116 Mainz
 Telefon 0 61 31 / 38 30 06
 Fax 0 61 31 / 38 58 09

Josef-Heinrich Weiske
 Deutscher Journalistenverband
 Adam-Karrillon-Str. 17
 55118 Mainz
 Telefon 0 61 31 / 67 54 54
 Fax 0 61 31 / 61 62 63

Lothar Westram
 Landesbeirat für Weiterbildung
 Kaiserstr. 19
 55116 Mainz
 Telefon 0 61 31 / 60 40 99

Gaby Hohm
 Stiftung Lesen
 Fischtorplatz 23
 55116 Mainz
 Telefon 0 61 31 / 2 88 90 - 0
 Fax 0 61 31 / 23 03 33

Landesanstalt für das Rundfunkwesen Saarland (LAR)

Anstalt des öffentlichen Rechts
Karcherstr. 4
66111 Saarbrücken
Telefon 0 68 1 / 3 94 - 27 / - 28
Fax 0 68 1 / 3 94 - 20

Direktor: Thomas Kleist

Amtszeit: 7 Jahre (1994 bis 2001)

Lebenslauf:
Thomas Kleist, geb. am 19. Dezember 1955 in Gehweiler/Saarland. Seit 1987 Direktor und Vorstandsvorsitzender der Landesanstalt für das Rundfunkwesen Saarland. 1980-1982 Gerichtsreferendar. 1980-1983 wissenschaftl. Mitarbeiter an der Universität des Saarlandes am Lehrstuhl für Staats- und Verwaltungsrecht. 1983-1985 Referent in der Abteilung für Hochschule und Wissenschaft des Ministeriums für Kultus, Bildung und Wissenschaft. 1985-1987 Geschäftsführer der Landesanstalt für das Rundfunkwesen. Zahlreiche medienpolitische Veröffentlichungen.

Landesrundfunkausschuß: 31 Mitglieder
Amtszeit: 2 Jahre (1994 bis 1996)
Vorsitzender: Franz-Rudolph Kronenberger
Stellvertreter: Peter Hans
Ausschüsse: - Programm- und Beschwerdeausschuß (Vorsitz: Armin Lang)
- Rechtsausschuß (Vorsitz: Reiner Ulmcke)
- Haushalts- und Finanzausschuß (Vorsitz: Heribert Kiefer)
- Arbeitsgruppe Offener Kanal (Vorsitz: Prof. Dr. Eduard Schaefer)

Vorstand: 3 Mitglieder
Amtszeit: 7 Jahre (1994 bis 2001)
Mitglieder: Direktor Thomas Kleist
Dr. Norbert Holzer
Prof. Dr. Peter Strittmatter

Rechtsgrundlage: Rundfunkgesetz für das Saarland (Landesrundfunkgesetz) vom 11. August 1987, geändert durch Gesetz vom 27. 11. 1991

Landesrundfunkausschuß:

§ 54: Aufgaben und Zusammensetzung des Landesrundfunkausschusses

(2) In den Landesrundfunkausschuß entsenden je ein Mitglied:
1. die Landesregierung,
2. jede Fraktion im Landtag des Saarlandes,
3. die Evangelische Kirche,
4. die Katholische Kirche,
5. die Synagogengemeinde Saar,
6. der Hochschulrat,
7. die saarländische Lehrerschaft,
8. der Landessportverband für das Saarland,
9. die Arbeitsgemeinschaft Katholischer Frauenverbände im Saarland,
10. der Saarverband der Evangelischen Frauenhilfe e. V.,
11. der Landesfrauenausschuß im Deutschen Gewerkschaftsbund, Landesbezirk Saar,
12. der Frauenrat Saarland,
13. der Landesjugendring Saar,
14. der Deutsche Gewerkschaftsbund, Landesbezirk Saar,
15. die Deutsche Angestellten-Gewerkschaft, Landesbezirk Rheinland-Pfalz/Saar,
16. die Industrie- und Handelskammer des Saarlandes,
17. die Handwerkskammer des Saarlandes,
18. die Landwirtschaftskammer des Saarlandes,
19. die Arbeitskammer des Saarlandes,
20. der Saarländische Städte- und Gemeindetag,
21. der Landkreistag Saarland,
22. die saarländischen Journalistenverbände,
23. der Landesausschuß für Weiterbildung,
24. der Landesmusikrat Saar e. V.,
25. die saarländischen Natur- und Umweltschutzvereinigungen,
26. die Liga der Freien Wohlfahrtspflege Saar,
27. die Behindertenverbände im Saarland,
28. die Verbraucherzentrale des Saarlandes e. V.,
29. der Verband deutscher Schriftsteller Saar.

Mitglieder:

Hiltrud Arweiler
 Verbraucherzentrale
 Hohenzollernstr. 11
 66117 Saarbrücken
 Telefon 0 68 1 / 52 0 - 47 49
 Fax 0 68 1 / 51 58 3

Manfred Backes
 Handwerkskammer
 Hohenzollernstr. 47–49
 66117 Saarbrücken
 Telefon 0 68 1 / 58 09 - 0
 Fax 0 68 1 / 58 09 - 17 7

Werner Becker
DGB
Fritz-Dobisch-Str. 5
66111 Saarbrücken
Telefon 0 68 1 / 5 84 57 - 0
Fax 0 68 1 / 40 00 1 - 20

Fritz Bersin
Landesausschuß für Weiterbildung
Am Hansenberg 12
66679 Losheim
Telefon 0 68 72 / 56 16

Fritz Gerndt
IHK
Franz-Josef-Röder-Str. 9
66119 Saarbrücken
Telefon 0 68 1 / 95 20 0
Fax 0 68 1 / 95 20 - 88 8

Christine Gothe
Deutsche Angestellten-Gewerkschaft
Rheinstr. 105–107
55116 Mainz
Telefon 0 61 31 / 28 19 - 0
Fax 0 61 31 / 28 19 16

Peter Hans
CDU-Landtagsfraktion
Zum Adelsbrunnen 5
66540 Neunkirchen
Telefon 0 68 1 / 50 02 -0
Fax 0 68 1 / 50 02 - 39 0

Gerd Zibell
Arbeitskammer
Fritz Dobisch-Str. 6- 8
66111 Saarbrücken
Telefon 0 68 1 / 40 05 - 0
Fax 0 68 1 / 40 05 - 40 1

Prof. Dr. Jochen Hartherz
Hochschulrat / FH Saarland
Goebenstr. 40
66117 Saarbrücken
Telefon 0 68 1 / 58 67 10 1
Fax 0 68 1 / 58 67 1 22

Gabriele Bozok
Landtag, Fraktion Die Grünen
Franz-Josef-Röder-Str. 7
66119 Saarbrücken
Telefon 0 68 1 / 50 02 - 1
Fax 0 68 1 / 50 02 - 35 0

Gabi Hartmann
Journalistenverbände
Krughütterstr. 21
66128 Saarbrücken-Gersweiler
Telefon 0 68 1 / 3 90 86 68

Dr. Norbert Holzer
Blumenstr. 8
66292 Riegelsberg
Telefon 0 68 1 / 60 75 39
Fax 0 68 1 / 60 78 57

Karola Kesting
DGB / Landesfrauenausschuß
Pfeifershofweg 33
66123 Saarbrücken
Telefon 0 68 1 / 40 00 10
Fax 0 68 1 / 40 00 1 - 20

Hartmut Gimmler
Landkreistag
Vorstadtstr. 11
66117 Saarbrücken
Telefon 0 68 1 / 54 47 6
Fax 0 68 1 / 51 02 8

Franz-Rudolph Kronenberger
Landesregierung / Ministerium für
Frauen, Arbeit und Soziales
Franz-Josef-Röder-Str. 21
66119 Saarbrücken
Telefon 0 68 1 / 5 01 - 00
Fax 0 68 1 / 50 1 - 33 35

Peter Krug
Evangelische Kirche
Graf-Philipp-Str. 1
66119 Saarbrücken
Telefon 0 68 1 / 5 17 07

Ingrid Lang
Frauenrat
Römerweg 8
66802 Überherrn
Telefon 0 68 36 / 53 95 oder
0 68 1 / 95 43 - 40

Armin Lang
SPD-Landtagsfraktion
Franz-Josef-Röder-Str. 7
66119 Saarbrücken
Telefon 0 68 1 / 50 02 - 0
Fax 0 68 1 / 50 02 - 383

Kunibert Luck
Landesmusikrat
Postfach 134
66579 Spiesen-Elversberg

Hans Netzer
Behindertenverbände / Oberbürgermeister
Postfach 10 20 40
66310 Völklingen
Telefon 0 68 98 / 13 0
Fax 0 68 98 / 13 - 23 50

Klaus Naumann
Saarländische Natur- und Umweltschutzvereinigung
BUND
Großherzog-Friedrich-Str. 66
66121 Saarbrücken
Telefon 0 68 / 63 84 41
Fax 0 68 1 / 63 84 43

Susanne Winckel
Evangelische Frauenhilfe
Rheinstr. 19
66127 Saarbrücken
Telefon 0 68 1 / 31 84 9

Dr. Horst G. Klitzing
Saarländische Lehrerschaft / GEW
Mainzer Str. 84
66121 Saabrücken
Telefon 0 68 1 / 63 84 35
Fax 0 68 1 / 69 84 37

Martin Schmeer
Landwirtschaftskammer
Lessingstr. 12
66121 Saarbrücken
Telefon 0 68 1 / 6 65 05 - 0
Fax 0 68 1 / 66 50 5 - 12

Erhard Schmied
Verband deutscher Schriftsteller
Martin-Luther-Str. 22
66111 Saarbrücken
Telefon 0 68 1 / 39 72 45

Johannes Simon
LIGA der freien Wohlfahrtspflege
Deutsches Rotes Kreuz
Wilhelm-Heinrich-Str. 9
66117 Saarbrücken
Telefon 0 68 1 / 58 00 60
Fax 0 68 1 / 58 00 69 0

Dr. Charlotte Spartz
AG der katholischen Frauenverbände
Graf-Simon-Str. 14
66117 Saarbrücken
Telefon 0 68 1 / 70 00 82

Dr. Helmut Steigleiter
Landessportverband
Saaruferstr. 16
66117 Saarbrücken
Telefon 0 68 21 / 2 31 37
Fax 0 68 1/ 58 60 3 - 39

Kurt Stiefel
Synagogengemeinde Saar
Kaiserstr. 5
61111 Saarbrücken
Telefon 0 68 1 / 3 51 52
Fax 0 68 1 / 64 14 9

Hermann Stillemunkes
Katholische Kirche / Kath. Büro
Postfach 10 24 34
66024 Saarbrücken
Telefon 0 68 1 / 65 25 4
Fax 0 68 1 / 61 50 2

Prof. Dr. Peter Strittmatter
Universität des Saarlandes
Am Stadtwald
66123 Saarbrücken
Telefon 0 68 1 / 302-3731
Fax 0 68 1 / 30 2 - 39 00

Rainer Trappmann
Landesjugendring
Großherzog-Friedrich-Str. 44
66111 Saarbrücken
Telefon 0 68 1 / 633 31
Fax 0 68 1 / 63 34 4

Richard Nospers
Städte- und Gemeindetag
Talstr. 9
66119 Saarbrücken
Telefon 0 68 1 / 53 0 - 44
Fax 0 68 1 / 51 20 8

Sächsische Landesanstalt für privaten Rundfunk und neue Medien (SLM)

Anstalt des öffentlichen Rechts
Carolinenstr. 1
01097 Dresden
Telefon 0 35 1 / 81 40 4 - 0
Fax 0 35 1 / 5 67 05 23

Direktor: Detlef Kühn

Amtszeit: 6 Jahre (1991 bis 1997)

Lebenslauf:
Detlef Kühn, geb. am 16. November 1936 in Postdam. Seit 01. Januar 1992 Direktor der Sächsischen Landesanstalt für privaten Rundfunk und neue Medien. 1966–1970 Geschäftsführer der FDP-Bundestagsfraktion. 1972–1991 Präsident des Gesamtdeutschen Instituts – Bundesanstalt für gesamtdeutsche Aufgaben.

Versammlung:	33 Mitglieder
Amtszeit:	6 Jahre (1991 bis 1997)
Vorsitzender:	Friedhart Vogel
Stellvertreter:	Ulrike Scheffler
	Dr. Wolfram Hoschke
Ausschüsse:	- Grundsatzausschuß (Vorsitz: Gunar Günther)
	- Programmausschuß (Vorsitz: Burghard Brinksmeier)
	- Technikausschuß (Klaus Baumann)

Verwaltungsrat:	6 Mitglieder
Amtszeit:	6 Jahre (1991 bis 1997)
Vorsitz:	Dr. Wolfgang Marcus
Stellvertreter:	Werner Scheibe

Rechtsgrundlage: Gesetz über den privaten Rundfunk und neue Medien in Sachsen (Sächsisches Privatrundfunkgesetz – SächsPRG) vom 27. Juni 1991 in der Fassung vom 10. Februar 1992

Versammlung:
§ 29: Zusammensetzung der Versammlung

(1) Der Versammlung gehören mindestens 28 Mitglieder an. Von ihnen entsenden
1. ein Mitglied die Staatsregierung,
2. fünf Mitglieder die im Landtag vertretenen Parteien oder Gruppierungen entsprechend dem Verhältnis der bei der vorausgegangenen Wahl zum Landtag errungenen Landtagsmandate nach dem Höchstzahlverfahren d'Hondt,
3. je ein Mitglied jede Partei oder Gruppierung, die zu Beginn der Amtszeit der Versammlung mit einer Fraktion im Landtag vertreten ist und nicht bereits nach Nummer 2 ein Mitglied entsendet,
4. ein Mitglied die evangelischen Kirchen,
5. ein Mitglied die römisch-katholische Kirche,
6. ein Mitglied die israelitischen Kultusgemeinden,
7. zwei Mitglieder die Verbände aus den Bereichen Kunst und Kultur,
8. ein Mitglied die Frauenverbände,
9. ein Mitglied die Vertretungen der Arbeitnehmer,
10. ein Mitglied die Vertretungen der Arbeitgeber,
11. ein Mitglied die Industrie- und Handelskammern,
12. ein Mitglied die Handwerksverbände,
13. zwei Mitglieder die kommunalen Spitzenverbände,
14. ein Mitglied die Bauernverbände,
15. ein Mitglied die Vereinigungen der Opfer des Nationalsozialismus und Stalinismus,
16. ein Mitglied die Verbände der Sorben,
17. sieben weitere Mitglieder gesellschaftlich bedeutsamer Organisationen und Gruppen, die vom Landtag bestimmt werden; zu berücksichtigen sind dabei insbesondere Verbände aus den Bereichen Volkskultur und Heimatpflege, Europäische Bewegung, Jugend, Sport, Soziales, Behinderte, ausländische Mitbürger und Umwelt.

Verwaltungsrat
§ 33:
(1) 1 Der Verwaltungsrat besteht aus sechs Mitgliedern, die von der Versammlung in geheimer Einzelabstimmung für die Dauer von sechs Jahren gewählt werden.

Die Mitglieder des Verwaltungsrats dürfen nicht gleichzeitig der Versammlung angehören.
Drei der Verwaltungsratsmitglieder sollen über Erfahrungen als Veranstalter oder als Mitglieder eines Organs eines Veranstalters oder aus einem Beschäftigungsverhältnis zu einem Veranstalter verfügen.

Versammlung:

Bernd Ackermann
IG Medien
Karl-Liebknecht-Str. 30-32
04107 Leipzig
Telefon 0 34 1 / 21 31 99 4
Fax 03 41 / 21 31 96 5

Klaus Baumann
Landessportbund
Marschnerstr. 29
04109 Leipzig
Telefon 0 37 25 / 25 47
Fax 0 37 25 / 38 38

Veronika Bellmann
Landtag, CDU-Fraktion
Holländische Str. 2
01067 Dresden
Telefon 0 35 1 / 49 3 - 50
Fax 0 37 26 / 4 13 00 oder
0 35 1 / 49 3 - 54 51

Christa Bretschneider
Arbeitslosenverbände
Wenzel-Verner-Str. 68
09120 Chemnitz
Telefon 0 37 1 / 22 86 90

Burghard Brinksmeier
Landtag, Fraktion Die Grünen
Roßplatz 1
04103 Leipzig
Telefon 0 35 1 / 28 29 58

Prof. Dr.-Ing. Hilmar Fuchs
Europa-Union
Pfeifferhannsstr. 10
01307 Dresden
Telefon 0 35 1 / 45 94 29 3
Fax 0 35 1 / 45 94 29 3

Dr. Uwe Grüning
Landtag, CDU- Fraktion
Holländische Str. 2
01067 Dresden
Telefon 0 35 1 / 49 3 - 50
Fax 0 35 1 / 49 3 - 54 41

Gunar Günther
Landtag, CDU-Fraktion
Audorfstr. 2
04107 Leipzig
Telefon 0 34 1 / 2 13 28 85
Fax 0 35 1 / 49 3 - 54 41

Diethart Guth
Deutscher Beamtenbund
Hohe Str. 74
01187 Dresden
Telefon 0 35 1 / 47 16 8 - 24 oder
0 37 1 / 21 97 63
Fax 0 35 1 / 47 16 8 - 27 oder
0 37 1 / 21 97 63

Sieglinde Hamacher
Kunst- und Kulturverbände
Zöllner Str. 5
01307 Dresden
Telefon: 03 51 / 4 59 14 42

Prof. Dr. Hans-Jürgen Hardtke
Landverein Sächsischer Heimatschutz
Museum für Volkskunst
Köpckestr. 1
01097 Dresden
Telefon 0 35 1 / 2 81 28 32

Udo Hautmann
Arbeitnehmerverbände
DGB
Karl-Liebknecht-Str. 30/32
04107 Leipzig
Telefon 03 41 / 2 13 19 94
Fax 0 34 1 / 2 13 19 65

Dr. Christa Herkt
 Opfer des Nationalsozialismus und
 Stalinismus
 St. Petersburger Str. 5/609
 01069 Dresden
 Telefon 0 35 1 / 4 63 64 66

Dr. Wolfram Hoschke
 IHK / Südwestsachsen
 Straße der Nation 25
 09111 Chemnitz
 Telefon 0 37 1 / 60 00 38 01
 Fax 0 37 1 / 60 00 39 26

Dr. Rudolf Kilank
 Verbände der Sorben
 Fabrikstr. 35
 02625 Bautzen
 Telefon 0 35 91 / 2 80 66

Gerd Köhler
 Bauernverbände /
 LV Gartenbau Sachsen
 Söbrigener Str. 3
 01326 Dresden
 Telefon 0 35 1 / 3 95 26
 Fax 0 35 1 / 39 52 6

Rüdiger Kollar
 Bund der Vertriebenen
 Alaunstr. 7/1
 01099 Dresden
 Telefon: 03 51 / 5 02 20 53

Roman König
 Israelitische Kultusgemeinde
 Bautzner Str. 20
 01099 Dresden
 Telefon: 03 51 / 5 54 91

Horst Kutschke
 LIGA der Spitzenverbände der freien
 Wohlfahrtsverbände / Caritasverband
 Dresden-Meißen
 Magdeburger Str. 33
 01067 Dresden
 Telefon 0 35 1 / 4 96 41 03
 Fax 0 35 1 / 4 96 41 81

Dr.-Ing. Volker Löscher
 Arbeitgeberverband / FERAG GmbH
 Chemnitzer Straße
 04457 Mölkau
 Telefon 0 34 1 / 47 51 03
 Fax 0 34 1 / 47 51 03

Thomas Mädler
 Landtag,SPD-Fraktion
 Zschochersche Str. 21
 04229 Leipzig
 Telefon 0 34 1 / 47 51 03
 Fax 0 34 1 / 47 51 03

Karl Menges
 Deutsche Angestellten-Gewerkschaft
 Blumenstr. 80
 01307 Dresden
 Telefon 0 35 1 / 44 79 30
 Fax 0 35 1 / 4 41 60 77

Eckhard Noack
 Staatsregierung / Staatsministerium
 für Wissenschaft und Kunst
 Wigardstr. 17
 01097 Dresden
 Telefon 0 35 1 / 5 64 60 10
 Fax 0 35 1 / 53 73 5 oder 56 4 - 60 40

Dr. Tassilo Lenk
 Kommunale Spitzenverbände
 Landratsamt Oelsnitz
 Stephanstr. 9
 08606 Oelsnitz
 Telefon 0 37 42 1 / 41 0
 Fax 0 37 42 1 / 22 40 8

Patrick Ott
 Landtag,FDP-Fraktion
 Gartenstr. 23
 01445 Radebeul
 Telefon 0 35 1 / 76 27 90
 Fax 0 35 1 / 47 16 96

Dr. phil. Jürgen Rasch
  Landtag, PDS-Fraktion
  Holländische Straße 2
  01067 Dresden
  Telefon 0 35 1 / 4 93 - 50
  Fax 0 35 1 / 49 3 - 54 60

Carmen Rosenthal
  Frauenverbände
  Hauptstr. 8
  01462 Cossebaude
  Telefon 0 35 1 / 45 38 21 1

Ulrike Scheffler
  Kunst- und Kulturverbände
  Neuer Sächs. Kunstverein
  Schloß Albrechtsberg
  Bautzener Str. 130
  01099 Dresden
  Telefon 0 35 1 / 5 56 55

Volker Schimpff
  Landtag, CDU-Fraktion
  Holländische Str. 2
  01067 Dresden
  Telefon 0 35 1 / 49 3 - 50
  Fax 0 35 1 / 49 3 - 54 41

Hannelore Tschirch
  Kommunale Spitzenverbände
  Wertstr. 10
  02991 Lauta
  Telefon 0 35 7 22 / 40 98

Friedhart Vogel
  Evangelische Kirche
  Kirchplatz 1/2
  02977 Hoyerswerda
  Telefon 0 35 71 / 84 31
  Fax 0 35 71 / 84 31

Ursula Wicklein
  Kath. Kirche / Bistum Dresden-Meißen
  Käthe-Kollwitz-Ufer 84
  01309 Dresden
  Telefon 03 51 / 3 36 04 35
  Fax 035 1 / 3 36 47 21

Wolfgang Wilhelm
  Handwerkskammern
  HWK Dresden
  Wiener Str. 43
  01219 Dresden
  Telefon 0 35 1 / 46 40 - 30
  Fax 0 35 1 / 47 19 18 8

Verwaltungsrat:

Wolfgang Madei
  Ernst-Thälman-Str. 23
  01809 Dohna
  Telefon 0 35 1 / 20 22 08 8
  Fax 0 35 1 / 20 22 08 8

Marco Suchy
  Stiftung für das sorbische Volk
  Postplatz 2
  02625 Bautzen
  Telefon 0 35 91 / 55 0 - 30 6
  Fax 0 35 91 / 42 81 1

Christoph Wielepp
  SLM
  Carolinenstr. 1
  01097 Dresden
  Telefon 0 35 1 / 81 40 4 - 0
  Fax 0 35 1 / 56 70 52 3

Werner Scheibe
  Diakonisches Amt
  Obere-Berg-Str. 1
  01445 Radebeul
  Telefon 0 35 1 / 78 30
  Fax 0 35 1 / 75 4 66

Prof. Dr. Wolfgang Marcus
Landtag, SPD-Fraktion
Holländische Str. 2
01067 Dresden
Telefon 0 35 1 / 49 3 - 50
Fax 0 35 1 / 49 3 - 54 51

Armin Ahrendt
SLM
Carolinenstr. 1
Telefon 0 35 1 / 81 40 4 - 0
Fax 0 35 1/ 56 70 52 3

Landesrundfunkausschuß für Sachsen-Anhalt (LRA)

Anstalt des öffentlichen Rechts
Reichardtstr. 9
06114 Halle/Saale
Telefon 0 34 5 / 2 02 17 55
Fax 0 34 5 / 2 02 84 91

Geschäftsführer: Christian Schurig

Amtszeit: (Beamter auf Lebenszeit)

Lebenslauf:
Christian Schurig, geb. am 20. Februar 1944 in Halle/Saale. Seit 1992 Geschäftsführer des Landesrundfunkauschusses für Sachsen-Anhalt. 1966–1971 freier Mitarbeiter beim SWF in Tübingen. 1969–1972 Rechtsreferendar. Ab 1972 im Landesdienst Baden-Württemberg., Medienreferent in der Staatskanzlei. 1983–1986 stellv. Regierungssprecher sowie Leiter der Grundsatzabteilung im Staatsministerium Baden-Württemberg. 1992 Geschäftsführer der Landesanstalt für Kommunikation Baden-Württemberg.

Versammlung:	26 Mitglieder
Amtszeit:	5 Jahre (1991 bis 1996)
Vorsitzender:	Lutz Kühn
Stellvertreter:	Dr. Klaus Hoppe
	Siegfried Schulze
Ausschüsse:	- Rechtsausschuß (Vorsitz: Ellen Schultz)
	- Haushaltsausschuß (Vorsitz: Klaus Tittmann)
	- Programmausschuß (Vorsitz: Hans-G. Strothotte)

Rechtsgrundlage: Gesetz über privaten Rundfunk in Sachsen-Anhalt vom 22. Mai 1991

Versammlung:

§ 32: Zusammensetzung der Versammlung

(1) Die Versammlung besteht aus mindestens 23 Mitgliedern. Von ihnen entsenden
1. ein Mitglied die Landesregierung,
2. fünf Mitglieder die im Landtag vertretenen Parteien oder Gruppierungen entsprechend dem Verhältnis der bei der vorausgegangenen Wahl zum Landtag errungenen Landtagsmandate nach dem Höchstzahlverfahren d'Hondt,
3. je ein Mitglied jeder Partei oder Gruppierung, die zu Beginn der Amtszeit der Versammlung mit einer Fraktion im Landtag vertreten ist und nicht bereits nach Nummer 2 ein Mitglied entsendet,
4. ein Mitglied die beiden evangelischen Landeskirchen, die auf dem Territorium des Landes Sachsen-Anhalt bestehen,
5. ein Mitglied die römisch-katholische Kirche,
6. ein Mitglied die jüdischen Gemeinden,
7. ein Mitglied die Vertretungen der Arbeitnehmer,
8. ein Mitglied die Vertretungen der Arbeitgeber,
9. ein Mitglied die Handwerksverbände,
10. ein Mitglied die Bauernverbände,
11. ein Mitglied die Vereinigung der Opfer des Stalinismus,
12. ein Mitglied die Vereinigung der Opfer des Nationalsozialismus,
13. neun weitere Mitglieder von gesellschaftlich bedeutsamen Organisationen, die vom Landtag bestimmt werden. Zu berücksichtigen sind dabei Verbände aus den Bereichen Frauen, Jugend, Kultur, Soziales und Umwelt.

Mitglieder:

Dr. Werner-E. Böhm
Deutscher Beamtenbund
Julius-Bremer-Str. 10
39104 Magdeburg
Telefon 0 39 1 / 56 22 86
Fax 0 39 1 / 55 61 94 59

Manfred Czura
LV Arbeitgeber- u. Wirtschaftsverbände
Postfach 42 29
39128 Magdeburg
Telefon 0 39 1 / 55 91 - 432
Fax 0 39 1 / 55 91 - 321

Emil Fischer
CDU-Landtagsfraktion
Springstr. 29
06366 Köthen
Telefon 0 34 96 / 21 29 56
Fax 0 39 1 / 56 0 - 20 28

Peter Gebbers
Landesinnungsverband des Kfz-Gewerbes
Holzstr. 26 a
39288 Burg
Telefon 0 39 21 / 93 11 0
Fax 0 39 21 / 93 11 - 11

Uwe Graul
Bund Deutscher Architekten
Marienstr. 27 A
06108 Halle/Saale
Telefon 0 34 5 / 2 14 45
Fax 0 34 5 / 2 14 45

Prof. Dr. Dieter Heinemann
Landesheimatbund
Martinstr. 14
06108 Halle/Saale
Telefon 0 34 5 / 50 27 - 60 / - 61
Fax 0 34 5 / 50 27 - 61

Dr. Ute Hoffmann
Mahn- und Gedenkstätte für Opfer der NS-»Euthanasie« / Landeskrankenhaus
Olga-Benario-Str. 16/18
06406 Bernburg
Telefon 0 34 71 / 22 14 9
Fax 0 34 71 / 22 14 9

Elfriede Hofmann
Bund der Vertriebenen
Schäfferstr. 28
39112 Magdeburg
Telefon 0 39 1 / 21 15 00

Dr.-Ing. Klaus Hoppe
Verein dt. Ingenieure
Ingenieurberatung Hoppe
Kümmelsberg 62
39110 Magdeburg
Telefon 0 39 1 / 39 27 53
Fax 0 39 1 / 39 27 53

Lutz Kühn
SPD-Landtagsfraktion
Domplatz 6/7
39104 Magdeburg
Telefon 0 39 1 / 55 60 - 31 09
Fax 0 39 1 / 55 60 - 30 20

Carsten Lange
Landesmusikrat
Zentrum für Telemann-Pflege und Forschung
Liebigstr. 10
39104 Magdeburg
Telefon 0 39 1 / 54 30 29 0
Fax 0 39 1 / 56 16 42 1

Joachim Langenstraß
AG d. landwirtschaftl. Berufsverbände
Hauptstr. 41
38822 Athenstedt
Telefon 0 39 42 / 2 20 78

Dipl.-Ing. Peter Ledermann
LV Jüdischer Gemeinden
Gröperstr. 1 A
39106 Magdeburg
Telefon 0 39 1 / 56 16 02 2
Fax 0 39 1 / 56 16 02 2

N.N.
Landesregierung
Hegelstr. 42
39104 Magdeburg
Telefon 0 39 1 / 5 67 - 01

Rainer Schomburg
CDU-Landtagsfraktion
Domplatz 6 / 7
39104 Magdeburg
Telefon 0 39 1 / 56 00
Fay 0 39 1 / 56 0 - 20 28

Karl-Heinz Pahling
Bund d. Stalin. Verfolgten i. Deutschld.
Kraepelinstr. 11
39599 Uchtspringe
Telefon 0 39 32 5 / 22 24 08

Ute Scheffler
Bündnis 90/Grüne-Landtagsfraktion
Domplatz 6/7
39104 Magdeburg
Telefon 0 39 1 / 560 - 61 02
Fax 0 39 1 / 560 - 60 10

Ellen Schultz
Deutscher Mieterbund
Steinweg 5
06110 Halle/Saale
Telefon 0 34 5 / 5 50 23 83

Siegfried Schulze
Evangelische Landeskirche
In der Flanke 16
06849 Dessau
Telefon 0 34 0 / 85 81 33 3

Dr. Gerd Schuster
PDS-Landtagsfraktion
Domplatz 6/7
39104 Magdeburg
Telefon 0 39 1 / 5 60 50 08
Fax 0 39 1 / 56 0 - 50 08

Wolfgang Simon
Katholische Kirche
Starsiedeler Str. 7 A
06686 Lützen
Telefon 0 34 4 44 / 4 60

H.-Günter Strothotte
Deutscher Paritätischer Wohlfahrtsverband
Georg-Kaiser-Str. 2 D
39116 Magdeburg
Telefon 0 39 1 / 60 83 - 4 04
Fax 0 39 1 / 60 83 - 5 55

Klaus Tittmann
Verbraucherzentrale
Am Steintor 14/15
06112 Halle/Saale
Telefon 0 34 5 / 5 00 83 - 15 / - 16
Fax 0 34 5 / 5 00 83 - 24 / - 25

Dr. Jürgen Weißbach
DGB
Lennèstr. 13
39112 Magdeburg
Telefon 0 39 1 / 62 50 3 - 15
Fax 0 39 1 / 62 50 3 - 27

Eckard Werner
CDU-Landtagsfraktion
Breite Str. 35
39387 Oschersleben
Telefon 0 39 49 /59 13
Fax 0 39 1 / 56 0 - 20 28

Unabhängige Landesanstalt für das Rundfunkwesen Schleswig-Holstein (ULR)

Anstalt des öffentlichen Rechts
Hindenburgufer 85
24105 Kiel
Telefon 0 43 1 / 8 00 06 - 0
Fax 0 43 1 / 8 00 06 - 60

Direktor: Gernot Schumann

Amtszeit: 6 Jahre (1991 bis 1997)

Lebenslauf:
Gernot Schumann ist seit 1. April 1991 Direktor der Unabhängigen Landesanstalt für das Rundfunkwesen in Schleswig Holstein. Ab 1977 Richter am Landgericht Kiel und am Oberlandesgericht Schleswig. 1989 Referent für Medienpolitik, Medienrecht und Medienwirtschaft in der Staatskanzlei des Landes Schleswig-Holstein.

Anstaltsversammlung: 43 Mitglieder
Amtszeit: 5 Jahre (1990 bis 1995)
Vorsitzender: Peter David
Stellvertreter: Jutta Kurtz
Christian-Friedrich Peter
Ausschüsse:
- Finanzausschuß (Vorsitz: Kurt Siewers)
- Programmausschuß (Vorsitz: Gert Heinrich)
- Rechtsausschuß (Vorsitz: Jürgen P. C. Petersen)
- Ausschuß für Kinder- und Jugendschutz
  (Vorsitz: Dr. Friedrich-Wilhelm Lehmhaus)
- Ausschuß für die Veranstaltung Offener Kanäle
  (Vorsitz: Ulrike Fürniß)

Rechtsgrundlage: Rundfunkgesetz für das Land Schleswig-Holstein (LRG) vom 18.12.1989, geändert durch Gesetz vom 12. 12. 1991

Anstaltsversammlung:

§ 42: Zusammensetzung der Anstaltsversammlung

(1) Die Anstaltsversammlung besteht aus mindestens 41 Mitgliedern.

(2) 29 Mitglieder entsenden folgende Organisationen:
1. ein Mitglied die Nordelbische Evangelisch-Lutherische Kirche,
2. ein Mitglied die Römisch-Katholische Kirche
3. ein Mitglied die Jüdischen Kultusgemeinden,
4. ein Mitglied der Deutsche Gewerkschaftsbund, Landesbezirk Nordmark,
5. ein Mitglied die Deutsche Angestelltengewerkschaft, Landesverband Schleswig-Holstein,
6. ein Mitglied der Schleswig-Holsteinische Journalistenverband e.V.,
7. gemeinsam ein Mitglied der Deutsche Beamtenbund, Landesbund Schleswig-Holstein, sowie die Schleswig-Holsteinischen Landesorganisationen des Deutschen Bundeswehrverbandes e.V. und des Verbandes der Reservisten der Deutschen Bundeswehr e.V.,
8. ein Mitglied die Landesvereinigung der Schleswig-Holsteinischen Unternehmensverbände,
9. gemeinsam ein Mitglied die Industrie- und Handelskammern und die Kammern der freien Berufe,
10. gemeinsam ein Mitglied der Wirtschaftsverband Handwerk Schleswig-Holstein e.V. und die Handwerkskammern,
11. gemeinsam ein Mitglied der Bauernverband Schleswig-Holstein e.V. und der Schleswig-Holsteinische Bauernbund e.V.,
12. ein Mitglied die Verbraucherzentrale Schleswig-Holstein e.V.,
13. ein Mitglied die kommunalen Landesverbände des Landes Schleswig-Holstein,
14. ein Mitglied der Landessportverband Schleswig-Holstein e.V.,
15. ein Mitglied die in der Landesarbeitsgemeinschaft der freien Wohlfahrtsverbände Schleswig-Holstein e.V. zusammengeschlossenen Verbände,
16. ein Mitglied der Landesjugendring Schleswig-Holstein e.V.,
17. ein Mitglied der Landesfrauenrat Schleswig-Holstein,
18. gemeinsam ein Mitglied die Landeselternbeiräte,
19. ein Mitglied der Verband Schleswig-Holsteinischer Haus-, Wohnungs- und Grundeigentümer e.V.,
20. ein Mitglied der Deutsche Mieterbund, Landesverband Schleswig-Holstein e.V.,
21. ein Mitglied der Landesnaturschutzverband Schleswig-Holstein e.V.,
22. ein Mitglied der Landeskulturverband Schleswig-Holstein e.V.,
23. ein Mitglied der Bund für Umwelt und Naturschutz,
24. ein Mitglied der Sydslesvigsk Forening e.V.,
25. ein Mitglied die im Deutschen Grenzausschuß Schleswig e.V. zusammengeschlossenen Grenzvereine,
26. ein Mitglied der Schleswig-Holsteinische Heimatbund,

27. ein Mitglied der Landesseniorenrat,
28. ein Mitglied die Europa-Union Deutschland, Landesverband Schleswig-Holstein e. V.,
29. ein Mitglied die Landesarbeitsgemeinschaft der hauptamtlichen kommunalen Gleichstellungsstellen/Frauenbüros in Schleswig-Holstein.

(3) Je ein Mitglied wird von fünf weiteren gesellschaftlich bedeutsamen Organisationen entsandt, die der Landtag spätestens sechs Monate vor Ablauf der Amtszeit der Anstaltsversammlung entsprechend den Grundsätzen der Verhältniswahl nach dem Höchstzahlverfahren d'Hondt bestimmt und der Landesanstalt mitteilt. Eine dieser Organisationen muß die Interessen von Ausländerinnen und Ausländern vertreten. Der Landtag hat rechtzeitig vorher die Möglichkeit zur Bewerbung öffentlich bekanntzumachen.

(4) Je ein Mitglied entsenden folgende Organisationen aus den Bereichen Publizistik, Kunst und Wissenschaft:
1. der Landesmusikrat Schleswig-Holstein e. V.
2. der Zeitungsverlegerverband Schleswig-Holstein e. V.,
3. die IG Medien,
4. die Konferenz Schleswig-Holsteinischer Hochschulen,
5. der Bundesverband bildender Künstler, Sektion Schleswig-Holstein.

(5) Je ein Mitglied entsenden die im Landtag vertretenen Parteien.

Mitglieder:

Dr. Dietmar Albrecht
 FDP-Landtagsfraktion
 Russeer Weg 132
 24103 Kiel
 Telefon 0 43 1 / 596-1
 Fax 0 43 1 / 52 03 08

Sahabettin Atli
 Progress. Türk. Arbeitnehmerverein
 Königsweg 59
 24114 Kiel
 Telefon 0 43 43 / 91 93

Claus Bornhöft
 CDU-Landtagsfraktion
 Sophienblatt 1720
 24114 Kiel
 Telefon 0 43 1 / 66 09 - 0
 Fax 0 43 1 / 63 54 1

Peter Brinkmann
 Südschleswigscher Wählerverband
 Norderstr. 74
 24937 Flensburg
 Telefon 0 461 / 17 42 1
 Fax 0 46 1 / 20 67 2

Prof. Dr. Wilhelm Brinkmann
 Deutscher Kinderschutzbund
 Zastrowstr. 2
 24114 Kiel
 Telefon 0 4 61 / 16 8 31

Heidrun Clausen
 Deutscher Mieterbund
 Eggerstedtstr. 1
 24103 Kiel
 Telefon 0 43 1 / 97 91 9-0
 Fax 0 43 1 / 57 91 9- 31

Jörn-Peter Cornelius
LAG der freien Wohlfahrtsverbände
Prinz-Heinrich-Str. 1
24106 Kiel
Telefon 0 43 1 / 33 60 75

Dr. Helmut Dahncke
Hochschulen
Universität Kiel
Olshausenstr. 40
24118 Kiel
Telefon 0 43 1 / 88 0 - 00
Fax 0 43 1 / 88 0 - 20 72

Peter David
Deutsche Angestellten-Gewerkschaft
Sophienblatt 74 - 78
24114 Kiel
Telefon 0 43 1 / 66 08 02
Fax 0 43 1 / 66 08 - 10

Dr. Willy Diercks
Heimatbund Schleswig Holstein
Rathausstr. 2
24103 Kiel
Telefon 0 43 1 / 95 81 0
Fax 0 43 1 / 91 77 6

Eckehardt Doppke
Römisch-Katholische Kirche
Kath. Büro
Muhliusstr. 67
24103 Kiel
Telefon 0 43 1 / 59 02 - 0
Fax 0 40 / 41 08 43 0

Karin Feingold
Jüdische Kultusgemeinden
Schäferkampsallee 29
20357 Hamburg
Telefon 0 40 / 44 09 44 0
Fax 0 40 / 41 08 43 0

Antje Föhrweißer
LV der Volkshochschulen
Holstenbrücke 7
24103 Kiel
Telefon 0 43 1 / 97 98 4 - 0
Fax 0 43 1 / 96 68 5

Ulrike Fürniß
IG Medien
Besenbinderhof 60
20097 Hamburg
Telefon 0 40/ 28 58 50 5
Fax 0 40 / 28 58 51 1

Rolf Greve
Verband der Haus-, Wohnungs- und Grundeigentümer
Sophienblatt 3
24103 Kiel
Telefon 0 43 1 / 66 36 11 0
Fax 0 43 1 / 66 36 88

Hans Handrack
Landesmusikrat
Nikolaistr. 5
24937 Flensburg
Telefon 0 46 1 / 22 13 1
Fax 0 4 61 / 26 74 0

Gerd Heinrich
Nordelbische Evang.-Luth. Kirche
Neue Burg 1
20457 Hamburg
Telefon 0 40 / 3 68 90
Fax 0 40 / 36 89 - 208

Uwe Körner
DGB
Besenbinderhof 60
20097 Hamburg
Telefon 0 40 / 28 58 25 0
Fax 0 40 / 28 58 - 29 9

Barbara Kreller
Landesfrauenrat
Bergstr. 24
24103 Kiel
Telefon 0 43 1 / 55 20 65
Fax 0 43 1 / 51 78 4

Harald Kröhnert
Dt. Beamtenbund/Dt. Bundeswehrverband/Verband der Reservisten
Lerchenstr. 17
24103 Kiel
Telefon 0 43 1 / 67 50 81
Fax 0 43 1 / 67 50 84

Jutta Kürtz
Landeskulturverband
Postfach 15 06
24837 Schleswig
Telefon 0 46 83 / 32 3

Irene Löhrius
kommunale Gleichstellungsstellen/ Frauenbüros
Fleethörn
24103 Kiel
Telefon 0 431 / /90 10

Helmut Loose
AG der kommunalen Landesverbände
Reventlou-Allee 6
24105 Kiel
Telefon 0 43 1 / 56 75 62

Günther Meyer-Betyn
Verbraucherzentrale
Bergstr. 24
24103 Kiel
Telefon 0 43 1/ 51 28 6
Fax 0 43 1 / 55 35 09

Volker Mienkus
Schleswig-Holsteinischer Journalistenverband
Dänische Str. 11
24103 Kiel
Telefon 0 43 1 / 9 58 86
Fax 0 43 1 / 97 83 61

Claus Müller
Landesnaturschutzverband
Burgstr. 4
24103 Kiel
Telefon 0 43 1 / 93 02 7
Fax 0 43 1 / 93 0 - 47

Monika Nielsky
SPD-Landtagsfraktion
Kleiner Kuhberg 28–30
24103 Kiel
Telefon 0 43 1 / 5 96 - 1
Fax 0 43 1 / 59 6 - 20 54

Peter Paulsen
Bauernverband/Bauernbund
Jungfernstieg 25
24768 Rendsburg
Telefon 0 43 31 / 50 41
Fax 0 43 31 / 2 61 05

Christian-Friedrich Peter
Wirtschaftsverband Handwerk/Handwerkskammer
ULR
Hindenburgufer 85
21105 Kiel
Telefon 0 43 1 / 8 00 06 - 0
Fax 0 43 1 / 80 00 6 - 60

Jürgen C. Petersen
Richterverband
Bergstr. 5
25524 Itzehoe
Telefon 0 48 21 / 9 37 26

Elisabeth Pier
Landeselternbeiräte (Realschulen)
Eichbergstr. 1
23858 Reinfeld

Gert Roßberg
Deutscher Grenzausschuß
Waitzstr. 3
24937 Flensburg
Telefon 0 46 1 / 2 43 13

Dr. Jürgen Schöning
Europa Union
Holstenstr. 75
24103 Kiel
Telefon 0 43 1 / 9 33 33
Fax 0 43 1 / 92 16 5

Prof. Bernhard Schwichtenberg
Bundesverband bildender Künstler
Brunswiker Str. 13
24103 Kiel
Telefon 0 43 1 / 39 19 76

Kurt Siewers
Landessportverband
Winterbeker Weg 49
24114 Kiel
Telefon 0 43 1 / 64 86 0
Fax 0 43 1 / 64 86 - 19 0

Werner Soltau
Landesseniorenrat
Papenhöhe 170
25335 Elmshorn
Telefon 0 41 21 / 63 59 2

Norbert Stock
Vereinigung d. Unternehmerverbände
Adolf-Steckel-Str. 17
24768 Rendsburg
Telefon 0 43 31 / 59 09 0
Fax 0 43 31 / 25 75 8

Rüdiger Streich
Landesjugendring
Twjete 10 a
24598 Boostedt
Telefon 0 43 93 / 35 51
Fax 0 43 1 / 85 82 0

Hans-Georg Tomke
Bund für Umwelt und Naturschutz
Deutschland
Lerchenstr. 22
24103 Kiel
Telefon 0 43 1 / 67 30 31
Fax 0 43 1 / 67 30 33

Olivia Althaus-Apmann
IHK / Kammern der freien Berufe
IHK Flensburg
Heinrichstr. 28 - 34
24937 Flensburg
Telefon 0 46 1 / 80 6 - 0
Fax 0 46 1 / 80 6 - 71

Manfred Vollack
Vereinigte Landsmannschaften
Pappelallee 17
24782 Büdelsdorf

Ernst Vollertsen
Sydslesvigsk Forening e.V.
Norderstr. 76
24939 Flensburg
Telefon 0 46 1 / 33 67 5

Hans-Christian Wulff
Zeitungsverlegerverband
Holstenbrücke 8–10
24103 Kiel
Telefon 0 4 31 / 93 83 9
Fax 0 43 1 / 97 89 82

Heinrich Henftling
DVU

Thüringer Landesanstalt für privaten Rundfunk (TLR)

Anstalt des öffentlichen Rechts
Plauesche Str. 20
99310 Arnstadt
Telefon: 0 36 28 / 7 81 88
Fax: 0 36 28 / 7 81 80

Direktor: Dr. Victor Henle

Amtszeit: 6 Jahre (1992 bis 1998)

Lebenslauf:
Dr. jur. Victor Henle, geb. am 25. Mai 1942 in Mörnsheim/Eichstätt. Seit 1. Februar 1992 Direktor der Thüringer Landesanstalt für Privaten Rundfunk. 1974–1985 versch. Tätigkeiten für die Regierung Oberbayerns. 1985–1989 Verlagssonderaufgaben beim »DonauKurier« Ingolstadt, Geschäftsführer der Verlagstochter Radio IN, Geschäftsführer der Kabelgesellschaft Region Ingolstadt. 1989–1990 Öffentlichkeitsarbeit im Bayerischen Staatsministerium des Innern. 1990–1992 Pressesprecher des Thüringer Innenministeriums. Lehrauftrag für Journalistik an der Universität Eichstätt.

Versammlung:	22 Mitglieder
Amtszeit:	4 Jahre (1991 bis 1995)
Vorsitzender:	Klaus-Peter Creter
Stellvertreter:	Dr. Inge Friedrich
	Alexander Matwejew
Ausschüsse:	- Programmausschuß (Vorsitz: Rudolf Funk)
	- Rechtsausschuß (Vorsitz: Winfried Neumann)
	- Haushaltsausschuß (Vorsitz: Helmut Kosmalla)
	- Jugendschutzausschuß (Vorsitz: Steffen Wieland)

Rechtsgrundlage: Thüringer Privatrundfunkgesetz (TPRG) vom 31. Juli 1991

Versammlung:

§ 45: Zusammensetzung und Amtszeit der Versammlung

(1) Die Versammlung vertritt innerhalb ihres Zuständigkeitsbereichs die Interessen der Allgemeinheit. Zur Anstaltsversammlung entsenden je einen Vertreter:
1. die evangelischen Kirchen,
2. die katholische Kirche,
3. die jüdischen Gemeinden,
4. die Arbeitnehmerverbände,
5. die Arbeitgeberverbände,
6. die Handwerkerverbände,
7. die Bauernverbände,
8. die Verbände der Opfer des Stalinismus,
9. die Verbände der Kriegsopfer, Wehrdienstgeschädigten und Sozialrentner,
10. die Behindertenverbände,
11. die Frauenverbände,
12. die Jugendverbände,
13. die Kulturverbände,
14. die Hochschulen,
15. der Landessportbund,
16. die Verbände der freien Berufe,
17. die Verbraucherschutzverbände,
18. die Naturschutzverbände,
19. die Landesregierung.

Der Versammlung gehören ferner drei Abgeordnete des Landtags aus verschiedenen Fraktionen an.

Mitglieder:

Klaus-Peter Creter
 Handwerkerverbände
 HWK Ostthüringen
 Handwerksstr. 5
 07545 Gera
 Telefon 0 36 5 / 5 50 20
 Fax 0 36 5 / 55 02 99

Dr. Hans-Andreas Egenolf
 Katholische Kirche
 Pfarrei St. Elisabeth
 Alexanderstr. 45
 99817 Eisenach
 Telefon 0 36 91 / 320 38 80

Dr. Inge Friedrich
 Landessportbund
 Arnstädter Str. 37
 99096 Erfurt
 Telefon 0 36 1 / 34 05 4 - 0 oder 73 61 44 4
 Fax 0 36 1 / 66 98 81

Rudolf Funk
 Kulturverbände
 Lengsfelder Str. 97 A
 36469 Hämbach
 Telefon 0 36 95 / 82 51 24

Dr. Karl-Heinz Hänel
Landesregierung
Ministerium für Wissenschaft
Werner-Seelenbinder-Str. 1
99096 Erfurt
Telefon 0 36 1 / 34 7 - 0
Fax 0 36 1 / 34 7 - 21 54

Prof. Dr. Knut-Olaf Haustein
Hochschulen
Medizinische Akademie
Nordhäuser Str. 74
99089 Erfurt
Telefon 0 36 1 / 79 20 49
Fax: 03 61 / 79 20 49

Dr. Karl Jahn
Bauernverband
Rudolstädter Str. 100
99099 Erfurt
Telefon 0 36 1 / 4 28 11 90
Fax 0 36 1 / 48 11 91

Ernst Kobsik
Verbände der Opfer des Stalinismus-
Kretschmerstr. 48
07549 Gera-Lusan
Telefon 0 36 5 / 3 15 39
Fax 0 36 5 / 3 15 39

Helmut Kosmalla
Evangelisch-Lutherische Kirche
Landeskirchenamt
Dr.-M.- Mitzenheim-Str. 2 a
99817 Eisenach
Telefon 0 36 91 / 6 78 99
Fax 0 36 91 / 67 83 55

Alexander Matwejew
Verbraucherzentrale
Wilhelm Külz-Str. 26
99084 Erfurt
Telefon 0 36 1 / 6 46 13 12
Fax 0 36 1 / 64 61 39 0

Rosemarie Müller-Kaynsberg
Behindertenverbände
VdK-Landesverband
Brändströmstr. 56
07749 Jena
Telefon 0 36 41 / 2 61 75

Winfried Neumann
CDU-Landtagsfraktion
Arnstädter Str. 51
95096 Erfurt
Telefon 0 36 1 / 37 22 38
Fax 0 36 1 / 3 10 01 oder 37 7 - 24 14

Reinhild Riese
Behindertenverbände
Gehrenerstr. 16 D
99310 Arnstadt
Telefon 0 36 1 / 8 07 5 - 77

Joachim Saynisch
LV der Freien Berufe
Helmholtzstr. 22
99425 Weimar
Telefon 0 36 43 / 54 51 96
Fax 0 36 43 / 53 23 2

N. N.
Jüdische Landesgemeinde
Juri-Gagarin-Ring 16
99084 Erfurt
Telefon 0 36 1 / 5 62 49 64

Uta Schnabel
Arbeitnehmerverbände
Damaschkestr. 20
99425 Weimar
Telefon 0 36 43 / 20 28 15

Dr. Inge Schubert
Arbeitgeberverbände
VWT
Lossiusstr. 1
99094 Erfurt
Telefon 0 36 1 / 6 75 91 53
Fax 0 36 1 / 67 59 - 2 22

Ursula Schüller
Frauenverbände
Kantstr. 13
99867 Gotha
Telefon 0 36 21 / 25 51 1

Harald Seidel
Landtag, SPD-Fraktion
Arnstädter Str. 51
99096 Erfurt
Telefon 0 36 1 / 37 7 - 0
Fax 0 36 1 / 37 7 - 24 17

N. N.
Landtag, PDS-Fraktion
Arnstädter Str. 51
55096 Erfurt
Telefon 0 36 1 / 37 7 - 0
Fax 0 36 1 / 37 7 - 24 16

Horst Warneyer
Naturschutzverbände / BUND
Uferstr. 1
99817 Eisenach
Telefon 0 36 91 / 62 45 97
Fax 0 36 91 / 62 48 80

Steffen Wieland
Jugendverbände
Schillerstr. 40 E
99310 Arnstadt
Telefon 0 36 1 / 41 65 69

Europäische Union

Brüssel: 97 - 113, rue Belliard
B - 1047 Bruxelles
Telefon (2) 28 42 111

EU-Kommission:

Jacques Santer (L/Christdemokrat):
Präsident

Martin Bangemann (D/Liberale):
Industrie, Informationstechnik, Telekommunikation

Marcellno Oreja (ES/Christdemokrat):
Institutionelle Fragen, Kultur und Medien

Karel von Miert (B/Sozialisten):
Wettbewerb

Edith Cresson (F/Sozialisten):
Forschung,Wettbewerbsfähigkeit

Generaldirektionen:

Generaldirektion X
Audiovisuelle Medien, Information, Kommunikation, Kultur
Rue de la Loi 200, B-1049 Bruxelles
Wetstraaat 200, B- 1049 Brussel
Telefon 299 11 11

Generaldirektor:
Colette Flesch

Direktion A - Audiovisuelle Medien
Jens Siemers

Direktion B - Information
Niels Thogersen

Direktion C - Finanzinstitutionen
Jean-Pierre Fevre

Direktion D - Gesellschaftsrecht und direkte Steuern
Thierry Stoll

Direktion E - Geistiges Eigentum und gewerblicher Rechtsschutz, Niederlassungs- und Dienstleistungsfreiheit, insbesondere im Bereich der reglementierten Berufe, der Medien und des Datenschutzes
Paul Waterschoot

Generaldirektion XIII
Telekommunikation, Informationsmarkt und Nutzung der Forschungsergebnisse

Rue de la Loi 200, B-1049 Bruxelles
Wetstraat 200, B - 1049 Brussel
Telefon 299 11 11

Generaldirektor:
Michel Carpentier

Direktion A - Telekommunikationspolitik; Postwesen
Nicholas Argyris

Direktion B - Fortgeschrittene Kommunikationstechnologien und -dienste
Roland Hüber

Direktion C - Technologische Entwicklungen im Bereich der Telematiknetze und - dienste
Michel Richonnier

Direktion D - FTE-Maßnahmen:Verbreitung und Nutzung der Ergebnisse aus FTE-Maßnahmen, Technolgietransfer und Innovation
Albert Strub

Direktion E - Informationsindustrie und Informationsmarkt, Linguistik
Frans de Bruine

Bundesrepublik Deutschland

Bund:

Bundeskanzler
Dr. Helmut Kohl, MdB
Bundeskanzleramt
Adenauerallee 141
53113 Bonn
Telefon: 02 28 / 56 - 0
Fax: 02 28 / 56 - 23 57

Chef des Bundeskanzleramtes
Friedrich Bohl, MdB
Bundeskanzleramt
Adenauerallee 141
53113 Bonn
Telefon 0 22 8 / 56 - 20 33
Fax 0 22 8 / 56 - 23 57

Regierungssprecher
Peter Hausmann
Presse- und Informationsamt
Welckerstraße 11
53113 Bonn
Telefon 0 22 8 / 2 08 - 0
Fax 0 22 8 / 2 08 - 25 55

Medien
Anton Pfeifer, MdB
Bundeskanzleramt
Adenauerallee 141
53113 Bonn
Telefon 0 22 8 / 56 - 20 93
Fax 0 22 8 / 56 - 23 57

Stabstelle Öffentlichkeitsarbeit
und Medienpolitik
Anton Fritzenkötter
Bundeskanzleramt
Adenauerallee 141
53113 Bonn
Telefon 0 22 8 / 56 - 25 00 /2501
Fax 0 22 8 / 56 - 23 57

Länder:

Freistaat Bayern:

Ministerpräsident
Dr. Edmund Stoiber, MdL
Bayerische Staatskanzlei
Franz-Josef-Strauß-Ring 1
80539 München
Telefon 0 89 / 21 65 - 22 15
Fax 0 89 / 21 65 - 23 18

Leiter der Staatskanzlei
Erwin Huber, MdL
Bayerische Staatskanzlei
Franz-Josef-Strauß-Ring 1
80539 München
Telefon 0 89 / 21 65 - 22 99
Fax 0 89 / 21 65 - 21 11

Regierungssprecher
Dr. Friedrich Wilhelm Rothenpieler
Bayerische Staatskanzlei
Franz-Josef-Strauß-Ring 1
80539 München
Telefon 0 89 / 21 65 - 21 15
Fax 0 89 / 21 65 - 22 64

Rundfunkreferent
Dr. Hansjörg Kuch
Bayerische Staatskanzlei
Franz-Josef-Strauß-Ring 1
80539 München
Telefon 0 89 / 21 65 - 22 34 / -22 93
Fax 0 89 / 21 65 - 21 23

Baden-Württemberg

Ministerpräsident
Erwin Teufel, MdL
Landesregierung Baden-Württemberg
Richard-Wagner-Straße 15
70184 Stuttgart
Telefon 0 71 1 / 2153 - 0
Fax 0 71 1 / 21 53 - 3 40

Staatsministerium
Dr. Erwin Vetter, MdL
Dr. Lorenz Menz
Staatsministerium Baden-Württemberg
Richard-Wagner-Straße 15
70184 Stuttgart
Telefon 0 71 1 / 21 53 - 0
Fax 0 71 1 / 21 53 - 3 40

Regierungssprecher
Hans Georg Koch
Staatsministerium Baden-Württemberg
Richard-Wagner-Straße 15
70184 Stuttgart
Telefon 0 71 1 / 21 53 - 2 22
Fax 0 71 1 / 21 53 - 3 40

Rundfunkreferent
Wolfgang Fröhlich
Staatsministerium Baden-Württemberg
Richard-Wagner-Straße 15
70184 Stuttgart
Telefon 07 11 / 21 53 - 2 37
Fax 0 71 1 / 21 53 - 2 25

Land Berlin

Regierender Bürgermeister
Eberhard Diepgen, MdBA
Berliner Rathaus
Jüdenstraße
10178 Berlin
Telefon 0 30 / 26 95 - 0
Fax 0 30 / 26 95 - 20 16

Senatskanzlei
Volker Kähne
Berliner Rathaus
Jüdenstraße
10178 Berlin
Telefon 0 30 / 26 95 - 0
Fax 0 30 / 26 95 - 20 16

Senatssprecher und Medienbeauftragter:
Dr. Michael-Andreas Butz
Berliner Rathaus
Jüdenstraße
10178 Berlin
Telefon 0 30 / 24 01 - 32 00
Fax 0 30 / 26 95 - 32 00

Rundfunkreferent
Thomas Rothkegel
Berliner Rathaus
Jüdenstraße
10178 Berlin
Telefon 0 30 / 24 01 - 24 60
Fax 0 30 / 26 95 - 20 16

Land Brandenburg

Ministerpräsident
Dr. Manfred Stolpe, MdL
Regierung des Landes Brandenburg
Heinrich-Mann-Allee 107
14473 Potsdam
Telefon: 03 31 / 8 66 - 12 00
Fax: 03 31 / 8 66 - 14 17 / 2 25 21

Leiter der Staatskanzlei
Dr. Jürgen Linde
Regierung des Landes Brandenburg
Heinrich-Mann-Allee 107
14473 Potsdam
Telefon: 03 31 / 8 66 - 12 00
Fax: 03 31 / 8 66 - 14 17 / 2 25 21

Regierungssprecher
Erhard Thomas
Regierung des Landes Brandenburg
Heinrich-Mann-Allee 107
14473 Potsdam
Telefon: 03 31 / 8 66 - 12 07
Fax: 03 31 / 8 66 - 14 17 / -14 15

Medienreferent
Sascha Bakarinow
Regierung des Landes Brandenburg
Heinrich-Mann-Allee 107
14473 Potsdam
Telefon: 03 31 / 8 66 - 12 54
Fax: 03 31 / 8 66 - 14 17

Freie Hansestadt Bremen

Präsident des Senats
Klaus Wedemeier, MdBB
Senat der Freien Hansestadt Bremen
Rathaus
28195 Bremen
Telefon 0 42 1 / 3 61 - 0
Fax 0 42 1 / 3 61 - 63 63

Senatssprecher
Dr. Klaus Sondergeld
Senat der Freien Hansestadt Bremen
Rathaus
28195 Bremen
Telefon 0 42 1 / 3 61 - 23 96
Fax 0 42 1 / 3 61 - 43 01

Leiter der Senatskanzlei
Dr. Andreas Fuchs
Senat der Freien Hansestadt Bremen
Rathaus
28195 Bremen
Telefon 0 42 1 / 3 61 - 0
Fax 0 42 1 / 3 61 - 63 63

Medienreferent
Jürgen-Cornelius Busch
Senat der Freien Hansestadt Bremen
Rathaus
28195 Bremen
Telefon 0 42 1 / 3 61 - 62 00
Fax 0 42 1 / 3 61 - 63 63

Freie und Hansestadt Hamburg

Präsident des Senats
Dr. Henning Voscherau, MdHB
Senatskanzlei
Rathausmarkt 1
20095 Hamburg
Telefon 0 40 / 36 81 - 0
Fax 0 40 / 36 81 - 21 80

Senatssprecher
Franz J. Klein
Senatskanzlei
Rathausmarkt 1
20095 Hamburg
Telefon 0 40 / 36 81 - 22 41
Fax 0 40 / 36 81 - 21 80

Leiter der Senatskanzlei
Dr. Thomas Mirow
Senatskanzlei
Rathausmarkt 1
20095 Hamburg
Telefon 0 40 / 36 81 - 0
Fax 0 40 / 36 81 - 21 80

Medienreferent
Karl-Peter Becker
Senatskanzlei
Rathausmarkt 1
20095 Hamburg
Telefon 0 40 / 36 81 - 20 21
Fax 0 40 / 36 81 - 24 68

Land Hessen

Ministerpräsident
Hans Eichel, MdL
Hessische Staatskanzlei
Bierstadter Straße 2
65189 Wiesbaden
Telefon: 06 11 / 32 - 0
Fax: 06 11 / 32 - 38 00

Leiter der Staatskanzlei
Hans Joachim Suchan
Hessische Staatskanzlei
Bierstadter Straße 2
65189 Wiesbaden
Telefon: 06 11 / 32 - 0
Fax: 06 11 / 32 - 38 00

Regierungssprecher
Klaus-Peter Schmidt-Deguelle
Hessische Staatskanzlei
Bierstadter Straße 2
65189 Wiesbaden
Telefon: 06 11 / 32 - 39 18
Fax: 06 11 / 32 - 38 01

Rundfunkreferentin
Dr. Monika Paulus
Hessische Staatskanzlei
Bierstadter Straße 2
65189 Wiesbaden
Telefon: 06 11 / 32 - 0
Fax: 06 11 / 32 - 38 00

Land Mecklenburg-Vorpommern

Ministerpräsident
Dr. Berndt Seite
Staatskanzlei des Landes Mecklenburg-Vorpommern
Schloßstraße 2–4
19053 Schwerin
Telefo: 0 38 5 / 5 88 - 0
Fax: 03 85 / 5 88 - 10 06 / -10 39

Leiter der Staatskanzlei
Dr. Thomas de Maizière
Staatskanzlei des Landes Mecklenburg-Vorpommern
Schloßstraße 2–4
19053 Schwerin
Telefon 0 38 5 / 5 88 - 0
Fax 0 38 5 / 5 88 - 10 06 / -10 39

Regierungssprecher
Frank Möhrer
Staatskanzlei des Landes Mecklenburg-Vorpommern
Schloßstraße 2–4
19053 Schwerin
Telefon 0 38 5 / 5 88 - 10 03
Fax 0 38 5 / 5 88 - 10 39

Rundfunkreferentin
Dr. Gabriele Herlemann
Staatskanzlei des Landes Mecklenburg-Vorpommern
Schloßstraße 2–4
19053 Schwerin
Telefon 0 38 5 / 5 88 - 11 30
Fax 0 3 85 / 5 88 - 10 19

Land Niedersachsen

Ministerpräsident
Gerhard Schröder, MdL
Niedersächsische Staatskanzlei
Planckstraße 2
30169 Hannover
Telefon 0 5 11 / 1 20 - 1
Fax 0 51 1 / 1 20 - 21 96

Leiter der Staatskanzlei
Wille Waike
Niedersächsische Staatskanzlei
Planckstraße 2
30169 Hannover
Telefon 0 51 1 / 1 20 - 69 07
Fax 0 51 1 / 1 20 - 21 96

Regierungssprecher
Uwe-Karsten Heye
Niedersächsische Staatskanzlei
Planckstraße 2
30169 Hannover
Telefon 0 51 1 / 1 20 - 69 46
Fax 0 51 1 / 1 20 - 69 41

Medienreferent
Reinhold Albert
Niedersächsische Staatskanzlei
Planckstraße 2
30169 Hannover
Telefon 0 51 1 / 1 20 - 69 83
Fax 0 51 1 / 1 20 - 21 96

Land Nordrhein-Westfalen

Ministerpräsident
Dr. h.c. Johannes Rau, MdL
Staatskanzlei
Haroldstraße 2
40213 Düsseldorf
Telefon 0 21 1 / 8 37 - 01
Fax 0 21 1 / 8 37 - 14 01

Chef der Staatskanzlei
Wolfgang Clement, MdL
Staatskanzlei
Mannesmannufer 1a
40213 Düsseldorf
Telefon: 02 11 / 8 37 - 01
Fax: 02 11 / 32 99 89

Regierungssprecher
Dr. Wolfgang Lieb
Staatskanzlei
Mannesmannufer 1a
40213 Düsseldorf
Telefon: 02 11 / 8 37 - 13 96 / -13 97
Fax: 02 11 / 32 05 20 / 13 20 42

Medienreferent:
Hans-Gerd Prodoehl
Staatskanzlei
Mannesmannufer 1a
40213 Düsseldorf
Telefon: 02 11 / 8 37 - 12 14
Fax: 02 11 / 8 37 - 15 05

Land Rheinland-Pfalz

Ministerpräsident
Kurt Beck, MdL
Staatskanzlei
Peter-Altmeier-Allee 1
55116 Mainz
Telefon: 0 61 31 / 16 - 0
Fax: 0 61 31 / 16 - 46 69 / -47 71

Leiter der Staatskanzlei
Klaus Rüter
Staatskanzlei
Peter-Altmeier-Allee 1
55116 Mainz
Telefon: 0 61 31 / 16 - 47 03
Fax: 0 61 31 / 16 - 21 88

Regierungssprecher
Walter Schumacher
Staatskanzlei
Peter-Altmeier-Allee 1
55116 Mainz
Telefon: 0 61 31 / 16 - 47 20
Fax: 0 61 31 / 16 - 46 66 / -40 91

Medienreferent
Dr. Hans-Dieter Drewitz
Staatskanzlei
Peter-Altmeier-Allee 1
55116 Mainz
Telefon: 0 61 31 / 16 - 47 72
Fax: 0 61 31 / 16 - 47 21

Saarland

Ministerpräsident
Oskar Lafontaine, MdL
Staatskanzlei
Am Ludwigsplatz 14
66117 Saarbrücken
Telefon: 06 81 / 50 06 - 01
Fax: 06 81 / 50 06 - 1 59

Leiter der Staatskanzlei
Dr. Kurt Bohr
Staatskanzlei
Am Ludwigsplatz 14
66117 Saarbrücken
Telefon: 06 81 / 50 06 - 01
Fax: 06 81 / 50 06 - 1 59

Regierungssprecher
Jochen Flackus
Staatskanzlei
Am Ludwigsplatz 14
66117 Saarbrücken
Telefon: 06 81 / 50 06 - 275 / -2 76
Fax: 06 81 / 50 06 - 2 22

Medienreferentin
Dr. Gisela Bender
Staatskanzlei
Am Ludwigsplatz 14
66117 Saarbrücken
Telefon: 06 81 / 50 06 - 1 17
Fax: 06 81 / 50 06 - 1 59

Freistaat Sachsen

Ministerpräsident
Prof. Dr. Kurt Biedenkopf, MdL
Staatskanzlei
Archivstraße 1
01097 Dresden
Telefon: 03 51 / 5 64 - 0
Fax: 03 51 / 5 17 32 / 5 02 24 66

Leiter der Staatskanzlei
Günter Meyer
Staatskanzlei
Archivstraße 1
01097 Dresden
Telefon: 03 51 / 5 64 - 0
Fax: 03 51 / 5 17 32 / 5 02 24 66

Regierungssprecher
Michael Sagurna
Staatskanzlei
Archivstraße 1
01097 Dresden
Telefon: 03 51 / 5 64 - 13 00
Fax: 03 51 / 5 02 24 75

Medienreferent
Christoph F. Meier
Staatskanzlei
Archivstraße 1
01097 Dresden
Telefon: 03 51 / 5 17 32

Land Sachsen-Anhalt

Ministerpräsident
Dr. Reinhard Höppner, MdL
Staatskanzlei
Hegelstraße 42
39104 Magdeburg
Telefon: 03 91 / 5 67 - 01
Fax: 03 91 / 5 67 - 65 65

Leiter der Staatskanzlei
Wolfgang Gerhards
Staatskanzlei
Hegelstraße 42
39104 Magdeburg
Telefon: 03 91 / 5 67 - 01
Fax: 03 91 / 5 67 - 65 65

Regierungssprecher
Hansjürgen Fink
Staatskanzlei
Hegelstraße 42
39104 Magdeburg
Telefon: 03 91 / 5 67 - 66 66
Fax: 03 91 / 5 67 - 66 67

Medienreferent
Manfred Nolte
Staatskanzlei
Hegelstraße 42
39104 Magdeburg
Telefon: 03 91 / 5 67 - 66 34
Fax: 03 51 / 5 67 - 65 65

Land Schleswig-Holstein

Ministerpräsidentin
Heide Simonis, MdL
Landeshaus
Düsternbrooker Weg 70
24105 Kiel
Telefon: 04 31 / 5 96 - 1
Fax: 04 31 / 25 51 / -25 52

Chef der Staatskanzlei
Klaus Gärtner
Staatskanzlei
Düsternbrooker Weg 70
24105 Kiel
Telefon: 04 31 / 5 96 - 1
Fax: 04 31 / 25 51 / -25 52

Regierungssprecher
Gerhard Hildenbrand
Staatskanzlei
Düsternbrooker Weg 70
24105 Kiel
Telefon: 04 31 / 5 96 - 25 00
Fax: 04 31 / 5 96 - 25 51

Medienreferent
Matthias Knothe
Staatskanzlei
Düsternbrooker Weg 70
24105 Kiel
Telefon: 04 31 / 5 96 - 25 10
Fax: 04 31 / 5 96 - 25 51

Freistaaat Thüringen

Ministerpräsident
Dr. Bernhard Vogel MdL
Staatskanzlei
Johann-Sebastian-Bach-Straße 1
99096 Erfurt
Telefon 0 36 1 / 3 77 30 - 01
Fax 0 36 1 / 3 77 30 - 13 / - 14

Chef der Staatskanzlei
Dr. Michael Krapp
Staatskanzlei
Johann-Sebastian-Bach-Straße 1
99096 Erfurt
Telefon 0 63 1 / 3 77 30 - 01
Fax: 0 36 1 / 3 77 30 - 98

Regierungssprecher
Hans Kaiser
Staatskanzlei
Johann-Sebastian-Bach-Straße 1
99096 Erfurt
Telefon: 03 61 / 3 77 30 - 03 / - 04
Fax: 03 61 / 3 77 30 - 64 / 3 49 04 02

Medienreferent
Jochen Fasco
Bergstraße 4
99096 Erfurt
Telefon: 03 61 / 59 76 - 3 50 / -3 51
Fax: 03 51 / 59 76 - 3 02

Europäisches Parlament

Brüssel: 97 - 113, rue Belliard
B - 1047 Bruxelles
Telefon (2) 28 42 111

1. Fraktionen

Fraktion der Sozialdemokratischen Partei Europas (PSE)

Vorsitzende:
Pauline Green (GB)
Gibson House
800 High Road
Tottenham N 17 ODH
Tel. 081/ 365 18- 92
Fax 081/ 365 18- 94

Deutsche Stellvertr. Vorsitzende:
Magdalene Hoff
Riegestr. 8-10
58091 Hagen
Tel. 02331/ 763 33
Fax 02331/ 766 32

Medienpolitische Sprecher:
Karin Junker
Feldstr. 82
40479 Düsseldorf
Telefon 0 32 22 / 2 84 - 54 29
Fax 0 32 22 / 2 84 - 94 29

Rolf Linkohr (Telekom-Fragen)
Werastr. 10
70182 Stuttgart
Telefon 0 32 22 / 2 84 - 54 52
Fax 0 32 22 / 2 84 - 94 52

Wassili Smylonas (Berater im Fraktionssekretariat)
Telefon 0 332 22 / 28 4 - 32 02

Generalsekretär: Joan Cornet Prat

Fraktionsanschrift:
L-2929 Luxembourg - Tel. 4300-1
97-113, rue Belliard
B-1047 Bruxelles - Tel. (2) 284 21 11

Fraktion der Europäischen Volkspartei (PPE)

Vorsitzender: Wilfried A.E. Martens (B)
Overwinningstraat 16
B-1060 Brussel
Tel. (2) 537 86 06
Fax (2) 354 66 76

Deutscher Stellvertr. Vorsitzender:
Hans-Gert Poettering
Schepeler Str. 18-20
49074 Osnabrück
Tel. 0 541 / 57 0 60
Fax 0 541/ 57 32 83

Medienpolitischer Sprecher:
Dr .Karsten Hoppenstedt
Hannoversche Str. 21 b
30938 Burgwedel
Telefon 0 51 39/ 50 93
Fax 0 5139 / 889 98

Ute Zurmahr (Beraterin im Fraktionssekretariat)
Telfon 0 32 22 / 28 4 - 26 02
Fax 0 32 22 / 28 4 - 2602

Generalsekretar:
Gerhard Guckenberger

Fraktionsanschrift:
L-2929 Luxembourg - Tel. 4300-1
97-113, rue Belliard
B-1047 Bruxelles - Tel. (2) 284 21 11

Fraktion der Liberalen und Demokratischen Partei Europas (ELDR)

Vorsitzender: Gijs M. de Vries (NL)
Postbus 11613
2502 Ap Den Haag
Telefon. 0 70 / 364 74 47
Fax 0 70/ 345 10 26

Generalsekretär: Mario David

Fraktionsanschrift:
L-2929 Luxembourg
Tel. 4300-1
Bat. Remorqueur,
97-113, rue Belliard
B-1047 Bruxelles
Telefon (2) 284 21 11

Konföderale Fraktion der Europäischen Unitaristischen Linken (GUE)

Vorsitzender: Alonso Jose Puerta (E)
Avda. de la Albufera, 133-135
E-28038 Madrid
Telefon (1) 447 01 05

Generalsekretar:
Maria d`Alimonte
Jose-Manuel Fernandez

Fraktionsanschrift:
L-2929 Luxembourg
Tel. 4300-1
97-113, rue Belliard
B-1047 Bruxelles
Tel. (2) 284 21 11

Fraktion Forza Europa (FE)

Vorsitzender:
Giancarlo Ligabue (I)
San Marco, 3319
I-30124 Venezia
Tel. 0 41/ 528 61 34
Fax 041/ 270 56 61

Generalsekretär:
Giampaolo Bettamio

Fraktionsanschrift:
97-113, rue Belliard
B-1047 Bruxelles
Tel. (2) 284 39 19
Fax (2) 284 97 35

Fraktion DIE GRÜNEN im Europäischen Parlament (V)

Vorsitzende:
Claudia Roth (D)
An der Steinbrücke 19
53119 Bonn
Tel. 0 22 8 / 66 60 13
Fax 0 22 8/ 66 64 02

Alexander Langer (I)
Ufficio Verdi Europa
Via Leonardo da Vinci, 3/3
C.P. 396
I-39100 Bolzano/ Bozen
Tel. 0 47 1 / 97 62 99
Fax 0 471 / 97 62 99

Generalsekretär:
Hans Nikolaus Behrend

Fraktionsanschrift:
Bat. Montoyer, 97-113, rue Belliard
B-1047 Bruxelles
Tel. (2) 284 21 11
Fax (2) 230 78 37

Fraktion der Sammlungsbewegung der Europäischen Demokraten (RDE)

Vorsitzender:
Jean-Claude Pasty (F)
128, Boulevard Saint-Germain
F-75006 Paris
Tel. (1) 43 54 08 08
Fax (1) 40 46 07 15

Generalsekretäar:
Jean-Paul Leonard

Fraktionsanschrift:
L-2929 Luxembourg - Tel. 4300-1
97-113, rue Belliard
B-1047 Bruxelles - Tel. (2) 284 21 11

Fraktion der Radikalen Europäischen Allianz (ARE)

Vorsitzende:
Catherine Lalumiere (F)
65, rue Notre Dame des Champs
F-75006 Paris

Generalsekretär:
Olivia Ratti
Neil Fergusson

Fraktionsanschrift:
97-113, rue Belliard
B-1047 Bruxelles
Tel. (2) 284 21 11
Fax (2) 321 11 83

Fraktion Europa der Nationen (Koordinierungsgruppe) (EDN)

Vorsitzender:
James Michael Goldsmith (F)
142, rue du Bac
F-75007 Paris
Tel. (1) 44 39 11 02
Fax (1) 42 84 20 60

Generalsekretär:
Bruno Erhard Steiner
Martin Marcussen

Fraktionsanschrift:
97-113, rue Belliard
B-1047 Bruxelles
Tel. (2) 284 21 11
Fax (2) 284 91 44

Fraktionslose (NI)

Sekretariat:
Germano Vecchio Verderame

Fraktionsanschrift:
Bat. Remorqueur (509), 93, rue Belliard
B-1047 Bruxelles - Tel. (2) 284 25 79

2. Ausschüsse

Ausschuß für Kultur, Jugend, Bildung und Medien (C 12)

Vorsitzende:
Luciana Castellina (I/GUE)
Via San Valentino, 32
I-00197 Roma
Telefon (06) 80 84 808
Fax (06) 80 75 150

Deutscher Stellvertr. Vorsitzender:
Daniel Cohn-Bendit (D/V)
Europäisches Parlament 97-113,
rue Belliard B-1047 Bruxelles

Deutsche Mitglieder:
Lissy Gröner (PSE)
Parkstr. 15
91413 Neustadt/Aisch
Telefon 0 91 61 / 10 76
Fax 0 91 61 / 10 68

Renate Heinisch (PPE)
Kurpfalzstr. 37
97944 Boxberg
Telefon 0 79 30 / 20 51
Fax 07930/ 17 96

Karin Junker (PSE)
Feldstr. 82
40479 Düsseldorf
Telefon 0 21 1/ 498 31 84
Fax 0 21 1/ 491 18 30

Helmut Kuhne (PSE)
Akazienstr. 1
59505 Bad Sassendorf
Telefon 0 29 21/ 515 07

Doris Pack (PPE)
Bei der weiß Eich 1
66129 Saarbrücken
Telefon 0 68 05 / 16 54
Fax 0 68 05 / 21 5 80

Weitere Mitglieder:
Gerard d`Aboville (F/RDE)
Anne Andre-Leonard (B/ELDR)
Pedro Aparicio Sanchez (E/PSE)
Maria Jesus Aramburu del Rio (E/GUE)
Aldo Arroni (I/FE)
Corrado Augias (I/PSE)

Gerardo Bianco (I/PPE)
Gian Piero Boniperti (I/ FE)
Philippe C. De Coene (B/ PSE)
Karel C.C. Dillen (B/ NI)
Michael N. Elliott (GB/ PSE)
Josef Antonio Escudero (E/ PPE)
Robert J.E. Evans (GB/ PSE)
Nicole Fontaine (F/ PPE)
Gerardo Galeote Quecedo (E/ PPE)
Armelle Guinebertiere (F/ RDE)
Odile Leperre-Verrier (F/ ARE)

Marilena Marin (I/ ELDR)
Enrico Montesano (I/ PSE)
Mair Eluned Morgan (GB/ PSE)
Nana Mouskouri (GR/ PPE)
Roy James Perry (GB/ PPE)
Carlo Ripa di Meana (I/ V)
Francois Seillier (F/ EDN)
Luisa Todini (I/ FE)
Carole Tongue (GB/ PSE)
Helena Vaz da Silva (P/ ELDR)

Ausschuß für Forschung, technologische Entwicklung und Energie (C 5)
Vorsitzender:
Umberto Scapagnini (I/ FE)
Via Artale d`Alagona, 27 / H
I - 95100 Catania
Telefon 0 95 / 49 45 99
Fax 0 95 / 49 47 99

Deutsche Mitglieder:
Undine-Uta Bloch von Blottnitz (V)
Markus Ferber (PPE)
Bernd Lange (PSE)
Rolf Linkohr (PSE)
Peter Michael Mombaur (PPE)
Mechthild Rothe (PSE)

Ausschuß für Wirtschaft, Währung und Industriepolitik (C 4)

Vorsitzender:
Karl von Wogau (D/ PPE)
Leo-Wohleb-Str. 6
79022 Freiburg
Telefon 0 76 1/ 218 08 41
Fax 0 76 1/ 218 08 71

Deutsche Mitglieder:
Ingo Friedrich (PPE)
Norbert Glante (PSE)
Karsten Hoppenstedt (PPE)
Christoph Konrad (PPE)
Wilfried Kuckelkorn (PSE)
Werner Langen (PPE)
Christa Randzio-Plath (PSE)
Bernhard Rapkay (PSE)
Irene Barbara Soltwedel-Schäfer (V)
Friedrich Wolf (V)

Partei: CDU

Bundesvorsitzender:
Dr. Helmut Kohl MdB
Bundeskanzleramt
53 113 Bonn
Telefon 0 22 8 / 56-0
Fax 0 22 8 / 56-23 57

Generalsekretär
Peter Hintze MdB
Konrad-Adenauer-Haus
53113 Bonn
Telefon 0 22 8/54 4-44 4
Fax 0 22 8/544-23 3

Sprecher Bundesverband
Dr. Rolf Kiefer
Konrad-Adenauer-Haus
53113 Bonn
Telefon 0 22 8/544-521
Fax 0 22 8/23 60 98

Fraktionsvorsitzender:
Dr. Wolfgang Schäuble MdB
Bundeshaus
53113 Bonn
Telefon 0 22 8/16-82 60 0
Fax-0 36 1/16-85 11 5

Sprecher Fraktion:
Walter Bajohr
Bundeshaus
53113 Bonn
Telefon 0 22 8/16 4 - 23 60
Fax 0 36 1/16- 4 - 26 60

Medienpol. Sprecher Fraktion:
N.N.

Medienpol. Sprecher Bundesverband.:
Bernd Neumann MdB
Bundeshaus
53113 Bonn
Telefon 0 22 8 / 16- 83 73 8
Fax 0 22 8 / 16 8 - 67 38

Medienpolitik Fraktion:
Stellvertr.Fraktionsvorsitzender
Gerhard Friedrich MdB
Arbeitsbereich: Post und Telekommunikation, Bildung, Wissenschaft, Forschung,Technologie, Umwelt
Bundeshaus
53113 Bonn
Telefon 0 22 8 /16- 87 48 1
Fax-Nr. 0 36 1/16-86 17 3

Arbeitsgruppe Zukunft
(Bildung, Wissenschaft, Forschung und Technologie)
Leitung: Christian Lenzer MdB
Bundeshaus
53113 Bonn
Telefon 0 22 8 / 16 - 83 44 2
Fax 0 22 8 / 16 - 86 44 2

Partei: CSU

Vors. Landesgruppe
Michael Glos MdB
Bundeshaus
53 113 Bonn
Telefon 0 22 8 / 16 8 - 30 49
Fax 0 22 8 / 16 86 91 1

Parlamentarischer Geschäftsführer:
Eduard Oswald MdB
Bundeshaus
53113 Bonn
Telefon 0 22 8 / 16 - 82 24 0
Fax 0 22 8 / 16 - 86 35 0

Medienpolitik Fraktion:
Arbeitskreis VI (Forschung,Technologie,
Bildung und Wissenschaft, Post- und Telekommunikation)
Leitung: Martin Mayer MdB
Bundeshaus
53113 Bonn
Telefon 0 22 8 / 16 - 87 67 6
Fax 0 22 (/ 16 - 86 30 6

Sprecher Landesgruppe
Johannes Pohlmann
Bundeshaus
53113 Bonn
Telefon 0 22 8/16 4 - 2138
Fax 0 22 8/ 16 - 86 0 26

Medienpolitische Sprecher Landesgruppe:
Johannes Pohlmann
Telefon 0 22 8/16 4 -2138
Wolfgang Jenders
Telefon 0 22 8 / 16 4 -30 92
Linda Giers-Lambert
Telefon 0 22 8 / 16 4 -30 85
Bundeshaus
53113 Bonn
Fax 0 22 8 / 16 - 86 0 26

Partei: SPD

Bundesvorsitzender:
Rudolf Scharping MdB
Bundeshaus
Görrestr. 15
53113 Bonn
Telefon 0 22 8 / 16-87 74 8
Fax 0 22 8 / 16 4 -65 91

Bundesgeschäftsführer:
Günter Verheugen MdB
Erich-Ollenhauer-Haus
Ollenhauerstr. 1
53113 Bonn
Telefon 0 22 8 / 53 22 36
Fax 0 22 8 /53 23 85

Sprecher Bundesverband:
Sven Martenson
Dagmar Wiebusch
Erich-Ollenhauer-Haus
Ollenhauerstr. 1
53113 Bonn
Telefon 0 22 8 / 53 2-300
Fax 0 22 8 / 23 70 65

Med.pol. Sprecher Bundesvbd.:
Andreas Ihlefeldt
Erich-Ollenhauer-Haus
Ollenhauerstr. 1
53113 Bonn
Telefon0 22 8 / 53 2-237
Fax 0 22 8/ 53 2-41 0

Fraktionsvorsitzender:
Rudolf Scharping MdB
Bundeshaus
Görrestr. 15
53113 Bonn
Telefon 0 22 8 / 16 8 - 77 48
Fax 0 22 8 / 16 4 - 65 91

Sprecher Fraktion:
Ulrich Heier
Bundeshaus
Görrestr. 15
53113 Bonn
Telefon 0 22 8 / 16 4 27 28
Fax 0 22 8 / 16 4 -70 85

Medienpol. Sprecher Fraktion:
Prof. Dr. Peter Glotz MdB
Bundeshaus
Görrestr. 15
53113 Bonn
Telefon 0 22 8 / 16 8 37 82
Fax 0 22 8 / 16-86 19 5

Sprecher Fraktion für Post und
Telekommunikation
Hans Martin Bury MdB
Bundeshaus
53113 Bonn
Telefon 0 22 8 / 16 - 87 60 8
Fax 0 22 8 / 16 - 86 60 8

Partei: FDP

Bundesvorsitzender:
Dr. Klaus Kinkel MdB
Thomas-Dehler-Haus
Adenauerallee 266
53113 Bonn
Telefon 0 22 8 / 54 7-218/318
Fax 0 22 8 / 54 7-298

Generalsekretär:
Dr. Guido Westerwelle
Thomas-Dehler-Haus
Adenauerallee 266
53113 Bonn
Telefon 0 22 8 / 54 7 - 218
Fax 0 22 8 / 54 7 - 29 8

Sprecher Bundesverband:
Hans-Rolf Goebel
Thomas-Dehler-Haus
Adenauerallee 266
53113 Bonn
Telefon 0 22 8 / 54 7-218
Fax 0 22 8 / 54 7-298

Med.pol. Sprecher Bundesvbd.:
Hans-Joachim Otto
Thomas-Dehler-Haus
Adenauerallee 266
53113 Bonn
Telefon 0 22 8 / 54 7-242
Fax 0 22 8 / 54 7 - 29 9

Fraktionsvorsitzender:
Dr. Hermann Otto Solms MdB
Bundeshaus
Görrestr. 15
53113 Bonn
Telefon 0 22 8 / 16 8 - 74 56
Fax 0 22 8 /16 8 -64 30

Sprecher Fraktion:
Clemens Heitmann
Bundeshaus
Görrestr. 15
53113 Bonn
Telefon 0 22 8 / 16 4 - 23 78
Fax 0 22 8 / 16 4 -57 78

Medienpol. Sprecher Fraktion:
Dr. Max Stadler
Bundeshaus
53113 Bonn
Telefon 0 22 8 / 16 8 - 13 24
Fax 0 22 8 / 16 8 - 68 10

Medienpolitik Fraktion:
Arbeitskreis II:
Post- und Telekommunikation;
Finanz, Haushalts-, Wirtschafts- und Fremdenverkehrspolitik
Leitung:
Dr. Otto Graf Lambsdorff MdB
Bundeshaus
53113 Bonn
Telefon 0 22 8 / 16 - 87 64 0
Fax 0 22 8 / 16 - 86 74 6

Partei: Bündnis 90/Grüne

Bundesvorsitzender:
Krista Sager
Jürgen Trittin
Haus Wittgenstein
Im Ehrental 2–4
53332 Bornheim
Telefon 0 22 22/ 70 08-0
Fax 0 22 22 / 70 08-99

Politische Geschäftsführerin:
Heide Rühle
Haus Wittgenstein
Im Ehrental 2 - 4
53332 Bornheim
Telefon 0 22 22 / 70 08 - 38
Fax 0 22 22 / 70 08 - 65 9

Sprecherin Bundesverband:
Susanne Düwel
Haus Wittgenstein
Im Ehrental 2-4
53332 Bornheim
Telefon 0 22 22 / 70 08-31/34
Fax 0 22 22 / 70 08 -65 9

Med.pol. Sprecher Bundesvbd.:
Dr. Norbert Franck
Haus Wittgenstein
Im Ehrental 2–4
53332 Bornheim
Telefon0 22 8 / 70 08-32 / 34
Fax 0 22 22 / 70 08-659

Fraktionsvorsitzender:
Joschka Fischer MdB
Telefon 0 22 8 / 16 8 - 90 69
Fax 0 22 8 / 16 8 - 66 62
Kerstin Müller MdB
Telefon 0 22 8 / 16 8 – 10 22
Fax 0 22 8 / 16 8 - 64 80
Bundeshaus
Görrestr. 15
53113 Bonn

Sprecher Fraktion:
Heinz Suhr
Bundeshaus
Görrestr. 15
53113 Bonn
Telefon 0 22 8 / 16 4 - 23 78
Fax 0 22 8 / 16 4 – 49 62

Medienpol. Sprecher Fraktion:
Heinz Suhr

Medienpolitk Fraktion:
Arbeitskreis I
Telekommunikation, Forschung und
Technik, Wissenschaft,Bildung,
Wirtschaft
Leitung: Gerald Häfner MdB
Bundeshaus
53113 Bonn
Telefon 0 22 8 / 16 - 47 73 9
Fax 0 22 8 / 16 - 45 03 3

Ausschüsse der Parteien zur Medienpolitik:

Bundesfachausschuß für Medienpolitik der CDU

Vorsitzender: Bernd Neumann MdB
Stellvertretende Vorsitzende: Klaus von Trotha MdL
Gabriele Wiechatzek

Mitglieder:

Ursula Bannasch-Hermkes
 Roßstr. 32
 40476 Düsseldorf
 Telefon 0 21 1 / 46 18 06
 Fax 0 22 8 / 54 4 - 36 7

Dr. Dirk Michael Barton -
 BDZV
 Riemenschneiderstr. 10
 53175 Bonn
 Telefon 0 22 8 / 81 00 - 4 10 / - 4 15
 Fax 0 22 8 / 81 0 04 - 15

Dieter Bauerfeind
 Ringstr. 153
 4209 Leipzig
 Telefon 0 34 5 / 50 30 34
 Fax 0 34 5 / 50 30 35

Prof.Dr. Wolfgang Bergsdorf
 BMI
 Graurheindorferstr. 198
 53117 Bonn
 Telefon 0 28 8 / 6 81 55 02
 Fax 0 28 8 / 68 15 50 4

Christian Boergen
 Odenwaldblick 9
 65207 Wiesbaden-Naurod
 Telefon 0 69 / 5 97 00 88

Dr. Eberhard Dall'Asta
 Lärchengrund 8
 24119 Kronshagen
 Telefon 0 43 1 / 5 96 21 85
 Fax 0 43 1 / 59 6 - 21 04

Jürgen Doetz
 SAT. 1
 Otto-Schott-Str. 13
 55127 Mainz
 Telefon 0 61 31 / 90 03 00
 Fax 0 61 31 / 90 0 - 30 3

Jürgen Echternach
 CDU
 Leinpfad 74
 22299 Hamburg
 Telefon 0 40 / 4 60 10 11
 Fax 0 40 / 46 35 10

Wolfgang Erler
 Obere Hohl 13
 65620 Waldbrunn
 Telefon 0 64 36 / 40 80
 Fax 0 64 36 / 66 75

Michel Friedman
 Fürstenberger Str. 143
 60322 Frankfurt
 Telefon 0 69 / 55 02 31
 Fax 0 69 / 59 80 52

Georg Gafron
Radio Hundert, 6
Kath. Heinroth-Ufer 1
10787 Berlin
Telefon 0 30 / 25 40 3 - 20 2
Fax 0 30 / 25 40 3 - 20 9

Dieter Haaßengier
Leonidengasse 15
30823 Garbsen
Telefon 0 51 37 / 7 15 68
Fax 0 51 1 / 27 99 1 - 31

Manfred Harnischfeger
Bertelsmann AG
Carl-Bertelsmann-Str. 270
33311 Gütersloh
Telefon 0 52 41 / 80 27 65
Fax 0 52 41 / 80 66 12 0

Ruth Hieronymi
Marienstr. 8
53225 Bonn
Telefon 0 22 8 / 8 84 27 19
Fax 0 21 1 / 88 4 - 33 09

Dr. Norbert Holzer
Blumenstr. 8
66292 Riegelsberg-Walpertshofen
Telefon 0 68 1 / 60 75 - 39 / - 40
Fax 0 68 1 / 60 78 57

Dr. Herbert Hupka
Lessingstr. 26
53113 Bonn
Telefon 0 22 8 / 21 55 18
Fax 0 22 8 / 21 55 18

Karsten Knolle
Turmstr. 06
06484 Quedlinburg
Telefon 0 39 46 / 25 68
Fax 0 39 46 / 25 68

Gabriele Kokott-Weidenfeld
Layerstr. 42
56073 Koblenz
Telefon 0 61 31 / 20 83 28
Fax 0 61 31 / 20 8 - 34 2

Dr. Gottfried Müller
Heydenreichstraße 11
07749 Jena
Telefon 0 36 41 / 2 43 98
Fax 0 56 1 / 12 89 5

Hartmut Nassauer
Wieselweg 5
34466 Wolfhagen
Telefon 0 61 1 / 35 02 29
Fax 0 56 1 / 12 89 5

Bernd Neumann
MdB
Bundeshaus
53113 Bonn
Telefon 0 22 8 / 16 -83 73 8
Fax 0 22 8 / 16 - 86 73 8

Horst Rasch
Hauptstr. 3
01471 Bärnsdorf
Telefon 0 35 1 / 4 85 54 52

Prof. Dr. Reinhart Ricker
Schumannstr. 8
60325 Frankfurt
Telefon 0 69 / 74 77 22
Fax 0 69 / 75 18 06

Marlis Robels-Fröhlich
Theodor-Heuss-Ring 14
50668 Köln
Telefon 0 22 1 / 20 35 - 2 10 / - 2 11
Fax 0 21 1 / 88 4 - 22 65

Henning Röhl
MDR
Kantstr. 71–73
04275 Leipzig
Telefon 0 34 1 / 55 96 - 50 0
Fax 0 23 1 / 41 34 20 9

Dr. Horst Röpke
Allee nach Glienicke 45
14482 Potsdam
Telefon 0 33 1 / 7 83 09

Joachim Steinmann
Fünfte Wallstr. 1
18246 Bützow/Mecklenburg
Telefon 0 38 5 / 8 10 42 25
Fax 0 38 5 / 58 1 - 20 77

Prof. Dr. Dieter Stolte
ZDF
ZDF-Straße
55127 Mainz
Telefon 0 61 31 / 70 20 00
Fax 0 61 31 / 70 - 21 57

Klaus von Trotha
Wissenschaftsministerium
Königstr. 46
70173 Stuttgart
Telefon 0 71 1 / 27 9 - 0
Fax 0 71 1/ 27 9 - 30 80

Peter Voß
SWF
Hans-Bredow-Straße
76530 Baden-Baden
Telefon 0 72 21 / 92 22 01
Fax 0 72 21 / 92 20 10

Patrick Warnking
Gustav-Bruch-Str. 49
66123 Saarbrücken
Telefon 0 68 1 / 3 59 01
Fax 0 68 1 / 31 77 3

Dieter Weirich
Deutsche Welle
Raderberggürtel 50
50588 Köln
Telefon 0 22 1 / 3 89 20 01
Fax 0 22 1 / 38 9 - 20 80

Gabriele Wiechatzek
Mehringer Str. 55
13465 Berlin
Telefon 0 30 / 40 15 55 4

Gäste:

Prof. Dr. Joseph-Theodor Blank
Bundesstraße
53113 Bonn
Telefon 0 22 8 / 16 - 83 73 0
Fax 0 22 8 / 16 - 86 12 2

Dr. Karsten Hoppenstedt
Bruchholzwiesen 21
30938 Burgwedel
Telefon 0 51 39 / 50 93
Fax 0 51 39 / 88 99 8

Klaus Kopka
BLM
Fritz-Erler-Str. 30
81737 München
Telefon 0 89 / 6 38 08- 0
Fax 0 89 / 63 74 33 6

Anton Pfeifer
Bundeskanzleramt
Adenauerallee 139–141
53113 Bonn
Telefon 0 22 8 / 56 20 60
Fax 0 22 8 / 56 - 23 57

Barthel Schoelgens
  Konrad-Adenauer Stiftung
  Rathausallee 12
  53757 Sankt Augustin
  Telefon 0 22 41 / 2 46 5 25 - 55 3
  Fax 0 22 41 / 24 65 91

Dr. Christian Schwarz-Schilling
  Winston-Churchill-Straße
  53113 Bonn
  Telefon 02 28 / 1 68 74 17
  Fax 0 22 8 / 16 - 86 41 7

Dr. Erwin Vetter
  Staatsministerium
  Richard-Wagner-Str. 15
  70184 Stuttgart
  Telefon 0 71 1 / 2 15 32 95
  Fax 0 71 1 / 21 53 - 34 0

Dr. Otto Wiesheu
  Bayerisches Wirtschaftsministerium
  Prinzregentenstr. 28
  80525 München
  Telefon 0 89 / 21 62 - 22 00
  Fax 0 89 / 21 62 - 27 97

Medienkommission der CSU:

Vorsitzender: Dr. Otto Wiesheu MdL

Mitglieder:

Dr. Hermann Balle
Straubinger Tagblatt
Ludwigsplatz 30
94315 Straubing
Telefon 0 94 21 / 9 40 - 0
Fax 0 94 21 / 94 0 - 20 6

Wolf Feller
BR-Direktor
Floriansmühlstr. 60
80939 München
Telefon 0 89 / 59 00 - 01
Fax 0 89 / 59 00 - 23 75

Alois Glück
Landtag
Maximilianeum
81627 München
Telefon 0 89 / 41 26 - 26 75
Fax 0 89 / 47 02 43 5

Erwin Huber
Landtag
Maximilianeum
81765 München
Telefon 0 89 / 21 65 - 22 99
Fax 0 89 / 21 65 - 21 11

Dr. Thomas Goppel
Umweltministerium
Rosenkavalierplatz 2
81925 München
Telefon 0 89 / 92 14 - 21 00
Fax 0 89 / 92 14 - 22 66

Reinhard Hartstein
Postfach 51 06 40
50942 Köln
Telefon 0 22 1 / 3 89 - 0
Fax 0 22 1 / 48 9 - 30 00

Josef Hollerith
Schwaigerstr. 20
85646 Anzing
Telefon 0 81 21 / 30 54
oder 0 22 8 / 16 - 84 93 2
Fax 0 22 8 / 16 - 86 78 1

Prof. Dr. Reinhold Kreile
Südliche Auffahrtsallee 17
80639 München
Telefon 0 89 / 22 35 35

Prof. Dr. Ulrich Hommes
Rilkestr. 29
93049 Regensburg
Telefon 0 94 1 / 9 43 - 1
Fax 0 94 1 / 94 3 - 23 05

Eduard Lintner
BMI
Graurheindorfer Str. 198
53117 Bonn
Telefon 0 22 8 / 68 1- 35 70

Franziska Miroschnikoff
CSU-Landesleitung
Nymphenburger Str. 64
80335 München
Telefon 0 89 / 12 43 - 0
Fax 0 89 / 12 43 - 27 4

Rudolf Mühlfenzl
Leitenhöhe 24
82229 Seefeld
Telefon 0 81 52 / 78 79 8

Manfred Purzer
Betzenweg 52
81247 München
Telefon 0 89 / 95 08 2 - 101
Fax 0 89 / 95 08 2 - 113

Hans-Peter Niedermeier
Hanns-Seidel-Stiftung
Lazarettstraße 33
80636 München
Telefon 0 89 / 12 58 - 30 1
Fax 089 / 12 58 - 40 3

Bernd Protzner
CSU-Landesleitung
Nymphenburger Str 64
80335 München
Telefon 0 89 / 12 43 - 1
Fax 0 89 / 12 43 - 22 0

Dr. Udo Reiter
MDR
Kantstr. 71 - 73
04275 Leipzig
Telefon 0 34 1 / 55 95 - 0
Fax 0 34 1 / 55 96 21 6

Paul Rieger
Enzianstr. 54
82178 Puchheim
Telefon 0 89 / 80 73 22
Fax 0 89 / 80 05 54 9

Prof. Dr. Wolf-Dieter Ring
Präsident BLM
Fritz-Erler-Str. 30
81737 München
Telefon 0 89 / 63 80 8 - 12 0
Fax 0 89 / 63 74 33 6

Dr. Klaus Schaefer
Bayerische Staatskanzlei
Franz-Josef-Strauß-Ring 1
80539 München
Telefon 0 89 / 21 65 - 23 76
Fax 0 89 / 21 65 - 21 23

Wilfried Scharnagl
Bayernkurier
Nymphenburger Str. 64
80335 München
Telefon 0 89 / 12 00 41 46
Fax 0 89 / 12 93 05 0

Norbert Schäfer
Bundespresseamt
Welckerstr. 11
53113 Bonn
Telefon 0 22 8 / 20 8 - 0
Fax 0 22 8 / 20 8 - 25 55

Dr. Edmund Stoiber
Ministerpräsident
Franz-Josef-Strauß-Ring 1
80539 München
Telefon 0 89 / 21 65 - 22 15
Fax 0 89 / 21 65 - 23 18

Horst Uhlemann
E.C. Baumann-Str. 5
95326 Kulmbach
Telefon 0 92 21 / 94 93 23

Hans Zehetmair
Kultusministerium
Salvatorplatz 2
80333 München
Telefon 0 89 / 21 86 - 0
Fax 0 89 / 21 86 - 28 00

Dr. Fritz Zimmermann
Kanzlei Nörr und Kollegen
Briennerstr. 28
80333 München
Telefon 0 89 / 28 01 11
Fax 0 89 / 85 99 50 6

Dr. Otto Wiesheu
Wirtschaftministerium
Prinzregentenstraße 28
80538 München
Telefon 0 89 / 21 62 - 22 00
Fax 0 89 / 21 62 - 27 97

Kommission Medienpolitik der SPD

Vorsitzender: Reinh. Klimmt MdL
Stellvertreter: Manfred Becker
Peter Glotz MdB
Reinhard Grätz MdL
Karin Junker MdEP

Mitglieder:

Hans-Jürgen Arlt
  Pressestelle DBG-Bundesvorstand
  Hans-Böckler-Str. 39
  40476 Düsseldorf
  Telefon 0 21 1 / 43 01 0 - 0
  Fax 0 21 1 / 43 0 - 14 71

Manfred Becker
  Scheffelstr. 26
  10367 Berlin
  Telefon 0 30 / 21 23 32 75
  Fax 0 30 / 21 23 32 88

Wolfgang Birthler
  Brandenburg
  Landtag
  Am Havelblick 8
  14473 Potsdam
  Telefon 0 33 1 / 9 66 13 01
  Fax 0 33 1 / 96 6 - 13 07

Marianne Brinckmeier
  Abgeordnetenhaus
  Preußischer Landtag
  10111 Berlin
  Telefon 0 30 / 23 25 10 10
  Fax 0 30 / 23 25 - 10 38

Jürgen Büssow
  Landtag
  Platz des Landtags 1
  40221 Düsseldorf
  Telefon 0 21 1 / 8 84 26 34
  Fax 0 21 1 / 8 84 20 56

Dr. Dieter Dehm
  Humboldstr. 86
  60318 Frankfurt
  Telefon 0 61 72 / 4 10 - 77 / - 74
  Fax 0 61 72 / 4 93 95

Heide Dörrhöfer-Tucholski
  NRW-Landesvertretung
  Friedrich-Ebert-Allee 30
  53113 Bonn
  Telefon 0 22 8 / 53 03 - 26 1
  Fax 0 22 8 / 53 03 - 28 1

Freimut Duve
  Bundeshaus
  53113 Bonn
  Telefon 0 22 8 / 16 - - 87 10 9
  Fax 0 22 8 / 16 - 86 15 3

Benedikt Dyrlich
  Landtag
  Holländische Straße
  01067 Dresden
  Telefon 0 35 1 / 49 3 - 50
  Fax 0 35 1 / 49 3 - 54 51

Helmut Frahm
  SPD - Hamburg
  Kurt-Schumacher-Allee 10
  20097 Hamburg
  Telefon 0 40 / 24 13 01
  Fax 0 40 / 24 13 05

Siegfried Friese
Landtag
Lennéstr. 1
19053 Schwerin
Telefon 0 38 5 / 52 6 - 23 04
Fax 0 38 5 / 52 5 - 23 20

Anke Fuchs
Bundeshaus
53113 Bonn
Telefon 0 22 8 / 16 8 - 25 77
Fax 0 22 8 / 1 68 61 75

Prof.Dr. Peter Glotz
Bundeshaus
53113 Bonn
Telefon 0 22 8 / 16 - 83 78 2
Fax 0 22 8 / 16 - 86 19 5

Reinhard Grätz
Landtag
Platz des Landtags
40221 Düsseldorf
Telefon: 02 11 / 8 84 26 20
Fax 0 21 1 / 8 84 22 90

Sabine Hadamik
LfR
Willi-Becker-Allee 10
40227 Düsseldorf
Telefon 0 22 1 / 7 70 07 25
Fax 0 21 1 / 72 71 70

Hermann Heinemann
Paschufer 17
58640 Iserlohn
Telefon 0 23 04 / 52 78

Karin Hempel-Soos
Professor-Neu-Allee 20
53225 Bonn
Telefon 0 22 8 / 46 66 00
Fax 0 22 8 / 46 66 11

Karl-Heinz Hiersemann
Landtag
Maximilianeum
81675 München
Telefon 0 89 / 41 26 - 0
Fax 0 89 / 41 26 - 13 51

Karin Junker
Vorsitzende der AsF
Feldstr. 82
40479 Düsseldorf
Telefon: 02 11 / 4 98 31 84
Fax 0 21 1 / 4 91 18 30

Dr. Bärbel Kern
Verbindungsbüro Niedersachsen
24 Ave. Palmastron
1040 Brüssel
Telefon 0 03 22 / 2 30 00 17
Fax 0 03 22 / 23 01 32 0

Birgit Kipfer
Landtag
Haus der Abgeordneten
Konrad-Adenauer-Str. 3
70173 Stuttgart
Telefon 0 71 1 / 2 06 37 45
Fax 0 71 1 / 20 63 - 71 0

Reinhard Klimmt
Landtag
Franz-Josef-Röder-Str. 7
66119 Saarbrücken
Telefon 0 68 1 / 5 00 22 - 82 / - 48
Fax 0 68 1 / 5 00 23 87

Alexandra Kramm
Schulstr. 19 A
30916 Isernhagen
Telefon 0 22 8 / 53 23 63

Lutz Kühn
Landtag
Domplatz 6–9
39104 Magdeburg
Telefon 0 39 1 / 55 60 - 31 09
Fax 0 39 1 / 56 0 - 30 20

Klaus-Jürgen Lais
Postfach 3040
55020 Mainz
Telefon: 0 61 31 / 20 83 74
Fax: 0 63 21 / 26 36

Erdmann Linde
Mommsenweg 5
44225 Dortmund
Telefon: 02 31 / 13 93 - 2 65

Prof. Dr. Gisela Losseff-Tillmanns
Am Eichelkamp 63
40723 Hilden
Telefon 0 21 1 / 3 11 46 35
Fax 0 21 03 / 2 29 66

Gisela Marx
Poststr. 2–4
50676 Köln
Telefon: 02 21 / 23 62 31
Fax: 02 21 / 23 55 80

Dieter Schinzel
Heinrichsallee 50–54
52062 Aachen
Telefon 0 24 1 / 53 66 - 46 / - 47
Fax: 024 1 / 2 31 98

Harald Seidel
Landtag
Arnstädter Str. 51
99096 Erfurt
Telefon 0 36 1 / 3 77 23 36
Fax 0 36 1 / 24 38

Christoph Singelnstein
ORB
Tieckstr. 35
10115 Berlin
Telefon 0 30 / 55 16 52 10
Fax 0 30 / 96 53 57 1

Karola Sommerey
Hörfunkdirektorin MDR
Springerstr. 22–24
04105 Leipzig
Telefon 0 34 1 / 5 59 50
Fax: 03 41 / 29 53 09

Dr. Cornelia Sonntag-Wolgast
Bundeshaus
53113 Bonn
Telefon 0 22 8 / 16 - 83 89 8
Fax 0 22 8 / 16 - 86 43 2

Jochen Suchan
Hess. Staatskanzlei
Bierstadter Str. 2
65189 Wiesbaden
Telefon: 06 11 / 32 39 - 04 / - 05
Fax: 06 11 / 32 38 02

Katharina M. Trebitsch
Trebitsch Produktion GmbH & Co. KG
Jenfelder Allee 80
22045 Hamburg
Telefon: 040 / 66 88 22 - 00 / - 03
Fax: 040 / 66 88 43 08

Gerd Nies
IG Medien
Friedrichstr. 15 5
70174 Stuttgart
Telefon: 07 11 / 2 01 81 1
Fax 0 71 1 / 20 18 - 26 2

Uwe Parpart
Am Parkbahnhof 8 F
27380 Bremerhaven
Telefon: 04 71 / 95 49 50

Alfred Reckmann
Erlenweg 344
31688 Nienstädt
Telefon: 05 11 / 3 03 03 50
Fax: 05 11 / 3 03 03 64

Jörg Richter
  Bismarckstr. 116
  20253 Hamburg
  Telefon 0 40 / 66 88 54 31
  Fax 0 40 / 66 88 54 20

Ulrike Ries-Augustin
  Friedhof 2
  53757 Sankt Augustin
  Telefon: 0 22 28 / 80 46

Philip Rosenthal
  Professor
  Schloß Erkersreuth
  95089 Selb
  Telefon: 0 92 87 / 7 22 11

Hans-Hermann Saxe
  Große Gropelgrube 4
  23552 Lübeck
  Telefon 0 45 1 / 78 69 6

Medien-Beirat der FDP:

Vorsitzender: Hans-Joachim Otto
Stellverteter: Olaf Stepputat

Mitglieder:

Hans-Joachim Otto
Landesverband Hessen
Marktplatz 13
65183 Wiesbaden
Telefon 0 61 1 / 37 80 05
Fax 0 61 11 /37 46 64

Olaf Stepputat
Landesverband Thüringen
Burgstr. 8
99752 Bleicherode
Telefon 0 36 33 8 / 42 27 9
Fax 0 36 1 /51 47 1

Udo Balzer
Landesverband Rheinland-Pfalz
Im Pflöckgarten 10
55546 Hackenheim
Telefon 0 61 31 / 23 25 41
Fax 0 61 31 / 23 38 03

Karin Bazak
Landesverband Bremen
Brauteichen 3
28755 Bremen
Telefon 0 42 1 / 34 98 06 3
Fax 0 42 1 / 34 11 41

Rainer Brüderle
Vorsitzender des Mainzer Kreises
Wirtschaftsministerium
Bauhofstr. 4
55116 Mainz
Telefon 0 61 31 / 16 - 0
Fax 0 61 31 / 16 - 21 00

Irene von Czapiewski
Landesverband Mecklenburg-Vorpommern
An der Wasch 2
17039 Woggersin
Telefon 0 38 1 / 23 50 8
Fax 0 38 1 / 22 79 1

Dr. Helmut Drück
Brentanostraße 38
12163 Berlin

Ernst Eggers
Friedrich-Wilhelm-Str. 10
53113 Bonn

Dr. Fritz Fliszar
Friedrich-Naumann-Stiftung
Königswintererstr. 409
53639 Königswinter
Telefon 0 22 23 / 7 01 0
Fax 0 22 23 / 70 1 - 18 8

Josef M. Gerwald
Programmdirektor Deutsche Welle
Raderberggürtel 50
50968 Köln
Telefon 0 22 1 / 38 9 - 0
Fax 0 22 1 / 38 9 - 30 00

Gerhard Gizler
Landesverband Niedersachsen
Merkelstr. 39
37085 Göttingen
Telefon 0 51 1 / 28 07 1-0
Fax 0 51 1 / 28 07 1 - 25

Hans-Rolf Goebel
  Vorsitzender des Kieler Kreises und Sprecher der FDP
  FDP - Bundesgeschäftsstelle
  Adenauerallee 256
  53113 Bonn
  Telefon 0 22 8 / 5 47 - 21 8
  Fax 0 22 8 / 54 7 - 29 8

Jörg Conradt
  Landesverband Sachsen-Anhalt
  Xantener Straße 8
  10707 Berlin
  Telefon 0 39 1 / 56 19 48 4
  Fax 0 39 1 / 33 91 5

Dr. Hans Hege
  Leiter der Medienanstalt Berlin-Brandenburg
  Europacenter 14. OG
  10789 Berlin
  Telefon 0 30 / 26 11 52 1
  Fax 0 30 / 26 21 04 8

Wolfgang Hempel
  Landesverband Baden-Württemberg
  Im Pantel 2
  76571 Gaggenau
  Telefon 0 71 1 / 66 61 8 - 0
  Fax 0 71 1 / 66 61 8 - 12

Hans-Jürgen Hielscher
  Landesverband Hessen
  Wildenbruchstr. 48
  60431 Frankfurt
  Telefon 0 61 1 / 37 80 05
  Fax 0 61 1 / 37 46 64

Martin Hildebrandt
  Landesverband Niedersachsen
  Hauptstr. 3
  29303 Bergen
  Telefon 0 51 1 / 28 07 1 - 0
  Fax 0 51 1 / 28 07 1 - 25

Joachim Kiefaber
  Landesverband Saarland
  Am Schmittenberg 9
  66133 Saarbrücken
  Telefon 0 68 1 / 58 46 0 - 00

Siegfried Lang
  Landesverband Sachsen
  Tiergartenstraße 38
  01219 Dresden
  Telefon 0 35 1 / 47 19 35 4
  Fax 0 25 1 / 47 16 96

Helmut Markwort
  Chefredakteur Focus
  Arabellastr. 23
  81925 München
  Telefon 0 89 / 92 50 - 0
  Fax 0 89 / 92 50 - 20 26

Thomas R. Nissen
  Direktor MDR
  Franzensbader Straße 4
  14193 Berlin
  Telefon 0 34 1 / 55 95 0
  Fax 0 23 1 / 55 96 2 16

Dr. Manfred Niewiarra
  Springer-Verlag
  Axel-Springer-Platz 1
  20350 Hamburg
  Telefon 0 40 / 34 7 - 00

Margot Oberbach
  Landesverband Berlin
  Offenbacher Str. 19
  14197 Berlin
  Telefon 0 30 / 83 13 07 1
  Fax 0 30 / 83 13 07 5

Antje-Karin Pieper
  Justitiarin des WDR
  Appellhofplatz
  50667 Köln
  Telefon 0 22 1 / 22 0 - 1
  Fax 0 22 1 / 22 0 - 48 00

N.N.
Landesverband Bayern

Achim Rohde
Landesverband NRW
FDP-Landtagsfraktion
Platz des Landtags 1
40221 Düsseldorf
Telefon 0 21 1 / 88 4 - 22 34
Fax 0 21 1 / 88 4 - 23 71

Dr. Klaus Werner Schmitter
Auslandsgruppe Europa
46, rue Mme. de Maintenon
F-78120 Rambouillet
Telefon 0 30 / 83 13 22 7

Martin Schumacher
Landesverband Schleswig-Holstein
Gellertstraße 16
24114 Kiel
Telefon 0 43 1 / 52 49 09
Fax 0 43 1 / 52 03 08

Dr. Hartwig Sengelmann
Landesverband Hamburg
Mittelweg 121 a
20148 Hamburg
Telefon 0 40 / 39 13 25
Fax 0 40 / 39 01 99 9

Rainer Siebert
Landesverband Brandenburg
Alleestr. 12
14469 Potsdam
Telefon 0 33 1 / 21 64 1
Fax 0 33 1/ 21 94 0

Oliver Stirböck
Junge Liberale
Am Hinterberg 3
63073 Offenbach
Telefon 0 22 8 / 21 50 22
Fax 0 22 8 / 26 13 26

Rüdiger von Wechmar
Amalienstr. 45
80799 München
Telefon 0 89 / 27 11 22 4

Ulrich Wildermuth
Chefredakteur Südwest Presse Ulm
Frauenstr. 77
89073 Ulm
Telefon 0 73 1 / 15 6-0
Fax 0 73 1 / 15 6 - 30 8

Bundesland: Baden-Württemberg

Partei: CDU

Landesvorsitzender:
Erwin Teufel MdL
CDU -Landesverband
Hohenheimer Str. 9
70184 Stuttgart
Tel.-Nr.: 0711/21 04 3-0
Fax-Nr.: 0711/2104 3-15

Generalsekretär:
Volker Kauder MdB
CDU-Landesverband
Hohenheimer Str. 9
70184 Stuttgart
Tel.-Nr.: 0711/21 04 3-0
Fax-Nr.: 0711/21 04 3-15

Sprecher Landesverband:
Annette Maltry
CDU-Landesverband
Hohenheimer Str. 9
70184 Stuttgart
Tel.-Nr.: 0711/21 04 3-21
Fax-Nr.: 0711/21 04 3-15

Medienpolitische Sprecher Landesverband:
Annette Maltry

Fraktionsvorsitzender:
Günther H. Oettinger MdL
Landtag
Konrad-Adenauer-Str. 3
70173 Stuttgart
Tel.-Nr.: 0711/20 63-287
Fax-Nr.: 0711/20 63-810

Sprecher Fraktion:
Christoph Dahl
Landtag
Konrad-Adenauer-Str. 3
70173 Stuttgart
Tel.-Nr.: 0711/20 63-815
Fax-Nr.: 071 1/20 63-810

Medienpol. Sprecher Fraktion:
Christoph Dahl

Partei: SPD

Landesvorsitzender:
Ulrich Maurer MdL
SPD-Landesverband
Schloßstr. 68
70176 Stuttgart
Tel.-Nr.: 0711/6 19 36-0
Fax-Nr.: 0711/6 19 36-20

Sprecher Landesverband:
Gerald Engasser
SPD-Landesverband
Schloßstr. 68
70176 Stuttgart
Tel.-Nr.: 0711/6 19 36-38
Fax-Nr.: 0711/6 19 36-20

Med.pol. Sprecher Landesverband.:
Gerald Engasser

Fraktionsvorsitzender:
Ulrich Maurer MdL
Landtag
Konrad-Adenauer-Str. 3
70173 Stuttgart
Tel.-Nr.: 0711/20 63-924
Fax-Nr.: 0711/20 63-910

Sprecher Fraktion:
Hans-Jürgen Lange
Landtag
Konrad-Adenauer-Str. 3
70173 Stuttgart
Tel.-Nr.: 0711/20 63-720
Fax-Nr.: 0711/20 63-714

Medienpol. Sprecher Fraktion:
Bernd Kielburger MdL
Landtag
Konrad-Adenauer-Str. 3
70173 Stuttgart
Tel.-Nr.: 0711/20 63-728
Fax-Nr.: 0711/20 63-710

Partei: FDP

Landesvorsitzender:
Dr. Walter Döring MdL
FDP- Landesverband
Rotebühlstr. 133
70197 Stuttgart
Tel.-Nr.: 0711/6 66 18-0
Fax-Nr.: 0711/6 66 18-12

Fraktionsvorsitzender:
Dr. Walter Döring MdL
Landtag
Konrad-Adenauer-Str. 3
70173 Stuttgart
Tel.-Nr.: 0711/20 63-625
Fax-Nr.: 0711/20 63-610

Sprecher Landesverband:
Hasso Kraus
FDP-Landesverband
Rotebühlstr. 133
70197 Stuttgart
Tel.-Nr.: 0711/6 66 18-19
Fax-Nr.: 0711/6 66 18-12

Sprecher Fraktion:
Dietmar Schöning MdL
Landtag
Konrad-Adenauer-Str. 3
70173 Stuttgart
Tel.-Nr.: 0711/2063-633
Fax-Nr.: 0711/2063-610

Med.pol. Sprecher Landesverband.:
Hasso Kraus

Medienpolitischer Sprecher Fraktion:
Dietmar Schöning MdL

Partei: Bündnis 90/Die Grünen

Landesvorsitzende(r):
Barbara Graf
Winfrid Herrmann
Landesverband
Forststr. 93
70176 Stuttgart
Tel.-Nr.: 0711/99 35 9-0
Fax-Nr.: 0711/99 35 9-99

Med.pol. Sprecher Landesverband:
Inge Leffhaim (GF)
Landesverband
Forststr. 93
70176 Stuttgart
Tel.-Nr.: 0711/99 35 9-0
Fax-Nr.: 0711/99 35 9-99

Sprecher Landesverband:
Barbara Graf
Winfrid Herrmann

Fraktionsvorsitzender:
Fritz Kuhn MdL
Landtag
Konrad-Adenauer-Str. 3
70173 Stuttgart
Tel.-Nr.: 0711/20 63-683
Fax-Nr.: 0711/20 63-660

Sprecher Fraktion:
Fritz Kuhn MdL

Medienpol. Sprecher Fraktion:
Michael Jacobi MdL
Landtag
Konrad-Adenauer-Str. 3
70173 Stuttgart
Tel.-Nr.: 0711/20 63-695
Fax-Nr.: 0711/20 63-660

Bundesland: Bayern

Partei: CSU

Landesvorsitzender:
Dr. Theo Waigel MdB
CSU-Landesleitung
Nymphenburger Str. 64
80335 München
Telefon 0 89 / 12 43-211
Fax: 0 89 / 1243-274

Generalsekretär:
Bernd Protzner MdB
CSU-Landesleitung
Nymphenburger Str. 64
80335 München
Telefon 0 89 / 12 43-0
Fax 0 89 / 12 43-274

Sprecher Landesverband:
Maximilian Schöberl
CSU-Landesleitung
Nymphenburger Str. 64
80335 München
Telefon 0 89 / 12 43-226/227
Fax 0 89 / 12 43-274

Med.pol. Sprecher Landesverband.:
Dr. Otto Wiesheu MdL
Wirtschaftsministerium
Prinzregentenstr. 28
80538 München
Telefon 0 89 / 21 62-22 22
Fax 0 89 / 21 62-27 97

Fraktionsvorsitzender:
Alois Glück MdL
Landtag
Maximilianeum
81627 München
Telefon 0 89 / 41 26 -26 18
Fax 0 89 / 47 02 43 5

Sprecher Fraktion:
Hermann Hofmann
Landtag
Maximilianeum
81627 München
Telefon 0 89 / 41 26-2283
Fax 0 89 / 41 26-17 87

Medienpol. Sprecher Fraktion:
Eugen von Redwitz MdL
Maximilianeum
Landtag
81627 München
Telefon 0 89 / 41 26-26 61
Fax 0 89 / 47 02 43 5

Partei: SPD

Landesvorsitzende:
Renate Schmidt MdL
SPD Landesverband
Oberanger 38
80335 München
Telefon 0 89 / 23 17 11-0
Fax 0 89 / 23 17 11-38

Sprecher Landesverband:
Dr. Friedrich Weckerlein
SPD-Landesverband
Oberanger 38
80331 München
Telefon 0 89 / 23 17 11-55
Fax 0 89 / 23 17 11-38

Med.pol. Sprecher Landesverband.:
Dr. Peter Glotz MdB
SPD-Landesverband
Oberanger 38
80335 München
Telelefon 0 89 / 23 17 11-36
Fax 0 89 / 23 17 11-38

Fraktionsvorsitzende:
Renate Schmidt MdL
Landtag
Maximilianeum
81627 München
Telefon 0 89 / 41 26-22 66
Fax 0 89 / 41 26 23 51

Sprecher Fraktion:
Julian Gyger
Landtag
Maximilianeum
81627 München
Telefon 0 89 / 41 26-23 81
Fax 0 89 / 41 26-23 51

Medienpol. Sprecher Fraktion:
Dr. Heinz Kaiser MdL
Landtag
Maximilianeum
81627 München
Telefon 0 89 / 41 26 25 39
Fax 0 89 / 41 26 23 51

Partei: Bündnis 90/Die Grünen

Landesvorsitzende(r):
Barbara Hoffmann
Kurt Hayman
Landesverband
Christophstr. 1
80538 München
Telefon 0 89 / 22 74 02
Fax 0 89 / 22 16 46

Sprecher Landesverband:
Stefan Scholer
Landesverband
Christophstr. 1
80538 München
Telefon 0 89 / 29 37 80
Fax 0 89 / 22 16 46

Med.pol. Sprecherin Landesverband.:
Margarete Bause
Landesverband
Christophstr. 1
80538 München
Telefon 0 89 / 39 83 32
Fax 0 89 / 22 16 46

Fraktionsvorsitzende(r):
Thessy Lödermann MdL
Petra Münzel MdL
Dr. Manfred Fleischer MdL
Landtag
Maximilianeum
81627 München
Telefon 0 89 / 41 26 27 28
Fax 0 89 / 41 26 27 62

Sprecher Fraktion:
Hanns-Dieter Reichhelm
Landtag
Maximilianeum
81627 München
Telefon 0 89 / 41 26 27 34
Fax 0 89 / 41 26 27 62

Medienpol. Sprecher Fraktion:
Raimund Kamm MdL
Landtag
Maximilianeum
81627 München
Telefon 0 89 / 41 26 27 94
Fax-Nr.: 0 89 / 41 26 27 62

Bundesland: Berlin

Partei: CDU

Landesvorsitzender:
Eberhard Diepgen MdBA
Berliner Rathaus
10178 Berlin
Telefon 0 30 / 26 95-0
Fax-Nr.: 0 30 / 2695-20 16

Generalsekretär:
Dieter Ernst
CDU-Landesverband
Steifensandstr. 8
14057 Berlin
Telefon 0 30 / 32 69 04-0
Fax 0 30 / 32 69 04-44

Sprecher Landesverband:
Marco Hardt
CDU-Landesverband
Steifensandstr. 8
14057 Berlin
Telefon 0 30 / 32 69 04-21
Fax 0 30 / 32 69 04-44

Med.pol. Sprecher Landesverband.:
Marco Hardt

Fraktionsvorsitzender:
Klaus Landowsky MdBA
Preußischer Landtag
10117 Berlin
Telefon 0 30 / 23 25-2120
Fax 0 30 / 23 25-2755

Sprecher Fraktion:
Markus Kauffmann
Preußischer Landtag
101 17 Berlin
Telefon 0 30 / 23 25-2120
Fax 0 30 / 23 25-2750

Medienpol. Sprecher Fraktion:
Dr. Dieter Biewald MdBA
Preußischer Landtag
10117 Berlin
Telefon 0 30 / 23 25-21 20
Fax 0 30 / 23 25-2765

Partei: SPD

Landesvorsitzender:
Detlev Dzembritzki
SPD-Landesverband
Müllerstr. 163
13353 Berlin
Telefon 0 30 / 46 92-0
Fax 0 30 / 46 92-164

Sprecher(in) Landesverband:
Roswitha Du Biona
Rudolf Hartung (Lds.GF)
SPD-Landesverband
Müllerstr. 163
13353 Berlin
Telefon 0 30 / 46 92-113
Fax0 30 / 4692-164

Med.pol. Sprecher(in).:
Roswitha Du Biona, Rudolf Hartung

Fraktionsvorsitzender:
Klaus Böger MdBA
Preußischer Landtag
10117 Berlin
Telefon 0 30 / 23 25-2251
Fax0 30 / 23 25-2209

Sprecher Fraktion:
Peter Stadtmüller
Preußischer Landtag
10117 Berlin
Telefon 0 30 / 23 25-2251
Fax 0 30 / 23 25-2209

Medienpol. Sprecher Fraktion:
Joachim Günther MdBA
Preußischer Landtag
10117 Berlin
Telefon 0 30 / 23 25-2251
Fax 0 30 / 23 25-2229

Partei: FDP

Landesvorsitzender:
Günther Rexrodt MdB
FDP-Landesverband
Im Dol 2–6
14195 Berlin
Telefon 0 30 / 8 31 30 71
Fax 0 30 / 8 31 30 75

Sprecher Landesverband:
Jürgen Just
Oliver Irmscher
Abgeordentenhaus
Preußischer Landtag
10117 Berlin
Telefon 0 30 / 2325-20/21
Fax 0 30/ 2325-29

Med.pol. Sprecher Landesverband.:
Helmut Königshaus
FDP Landesverband
Im Dol 2–6
14195 Berlin
Telefon 0 30 / 3518-2305
Fax 0 30 / 3518-2349

Fraktionsvorsitzender:
Axel Kammholz MdBA
Preußischer Landtag
10117 Berlin
Telefon 0 30 / 23 25-2301
Fax 0 30 / 23 25-2319

Sprecher Fraktion:
Jürgen Just, Oliver Irmscher

Medienpol. Sprecherin Fraktion:
Erika Schmidt-Petry MdBA
Preußischer Landtag
10117 Berlin
Telefon p. 0 30 / 802 74 53
Fax p. 0 30 / 80134 31

Partei: Bündnis 90/Grüne/AL

Geschäftsführender Ausschuß:
Christine Rabe, Regina Schmidt,
Uwe Dähn, Klaus Stähle
Landesverband
Oranienstr. 25
10999 Berlin
Telefon 0 30 / 615 00 5-0
Fax 0 30 / 615 00 5-99

Sprecher(in) Landesverband:
Uwe Dähn, Helga Metzler
Landesverband
Oranienstr. 25
10999 Berlin
Telefon 0 30 / 615 00 5-33
Fax 0 30 / 615 00 5-99

Med.pol. Sprecher(in) Landesverband:
Uwe Dähn, Helga Metzler

Fraktionsvorsitzende(r):
Annette Detering MdBA
Wolfgang Wieland MdBA
Preußischer Landtag
10117 Berlin
Telefon 0 30 / 23 25-2400
Fax 0 30 / 23 25-2409

Sprecherin Fraktion:
Marie-Luise Dittmar
Preußischer Landtag
10117 Berlin
Telefon 0 30 /23 25-2450/51
Fax 0 30 / 23 25-2409

Medienpol. Sprecherin Fraktion:
Annette Detering MdBA

Ausschuß für Medienfragen
(17 Mitglieder)

Abgeordnetenhaus Berlin
Preußischer Landtag
101 17 Berlin
Frau Smoltczyk
Telefon 0 30 / 2325-1360
Fax 0 30 / 2325-1308
Vorsitzende: Christine Kowallek (CDU)
Stellvertretender Vorsitzender:
Frank Sommer (FDP)
Schriftführer: Manfred Neumann (SPD)
Stellvertretende Schriftführerin:
Gabriele Rost (CDU)

CDU:
Dr. Biewald Dieter, Borgis Michael, Pistor Bernd, Kowallek Christine, Mardus Günter, Rost Gabriele, Schütze Diethard, Wallot Julius

SPD:
Marianne Brinckmeier, Joachim Günther, Rudolf Kujath, Dr. Klaus Riebschläger, Manfred Neumann, Dr. Irana Rusta

FDP:
Frank Sommer

PDS:
Dr. Eva Müller

Bündnis 90/Grüne:
Annette Detering

Beratende Mitglieder:
Dr. Heike Meves (PDS),
Wolfgang Wieland (Bündnis 90/Grüne)

Bundesland: Brandenburg

Partei: SPD

Landesvorsitzender:
Steffen Reiche MdL
SPD-Landesverband
Friedrich-Ebert-Str. 61
14469 Potsdam
Telefon 0 33 1 / 29 20 30
Fax 0 33 1 / 29129 1

Fraktionsvorsitzender:
Wolfgang Birthler MdL
Landtag
Am Havelblick 8
14473 Potsdam
Telefon 0 30 / 966-1301
Fax 0 30 / 966-1307

Sprecher Landesverband:
Klaus Ness
SPD Landesverband
Friedrich-Ebert-Str. 61
14469 Potsdam
Telefon 0 33 1 / 29 20 30 29 12 16
Fax 0 33 1 / 29 1 29 1

Sprecher Fraktion:
Michael Donnermeyer
Landtag
Am Havelblick 8
14473 Potsdam
Telefon 0 30 / 966-1339
Fax 0 30 / 966-1341

Med.pol. Sprecher Landesverband.:
Martin Gorholt od. Klaus Ness
SPD-Landesverband
Friedrich-Ebert-Str. 61
14469 Potsdam
Telefon 0 33 1 / 29 20 30
Fax 0 33 1 / 29129 1

Medienpol. Sprecher Fraktion:
Friedhelm Schmitz-Jersch
Landtag
Am Havelblick 8
14473 Potsdam
Telefon 0 30 / 9 66-1302
Fax 0 30 / 966-1307

Partei: CDU

Landesvorsitzende:
Carola Hartfelder MdL
CDU-Landesverband
Schopenhauerstr. 39
14497 Potsdam
Telefon 0 33 1 / 29 24 00
oder 96 6 - 14 43
Fax 0 33 1 / 29 37 92

Sprecher Landesverband:
Holger Doetsch
Landtag
Am Havelblick 8
14473 Potsdam
Telefon 0 33 1 / 9 66-14 48
Fax 0 33 1 / 96 47 59

Generalsekretär:
Thomas Klein MdL
CDU-Landesverband
Schopenhauerstr. 39
14497 Potsdam
Telefon 0 33 1 / 29 24 00 od. 96 6 -1416
Fax 0 33 1 / 29 37 92

Med.pol. Sprecher Landesverband
Thomas Klein MdL

Fraktionsvorsitzender:
Dr. Peter Wagner
Landtag
Am Havelblick 8
14473 Potsdam
Telefon 0 30 / 9 66- 1401
Fax 0 30 / 9 66-1404

Sprecher Fraktion:
Holger Doetsch

Medienpol. Sprecher Fraktion:
Frank Werner MdL
Landtag
Am Havelblick 8
14473 Potsdamm
Telefon 0 30 / 9 66 14 28
Fax 0 30 / 9 66 14 05

Bundesland: Bremen

Partei: SPD

Landesvorsitzende:
Tine Wischer
Findorffstr. 108–110
28215 Bremen
Telefon 0 42 1 / 35 01 80
Fax 0 42 1 / 35 72 83

Sprecher Landesverband:
Manfred Jabs
Findorffstr. 108–110
28215 Bremen
Telefon 0 42 1 / 35 01 8-13
Fax 0 42 1 / 35 72 83

Med.pol. Sprecher Landesverband.:
 Manfred Jabs

Fraktionsvorsitzender:
Claus Dittbrenner MdBB
SPD-Landesverband
Am Wall 15–16
28195 Bremen
Telefon 0 42 1/32 80 25
Fax 0 42 1 / 32 11 20

Sprecher Fraktion:
Uwe Kramer
SPD-Landesverband
Am Wall 15–16
28195 Bremen
Telefon 0 42 1 / 32 80 25
Fax 0 42 1 / 32 11 20

Medienpol. Sprecher Fraktion:
Uwe Kramer

Partei: CDU

Landesvorsitzender:
Bernd Neumann MdB
CDU-Landesverband
Am Wall 135
28195 Bremen
Telefon 0 42 1 / 30 89 4-0
Fax 0 42 1/30 89 4-33

Sprecher Landesverband:
Thomas Diehl
CDU-Landesverband
Am Wall 135
28195 Bremen
Telefon 0 42 1 / 30 89 4-43
Fax 0 42 1 / 30 89 4-44

Med.pol. Sprecher Landesverband.:
Thomas Diehl

Fraktionsvorsitzender:
Peter Kudella MdBB
CDU-Landesverband
Am Wall 135
28195 Bremen
Telefon 0 42 1 / 30 89 4-0
Fax 0 42 1 / 30 89 4-33

Sprecher Fraktion: Thomas Diehl

Medienpol. Sprecher Fraktion:
Klaus Bürger MdBB
CDU-Landesverband
Am Wall 135
28195 Bremen
Telefon 0 42 1/30 89 4-0
Fax 0 42 1 /30 89 4-44

Partei: Bündnis 90/Grüne

Landesvorsitzender(in):
Dr. Ahrendt Hindriksen, Karin Krusche
Landesverband
Rembertistr. 93
28195 Bremen
Telefon 0 42 1 / 36 30-41 0
Fax 0 42 1 / 36 30-43 2

Sprecher(in) Landesverband:
Dr. Ahrendt Hindriksen, Karin Krusche

Med.pol. Sprecher(in) Landesverband:
Dr. Ahrendt Hindriksen, Karin Krusche

Fraktionsvorsitzende(r):
Karoline Linnert MdBB, Dieter Mützelburg MdBB, Martin Thomas MdBB
Landesverband
Rembertistr. 93
28195 Bremen
Telefon 0 42 1 / 36 30-415
Fax 0 42 1 / 36 30-432

Sprecherin Fraktion:
Dagmar Bleiker
Landesverband
Rembertistr. 93
28195 Bremen
Telefon 0 42 1 / 36 30-427
Fax 0 42 1 / 36 30-432

Medienpol. Sprecher Fraktion:
Dr. Hermann Kuhn MdBB
Landesverband
Rembertistr. 93
28195 Bremen
Telefon Nr. 0 42 1 / 3630-427
Fax 0 42 1 / 36 30-432

Partei: FDP

Landesvorsitzender:
Manfred Richter MdB
FDP-Landesverband
Elsasser Str. 6
28211 Bremen
Telefon 0 42 1 / 34 98 06 3
Fax 0 42 1 / 34 11 41

Sprecher Landesverband:
Klaus Campfhausen
FDP-Landesverband
Elsasser Str. 6
28211 Bremen
Telefon 0 42 1 / 34 98 06 3
Fax 0 42 1 / 34 11 41

Med.pol. Sprecher Landesvrband:
Klaus Campfhausen

Fraktionsvorsitzender:
Heinrich Welke MdBB
FDP-Landesverband
Elsasser Str. 6
28211 Bremen
Telefon 0 42 1 / 34 10 23
Fax 0 42 1 / 34 11 41

Sprecher Fraktion:
Wolfram Neubrander
FDP-Landesverband
Elsasser Str. 6
28211 Bremen
Telefon 0 42 1 / 34 10 23
Fax 0 42 1 / 34 1 1 41

Medienpol. Sprecher Fraktion:
Wolfram Neubrander

Bundesland: Hamburg

Partei: SPD

Landesvorsitzender:
Jörg Kuhbier
SPD-Landesverband
Kurt-Schumacher-Allee 10
20097 Hamburg
Telefon 0 40 / 280 848-0
Fax 0 40 /2 80 848-18

Sprecher Landesverband:
Werner Loewe (Landesgeschäftsführer)
SPD-Landesverband
Kurt-Schumacher-Allee 10
20097 Hamburg
Telefon 0 40 / 280 848-0
Fax 0 40 / 280 848-18

Med.pol. Sprecher Landesverband.:
Werner Loewe

Fraktionsvorsitzender:
Günter Elste MdHB
Bürgerschaft
Rathausmarkt
20095 Hamburg
Telefon 0 40 / 36 81-15 55
Fax 0 40 / 36 81-24 35

Sprecher Fraktion:
Michael Näfken MdHB
Rathausmarkt
20095 Hamburg
Telefon 0 40 / 36 81-13 25
Fax 0 40 / 36 81-24 35

Medienpol. Sprecher Fraktion:
Michael Näfken MdHB

Statt-Partei

Fraktionsvorsitzender:
Achim Reichert MdHB
Rathausmarkt 1
20095 Hamburg
Telefon 0 40 / 36 81 - 20 92
Fax 0 40 / 36 81 - 26 41

Sprecher der Fraktion:
Christa Kochs
Bürgerschaft
Rathausmarkt 1
20095 Hamburg
Telefon 0 40 / 36 81 - 20 92
Fax 0 40 / 36 81 - 26 41

Medienpolitischer Sprecher:
Christa Kochs
Bürgerschaft
Rathausmarkt 1
20095 Hamburg
Telefon 0 40 / 36 81 - 20 92
Fax 0 40 / 36 81 - 26 41

Partei: CDU

Landesvorsitzender:
Dirk Fischer MdB
CDU-Landesverband
Leinpfad 74
22299 Hamburg
Telefon 0 40 / 46 01 01 1
Fax 0 40 / 46 35 10

Sprecherin Landesverband:
Kathrin Prüger
Leinpfad 74
22299 Hamburg
Telefon 0 40 / 46 010 11
Fax 040 / 47 40 89

Med.pol. Sprecher Landesverband.:
Kathrin Prüger

Fraktionsvorsitzender:
Ole von Beust MdHB
Bürgerschaft
Rathausmarkt
20095 Hamburg
Telefon 0 40 / 36 81-181
Fax 0 40 / 36 81-2603

Sprecher Fraktion:
Gerd Boysen
Pressestelle der CDU-Fraktion
Poststr. 11
20354 Hamburg
Telefon 0 40 / 3681-1374
Fax 0 40 / 36 81-25 26

Medienpol. Sprecher Fraktion:
Jürgen Klinke MdHB
Rathausmarkt
20095 Hamburg
Telefon 0 40 / 89 96 60
Fax 0 42 1 / 89 02 6 41

Partei: Bündnis 90/Grüne/GAL

Landesvorstand:
Karin Robinet, Tina Rosenbusch, Bettina Kehler, Elke Rabanus, Jole Endruweit, Dorothee Freudenberg-Hübner, Lutz Jobs, Rainer Mehl, Cornelius Buchmann, Nikolaus Meyer, Heinz Spilka, Bahrenfelder Str. 244
22765 Hamburg
Telefon 0 40 / 39 15 78
Fax 0 40 / 390 46 62

Sprecher Landesverband: siehe oben

Med.pol. Sprecher Landesverband:
siehe oben

Fraktionsvorsitzende:
Dr. Wilfried Maier MdHB
Bürgerschaft
Rathausmarkt 1
20095 Hamburg
Tel.-Nr.: 040/3681-1368
Fax-Nr.: 040/3681-2557

Sprecherin Fraktion:
Kerstin Domscheit
Bürgerschaft
Rathausmarkt
20095 Hamburg
Telefon 0 40 / 36 81-21 75
Fax 0 40 / 36 81-25 57

Medienpol. Sprecher Fraktion:
Dr. Wilfried Maier MdHB

Bundesland: Hessen

Partei: SPD

Landesvorsitzender:
Hans Eichel MdL
Staatskanzlei
Bierstadter Str. 2
65189 Wiesbaden
Telefon 0 61 1 / 32-0
Fax 0 61 1 / 32-38 00

Sprecher Landesverband:
Michael Siebel
Landtag
Schloßplatz 1–3
65183 Wiesbaden
Telefon 0 61 1 / 3 50-50 4/52 1
Fax 0 61 1 / 51 3

Med.pol. Sprecher Landesverband.:
Michael Siebel

Fraktionsvorsitzender:
Armin Clauss MdL
Landtag
Schloßplatz 1
65183 Wiesbaden
Telefon 0 61 1/ 3 50-51 9
Fax 0 61 1 / 3 50-51 1

Sprecher Fraktion: Michael Siebel

Medienpol. Sprecher Fraktion:
Gerd Lütgert MdL
Landtag
Schloßplatz 1
65183 Wiesbaden
Telefon 0 61 1 / 3 50-652
Fax 0 61 1 / 350-513

Partei: Bündnis 90/Grüne

Landesvorsitzender(in):
Frank Kaufmann, Maria Marx,
Hiltrud Hofmann
Landesverband
Kaiser-Friedrich-Ring 29
65185 Wiesbaden
Tel.-Nr.: 0611/989 200
Fax-Nr.: 0611/84 68 28

Sprecher des Landesvorstandes:
Frank Kaufmann
Landesverband
Kaiser-Friedrich-Ring 29
65185 Wiesbaden
Tel.-Nr.: 0611/989 20-14
Fax-Nr.: 061 1/84 68 28

Med.pol. Sprecher Landesverband.:
Frank Kaufmann

Fraktionsvorsitzender:
Fritz Hertle MdL
Landtag
Schloßplatz 1
65183 Wiesbaden
Telefon 0 611 / 3 50-582
Fax 0 61 1 / 350-600

Sprecherin Fraktion:
Elke Cézanne
Landtag
Schloßplatz 1
65183 Wiesbaden
Telefon 0 61 1 / 3 50-597/582
Fax 0 61 1/350-600

Medienpol. Sprecher Fraktion:
Rolf Schmidt
Landtag
Schloßplatz 1
65183 Wiesbaden
Telefon 0 6 11 /350 - 592
Fax 0 611 / 350 - 601

Partei: CDU

Landesvorsitzender:
Manfred Kanther
CDU-Landesverband
Frankfurter Str. 6
65189 Wiesbaden
Telefon 0 61 1 / 8 60 61-65
Fax 0 61 1/37 36 11

Sprecher Landesverband: Dirk Metz

Med.pol. Sprecher Landesverband.:
Dirk Metz
Landtag

Fraktionsvorsitzender:
Roland Koch MdL
Landtag)
Schloßplatz 1
65183 Wiesbaden
Telefon 0 61 1 / 3 50-534
Fax 0 61 1 / 3 50-551

Sprecher Fraktion:
Dirk Metz
Landtag
Schloßplatz 1
65183 Wiesbaden
Telefon 0 61 1 / 3 50-548
Fax-Nr.: 0 61 1 / 350-551

Medienpol. Sprecher Fraktion:
Hermann Schoppe MdL
Gustav-Stresemann-Str. 17
63073 Offenbach-Bieber
Telefon 069/800 17 18 (Büro)
0611/350-706 (Landtag)
Fax 0 69 / 89 76 59

Partei: FDP

Landesvorsitzender:
Dr. Wolfgang Gerhardt MdB
FDP-Landesverband
Marktplatz 13
65183 Wiesbaden
Telefon 0 61 1 / 37 80 05/06
oder 0 22 8 / 16 - 83 68 8
Fax 0 61 1 / 37 46 64
oder 0 22 8 / 16 - 86 68 8

Sprecher Landesverband:
Reiner Kling
Landtag
Schloßplatz 1
65183 Wiesbaden
Telefon 0 61 1 / 3 50-563
Fax 0 61 1 / 3 50-570

Med.pol. Sprecher Landesverband.:
Reiner Kling

Fraktionsvorsitzende:
Ruth Wagner MdL
Landtag
Schloßplatz 1
65183 Wiesbaden
Telefon 0 61 1 / 3 50-563
Fax 0 61 1 / 3 50-570

Sprecher Fraktion: Reiner Kling

Medienpol. Sprecher Fraktion:
Reiner Kling

Bundesland: Mecklenburg-Vorpommern

Partei: CDU

Landesvorsitzender:
Dr. Angela Merkel MdB
CDU-Landesverband
Puschkinstr. 32
19055 Schwerin
Telefo 0 38 5 / 55 5191
Fax 0 38 5 / 86 40 11

Generalsekretär:
Klaus Preschle
CDU-Landesverband
Puschkinstr. 32
19055 Schwerin
Telefon 0 38 5 / 55 51 91
Fax 0 38 5 / 86 40 11

Sprecher Landesverband:
Josef Krieg
CDU-Landesverband
Puschkinstr. 32
19055 Schwerin
Telefon 0 38 5 / 55 5191
Fax 0 38 5 / 86 18 22

Med.pol. Sprecher Landesverband:
Josef Krieg

Fraktionsvorsitzender:
Eckhardt Rehberg MdL
Landtag
Lennéstr. 1
19053 Schwerin
Telefon 0 38 5 / 52 5-22 00
Fax 0 38 5 / 58 13 51 5

Sprecherin Fraktion:
Constanze Steinke
Landtag
Lennestr. 1
19053 Schwerin
Telefon 0 38 5 / 5 25-22 07
Fax 0 38 5 /58 13 5 02

Medienpol. Sprecher Fraktion:
Eckardt Rehberg MdL

Partei: SPD

Landesvorsitzender:
Dr. Harald Ringstorff MdL
SPD- Landesverband
Hamburger Allee 120
19063 Schwerin
Telefon 0 38 5 / 21 30 42
Fax 0 38 5 / 21 11 49

Sprecher Landesverband:
Nikolaus Voss (Landesgeschäftsführer)
SPD-Landesverband
Hamburger Allee 120
19063 Schwerin
Telefon 0 38 5 / 21 30 42
Fax 0 38 5 / 21 11 49

Med.pol. Sprecher Landesverband:
Nikolaus Voss

Fraktionsvorsitzender:
Dr. Gottfried Timm MdL
Landtag
Lennéstr. 1
19053 Schwerin
Telefon 0 38 5 / 5 25-23 06
Fax 0 38 5 / 5 25-23 20

Sprecher Fraktion:
N. N.
Landtag
Lennéstr. 1
19053 Schwerin
Telefon 0 38 5 / 5 25-23 60
Fax 0 38 5 / 5 25-23 20

Medienpol. Sprecher Fraktion:
Siegfried Friese MdL
Landtag
Lennéstr. 1
19053 Schwerin
Telefon 0 38 5 / 5 25-23 04
Fax 0 38 5 / 5 25-23 20

Bundesland: Niedersachsen

Partei: SPD

Landesvorsitzender:
Gerhard Schröder MdL
Staatskanzlei
Planckstr. 2
30169 Hannover
Telefon 0 51 1 / 1 20-1
Fax 0 51 1 / 1 20-21 96

Sprecherin Landesverband:
Herma Heyken
Landtag
Hinrich-Wilhelm-Kopf-Platz 1
30159 Hannover
Telefon 0 51 1 / 30 30-205
Fax 0 51 1 / 30 30-207

Med.pol. Sprecherin Landesverband:
Herma Heyken

Fraktionsvorsitzender:
Wolf Weber MdL
Landtag
Hinrich-Wilhelm-Kopf-Platz 1
30159 Hannover
Telefon 0 51 1 / 30 30-240
Fax 0 51 1 / 30 30-208

Sprecherin Fraktion: Herma Heyken

Medienpol. Sprecherin Fraktion:
Herma Heyken

Partei: CDU

Landesvorsitzender:
Christian Wulff MdL
Landtag
Hinrich-Wilhelm-Kopf-Platz 1
30159 Hannover
Telefon 0 51 1 / 30 30-251
Fax 0 51 1 / 30 30-720

Generalsekretär:
Hartwig Fischer
CDU-Landesverband
Böttcherstr. 7
30419 Hannover
Telefon 0 51 1 / 27 99-121
Fax 0 51 1 / 27 99-156

Sprecher Landesverband:
Hartwig Fischer

Med.pol. Sprecher Landesverband:
Ingrid Köhn
CDU-Landesverband
Böttcherstr. 7
30419 Hannover
Telefon 0 51 1 / 27 99-153
Fax 0 51 1 / 27 99-131

Fraktionsvorsitzender:
Christian Wulff MdL

Sprecher Fraktion:
Michael Rauscher
Landtag
Hinrich-Wilhelm-Kopf-Platz 1
30159 Hannover
Telefon 0 51 1 / 30 30-463/313
Fax

Medienpol. Sprecher Fraktion:
Michael Rauscher

Partei: Bündnis 90/Grüne

Landesvorsitzende(r):
Thea Dückert
Landesverband
Voltastr. 35
30165 Hannover
Telefon 0 51 1 / 350 74 90
Fax 0 51 1 / 3 50 65 71

Landesgeschäftsführer:
Michael Fuder
Landesverband
Voltastr. 35
30165 Hannover
Telefon 0 51 1 / 350 74 90
Fax 0 51 1 / 350 65 71

Sprecher(in) Landesverband:
Gila Altmann, Gerhard Kiehm
Landesverband
Voltastr. 35
30165 Hannover
Telefon 0 51 1 / 350 74 90
Fax 0 51 1 / 350 65 71

Med.pol. Sprecher(in) Landesverband:
Gila Altmann, Gerhard Kiehm

Fraktionsvorsitzender:
Andrea Hoops MdL
Landtag
Hinrich-Wilhelm-Kopf-Platz 1
30159 Hannover
Telefon 0 511 / 3 030-596
Fax 0 51 1 /3 29 829

Sprecher(in) Fraktion:
Annette Meyer-Zum Felde
Landtag
Hinrich-Wilhelm-Kopf-Platz 1
30159 Hannover
Telefon 0 51 1 / 30 30-443
Fax 0 51 1 / 32 98 29

Medienpol. Sprecher Fraktion:
Rebecca Horn MdL
Landtag
Hinrich-Wilhelm-Kopf-Platz 1
30159 Hannover
Tel.-Nr.: 0511/3030-598
Fax-Nr.: 0511/32 98 29

Bundesland: Nordrhein-Westfalen

Partei: SPD

Landesvorsitzender:
Dr.h.c Johannes Rau MdL
Staatskanzlei
Haroldstr. 2
40213 Düsseldorf
Telefon 0 21 1 / 8 37-01
Fax 0 21 1 / 837-14 01

Sprecher Landesverband:
Peter Wind
SPD-Landesverband
Elisabethstr. 3
40217 Düsseldorf
Telefon 0 21 1 / 38 42 6-30
Fax 0 21 1 / 38 42 6-49

Med.pol. Sprecher Landesverband:
Peter Wind

Fraktionsvorsitzender:
Prof. Dr. Friedhelm Farthmann MdL
Landtag
Platz des Landtages 1
40221 Düsseldorf
Telefon 0 21 1 / 884-2224
Fax 0 21 1 / 884-2232

Sprecher Fraktion:
Hans-Peter Thehlen
Landtag
Platz des Landtages 1
40221 Düsseldorf
Telefon 0 21 1 / 884-2212/2120
Fax 0 21 1 / 884-2232/2290

Medienpol. Sprecher Fraktion:
Jürgen Büssow MdL
Landtag
Platz des Landtages 1
40221 Düsseldorf
Telefon 0 21 1 / 884-2634/2632
Fax 0 21 1 / 884-2004

Partei: CDU

Landesvorsitzender:
Dr. Norbert Blüm MdB
CDU-Landesverband
Wasserstr. 5
40213 Düsseldorf
Telefon 0 21 1 / 13 60 00
Fax0 21 1 / 13 60 060

Generalsekretär:
Herbert Reul MdL
CDU-Landesverband
Wasserstr. 5
40213 Düsseldorf
Telefon 0 21 1 / 13 60 0 21
Fax 0 21 1 / 13 60 060

Sprecher Landesverband:
Notker Becker
CDU-Landesverband
Wasserstr. 5
40213 Düsseldorf
Telefon 0 21 1 / 13 60 00
Fax 0 21 1 / 13 60 0-59

Med.pol. Sprecher Landesverband:
Notker Becker

Fraktionsvorsitzender:
Dr. Helmut Linssen MdL
Landtag
Platz des Landtages 1
40221 Düsseldorf
Telefon 0 21 1 / 8 84-2216
Fax 0 21 1 / 8 84-2265

Sprecher Fraktion:
Joachim Ludewig
Landtag
Platz des Landtages 1
40221 Düsseldorf
Telefon 0 21 1 / 8 84-22 13
Fax 0 21 1 / 8 84-22 60

Medienpol. Sprecher Fraktion:
Ruth Hieronymi MdL
Landtag
Platz des Landtages 1
40221 Düsseldorf
Telefon 0 21 1 / 8 84-2379
Fax 0 21 1 / 8 84-33 09

Partei: Bündnis 90/Grüne

Landesvorsitzender:
Reiner Priggen
Landesverband
Volksgartenstr. 35
40227 Düsseldorf
Telefon 0 21 1 / 70 08-11
Fax 0 21 1 / 76 65 50

Sprecher Landesverband:
Georg Abel
Landesverband
Volksgartenstr. 35
40227 Düsseldorf
Telefon 0 21 1 / 70 08-12
Fax 0 21 1 / 76 65 50

Med.pol. Sprecher Landesverband.:
Dr. Michael Vesper MdL

Fraktionsvorsitzende:
Bärbel Höhn MdL
Landtag
Platz des Landtags 1
40221 Düsseldorf
Telefon 0 21 1 / 884-28 60
Fax 0 21 1 / 884-28 70

Sprecher Fraktion:
Werner Stürmann
Landtag
Platz des Landtages 1
40221 Düsseldorf
Telefon 0 21 1 / 884-21-80
Fax 0 21 / 884-28 71

Medienpol. Sprecher Fraktion:
Bärbel Höhn MdL
Landtag
Platz des Landtages 1
40221 Düsseldorf
Telefon 0 21 1 / 88 4-28 60
Fax 0 21 1 / 88 4-28 70

Partei: FDP

Landesvorsitzender:
Joachim Schultz-Tornau.
FDP-Landesverband
Sternstr. 44
40479 Düsseldorf
Telefon 0 21 1 / 49 70 9 - 0
Fax 0 21 1 / 49 70 9 - 10

Sprecher Landesverband:
Ulrich Marten

Med.pol. Sprecher:
Ulrich Marten

Fraktionsvorsitzender:
Dr. Achim Rohde MdL
Landtag
40221 Düsseldorf
Telefon 0 21 1 / 88 4 - 22 35
Fax 0 21 1/ 88 4 - 23 71

Sprecher Fraktion:
Ulrich Marten
Landtag
40221 Düsseldorf
Telefon 0 21 1 / 88 4 -22 34
Fax 0 21 1 / 88 4 - 23 71

Bundesland: Rheinland-Pfalz

Partei: SPD

Landesvorsitzender:
Kurt Beck MdL
Staatskanzlei
Peter-Altmeier-Allee 1
55116 Mainz
Telefon 0 61 31 / 16 - 0
Fax 0 61 31 / 16 - 46 69

Sprecher Landesverband:
Christoph Charlier
Landtag
Deutschhausplatz 12
55116 Mainz
Tel.-Nr.: 06131/208-310
Fax-Nr.: 06131/208-314

Med.pol. Sprecher Landesverband:
Christoph Charlier

Fraktionsvorsitzender:
Joachim Mertes MdL
Landtag
Deutschhausplatz 12
55116 Mainz
Telefon 0 61 31 / 208-312
Fax 0 61 31 / 208-314

Sprecher Fraktion: Christoph Charlier

Medienpol. Sprecherin Fraktion:
Theresia Riedmaier MdL
Landtag
Deutschhausplatz 12
55116 Mainz
Telefon 0 61 31 / 208-312
Fax 0 61 31 / 208-314

Partei: FDP

Landesvorsitzender:
Rainer Brüderle MdL
FDP-Landesverband
Am Linsenberg 14
55131 Mainz
Telefon 0 61 31/ 23 25 41
Fax 0 61 31 / 23 38 03

Sprecher Landesverband:
Josef Becker
FDP-Landesverband
Am Linsenberg 14
55131 Mainz
Telefon 0 61 31 / 23 25 41
Fax 0 61 31 / 23 38 03

Med.pol. Sprecher Landesverband.:
Hans-Arthur Bauckhage
Landtag
Deutschhausplatz 12
55116 Mainz
Telefon 0 61 31 / 20 83 37
Fax0 61 31 / 22 68 48

Fraktionsvorsitzender:
Hans Hermann Dieckvoß MdL
Landtag
Deutschhausplatz 12
55116 Mainz
Telefon 0 61 31 / 208-321/322
Fax 0 61 31 / 22 68 48

Sprecherin Fraktion:
Vera Donner
Landtag
Deutschhausplatz 12
55116 Mainz
Telefon 0 61 31 / 208-425
Fax 0 61 31 / 22 68 48

Medienpol. Sprecher Fraktion:
Hans-Artur Bauckhage

Partei: CDU

Landesvorsitzender:
Johannes Gerster
CDU-Landesverband
Rheinallee 1 a–d
55116 Mainz
Telefon 0 61 31 / 28 47-37
Fax 0 61 31 / 28 47-46

Fraktionsvorsitzender:
Christoph Böhr MdL
Landtag
Deutschhausplatz 12
55116 Mainz
Telefon 0 61 31 / 208-303
Fax 0 61 31 / 208-342

Generalsekretär:
Jürgen Hartmann
CDU-Landesverband
Rheinallee 1 a-d
55116 Mainz
Telefon 0 61 31 / 28 47 - 0
Fax 0 61 31 / 22 09 85

Sprecher Fraktion:
Hans-Erich Au
Landtag
Deutschhausplatz 12
55116 Mainz
Telefon 0 61 31 / 20 8-48 5
Fax 0 61 31 / 20 8-34 2

Sprecher Landesverband:
Manfred Beeres
Rheinallee 1 a–d
55 116 Mainz
Telefon 0 61 31 / 28 47-36/37
Fax 0 61 31 / 28 47-46

Medienpol. Sprecher Fraktion:
Dieter Hörner MdL
Landtag
Deutschhausplatz 12
55 116 Mainz
Telefon 0 61 31 / 208-485
Fax 0 61 31/208-342

Med.pol. Sprecher Landesverband:
Manfred Beeres

Partei: Bündnis 90/Grüne

Landesvorstand:
Gertraud Migl
Am Linsenberg 14,
76829 Landau
Telefon 0 63 41 / 8 29 63
Fax 0 63 41 / 42 03

Ante Zizak
Im Erdelsflur 1
55743 Idar-Oberstein
Telefon 0 67 81 / 18 85

Jürgen Kurz
Bismarckstraße 12
56626 Andernach
Telefon 0 26 32 / 49 4944
Fax 0 26 32 / 30287

Karin Trepke
Brückes 12,
55545 Bad Kreuznach
Telefon 0 67 1 / 45 76 2

Sprecherin Landesverband:
Ulrike Höfgen
Lalesenhof
54668 Ferschweiler
Tel.-Nr.: 06523/313
Fax-Nr.: 0228/168 66 42

Christian Sterzing
Bahnhofstr. 148,
67480 Edenkoben
Telefon 0 63 23 / 72 48
Fax 0 63 23 / 21 95

Med.pol. Sprecher Landesverband:
Christian Sterzing

Fraktionsvorsitzende:
Elfriede Grützmacher MdL
Landtag
Deutschhausplatz 12
55116 Mainz
Telefon 0 61 31 / 208-261
Fax 0 61 31 / 22 80 89

Sprecherin Fraktion:
Elfriede Grützmacher MdL

Medienpol. Sprecherin Fraktion:
Erika Fritsche MdL
Landtag
Deutschhausplatz 12
55116 Mainz
Tel.-Nr.: 06131/208-254
Fax-Nr.: 06131/22 80 89

Bundesland: Saarland

Partei: SPD

Landesvorsitzender:
Oskar Lafontaine MdL
Staatskanzlei
Am Ludwigsplatz 14
66117 Saarbrücken
Telefon 0 68 1 / 50 06-122/123
Fax 0 68 1 / 50 06-262

Sprecher Landesverband:
Carlo Weber (Landesgeschäftsführer)
SPD-Landesverband
Hohenzollerstr. 45
66117 Saarbrücken
Telefon 0 68 1 / 5 10 33/34
Fax 0 68 1 / 5 17 21

Med.pol. Sprecher Landesverband:
Carlo Weber

Fraktionsvorsitzender:
Reinhard Klimmt MdL
Landtag
Franz-Josef-Röder-Str. 7
66119 Saarbrücken
Telefon 0 68 1 / 50 02-248
Fax-Nr.: 0 68 1 / 50 02-383

Sprecher Fraktion:
Rainer Knauber
Landtag
Franz-Josef-Röder-Str. 7 6
6119 Saarbrücken
Telefon 0 68 1 / 50 02-307
Fax-Nr.: 0 68 1 / 50 02-383

Medienpol. Sprecher Fraktion:
Reinhard Klimmt MdL

Partei: CDU

Landesvorsitzender:
Prof. Dr. Klaus Töpfer MdB
CDU-Landesverband
Stengelstr. 5
66117 Saarbrücken
Telefon 0 68 1 / 5 84 53-10
Fax 0 68 1 / 58 50 52

Sprecher Landesverband:
Udo Recktenwald

Med.pol. Sprecher Landesverband:
Udo Recktenwald

Fraktionsvorsitzender:
Peter Müller MdL
Landtag
Franz-Josef-Röder-Str. 7
66119 Saarbrücken
Telefon 0 68 1 / 50 02-21 9
Fax 0 68 1 / 50 02-39 0

Sprecher Fraktion:
Udo Recktenwald
Landtag
Franz-Josef-Röder-Str. 7
66119 Saarbrücken
Telefon 0 68 1 / 50 02-233
Fax-Nr.: 0 68 1 / 50 02-390

Medienpol. Sprecher Fraktion:
Jürgen Schreier
Landtag
Franz-Josef-Röder-Str. 7
66119 Saarbrücken
Telefon 0 68 1 / 50 02-31 6
Fax 0 68 1 / 50 02-390

Partei: Bündnis 90 / Grüne

Sprecher des Landesvorstands:
Hubert Ulrich MdL

Med.pol.Sprecher Landesverband:
Gabriel Mahren
Landesverband
Parkstraße 1
66111 Saarbrücken
Telefon 0 68 1 / 32 91 9
Fax 0 68 1 / 39 78 80

Fraktionsvorsitzender:
Hubert Ulrich MdL
Landtag
Franz-Josef Röder-Straße 7
66119 Saarbrücken
Telefon 0 68 1 / 50 02- 310
Fax 0 68 1 / 50 02 - 392

Parlamentarischer Geschäftsführer:
Dr. Andreas Pollak MdL
Landtag
Franz-Josef-Röder-Straße 7
66119 Saarbrücken
Telefon 0 68 1 / 50 02 - 312
Fax 0 68 1 / 50 02 - 392

Sprecher Fraktion:
Gabriel Mahren
Landtag
Franz-Josef-Röder-Straße 7
66119 Saarbrücken
Telefon 0 68 1 / 50 02 - 20 5
Fax 0 68 1 / 50 02 - 39 2

Bundesland: Sachsen

Partei: CDU

Landesvorsitzender:
Prof. Dr. Kurt H. Biedenkopf MdL
Staatskanzlei
Archivstr. 1
01309 Dresden
Telefon 0 35 1 / 5 64-10 01
Fax 0 35 1/50 22 46 6

Generalsekretär:
Dr. Fritz Hähle MdL

Sprecherin Landesverband:
Beate Bartsch
CDU Landesverband
Prellerstr. 9
01309 Dresden
Telefon 0 35 1 / 33 6125 7
Fax 0 35 1 / 4 72 47 36

Med.pol. Sprecherin Landesverband:
Beate Bartsch

Fraktionsvorsitzender:
Dr. Fritz Hähle MdL
Landtag
Holländische Str. 2
01067 Dresden
Telefon 0 35 1 / 49 3 - 55 00
Fax 0 35 1 / 49 3 - 55 41

Sprecher Fraktion:
Christian Hoose
Landtag
Holländische Str. 2
01067 Dresden
Telefon 0 35 1 / 49 3 - 56 10
Fax 0 35 1 / 49 3 - 54 44

Medienpol. Sprecher Fraktion:
Dr. Uwe Grüning MdL
Landtag
Holländische Str. 2
01067 Dresden
Telefon 0 35 1 / 49 3 - 55 53
Fax 0 35 1 / 49 3 - 55 40

Partei: SPD

Landesvorsitzender:
Dr. Karl-Heinz Kunckel MdL
SPD-Landesverband
Wittenberger Str. 72
01309 Dresden
Telefon 0 35 1 / 33 60-172 / 174
Fax 0 35 1 / 33 60-700

Sprecher Landesverband:
Volker Knauer

Med.pol. Sprecher Landesverband:
Benedikt Dyrlich MdL

Fraktionsvorsitzender:
Dr. Karl-Heinz Kunckel MdL
Landtag
Holländische Str. 2
01067 Dresden
Telefon 0 35 1 / 49 3 - 57 02
Fax 0 35 1 / 49 3 - 54 51

Sprecher Fraktion:
Volker Knauer
Landtag
Holländische Str. 2
01067 Dresden
Telefon 0 35 1 / 49 3 - 57 05
Fax 0 35 1 /49 60 38 9

Medienpol. Sprecher Fraktion:
Thomas Mädler MdL
Landtag
Holländische Str. 2
01067 Dresden
Telefon 0 35 1 / 49 3 - 57 55
Fax 0 35 1 / 49 3 - 5451

Bundesland: Sachsen-Anhalt

Partei: SPD

Landesvorsitzender:
Rüdiger Fikentscher MdL

Sprecher Landesverband:
Jürgen Kriech
Landtag
Am Domplatz 6–7
39104 Magdeburg
Telefon 0 39 1 / 5 60-30 09
Fax 0 39 1 / 5 60-30 24

Med.pol. Sprecher Landesverband:
Jürgen Kriech

Fraktionsvorsitzender:
Rüdiger Fikentscher MdL
Landtag
Am Domplatz 6–7
39104 Magdeburg
Telefon 0 39 1 / 5 60-30 00
Fax 0 39 1 / 5 60-30 20

Sprecher Fraktion: Jürgen Kriech

Medienpol. Sprecher Fraktion:
Jürgen Kriech

Partei: Bündnis 90/Grüne

Landesvorsitzende(r):
Steffi Lemke, Gerhard Ruden

Sprecher(in) Landesverband:
Steffi Lemke, Gerhard Ruden
Landesverband
Breiter Weg 229
39104 Magdeburg
Telefon 0 39 1 / 56 12 3 13 od. 33 22 2
Fax 0 39 1 / 33 22 2

Med.pol. Sprecherin Landesverband:
Steffi Lemke

Fraktionsvorsitzender:
Hans-Jochen Tschiche MdL
Landtag
Am Domplatz 6–7
39104 Magdeburg
Telefon 0 39 1 / 5 60-60 11
Fax 0 39 1 / 5 60-60 10

Sprecher Fraktion:
Günter Piening
Landtag
Am Domplatz 6–7
39104 Magdeburg
Telefon 0 39 1 / 5 60-60 13
Fax 0 39 1 / 56 0-60 15

Medienpol. Sprecher Fraktion:
Ulrich-Karl Engel MdL
Landtag
Am Domplatz 6–7
39104 Magdeburg
Telefon 0 39 1 / 56 0-6100
Fax 0 39 1 / 56 0-60 15

Partei: CDU

Landesvorsitzender:
Dr. Karl-Heinz Daehre MdL
CDU-Landesverband
Lübecker Str. 8 b
39124 Magdeburg
Telefon 0 39 1 / 25 50 30
Fax 0 39 1 / 28 22 10

Sprecher Landesverband:
Albert Alten
CDU-Landesverband
Lübecker Str. 8 b
39124 Magdeburg
Telefon 0 39 1 / 25 50 30
Fax 0 39 1 / 28 22 10

Med.pol. Sprecher Landesverband:
Albert Alten

Fraktionsvorsitzender:
Dr. Christoph Bergner MdL
Landtag
Am Domplatz 6–7
39104 Magdeburg
Telefon 0 39 1 / 56 0-20 04
Fax 0 39 1 / 5 60 -20 30

Sprecher Fraktion:
Ruth Spitzhorn
Landtag
Am Domplatz 6–7
39104 Magdeburg
Telefon 0 39 1 / 5 60-20 16
Fax 0 39 1 / 5 60-20 28

Medienpol. Sprecher Fraktion:
Rainer Schomburg MdL
Landtag
Am Domplatz 6–7
39104 Magdeburg
Telefon 0 39 1 / 5 60-20 09
Fax 0 39 1 / 5 60 -20 30

Ausschuß für Kultur und Medien

Vorsitzender: Kühn, Lutz (SPD)
Stellv. Vorsitzende:
Dr. Sobetzko, Werner (CDU)

Ordentliche Mitglieder:

CDU:
Bergner, Christoph
 (Stv.: Dr. Kupfer, Joachim)
Knolle, Karsten (Stv.: Nägler, Cornelius)
Kunze Karl-Martin
 (Stv.: Ritter, Bernhard)
Schomburg, Reiner
 (Stv.: Taesch, Hans-Martin)
Dr. Sobetzko, Werner
 (Stv.: Tischner, Eva)

SPD:
Dr. Hecht,Gerhard (Stv.: Biener, Lothar)
Kühn, Lutz (Stv.: Ernst Wolfgang)
Quin, Hermann (Stv.: Hajek, Rosemarie)
Schubert, Rüdiger
 (Stv.: Mittendorf, Madeleine-Rita)

PDS:
Bull, Birke (Stv.: Gärtner, Matthias)
Jehnichen, Heike
 (Stv.: Dr. Hein, Rosemarie)
Dr. Schuster, Gerd-Eckhardt
 (Stv.: Tietz, Antje)

Bündnis 90/Die Grünen:
Engel, Ulrich-Karl

Bundesland: Schleswig-Holstein

Partei: SPD

Landesvorsitzender:
Willi Piecyk MdEP
SPD-Landesverband
Kleiner Kuhberg 28–30
24103 Kiel
Telefon 0 43 1 / 9 06 06-0
Fax 0 43 1 / 90 60 6-41

Sprecher Landesverband:
Werner Kindsmüller
Kleiner Kuhberg 28–30
24103 Kiel
Telefon 0 43 1 / 90 60 6-0
Fax 0 43 1 / 90 60 6-41

Med.pol. Sprecher Landesverband.:
Manfred Schröder

Fraktionsvorsitzender:
Gert Börnsen MdL
Landeshaus
Düsternbrooker Weg 70
24105 Kiel
Telefon 0 43 1 / 5 96-20 50
Fax-Nr.: 0431/596-2054

Sprecher Fraktion:
Manfred Schröder
Landeshaus
Düsternbrooker Weg 70
24105 Kiel
Tel.-Nr.: 0431/596-2050
Fax-Nr.: 0431/596-2191

Medienpol. Sprecher Fraktion:
Bernd Saxe, MdL
Landeshaus
Düsternbrooker Weg 70
24105 Kiel
Telefon 0 43 1 / 5 96-20 55
Fax 0 43 1 / 5 96-20 54

Partei: CDU

Landesvorsitzender:
Dr. Ottfried Hennig MdL
CDU-Landesverband
Sophienblatt 44–46
24114 Kiel
Telefon 0 43 1 / 66 09-0
Fax 0 43 1 / 63 541

Sprecher Landesverband:
Bernd Sanders

Med.pol. Sprecher Landesverband:
Bernd Sanders

Fraktionsvorsitzender:
Dr. Ottfried Henning MdL
Landeshaus
Düsternbrooker Weg 70
24105 Kiel
Telefon 0 43 1 / 59 6-20 10
Fax 0 43 1 / 59 6-22 50

Sprecher Fraktion:
Bernd Sanders
Landeshaus
Düsternbrooker Weg 70
24105 Kiel
Telefon 0 43 1 / 5 96-21 05
Fax0 43 1 / 59 6-22 50

Medienpol. Sprecher Fraktion:
Prof. Dr. Eberhard Dall'Asta MdL
Landeshaus
Düsternbrooker Weg 70
24105 Kiel
Telefon 0 43 1 / 5 96-21 85
Fax 0 43 1 / 5 96 - 22 50

Partei: FDP

Landesvorsitzender:
Jürgen Koppelin MdB
pr.: Lehmbarg 3
24576 Bad Bramstedt
Telefon pr.: 0 41 92 /13 00
Fax pr.: 0 41 92 / 83 85
Telefon in Bonn: 0 22 8 / 16 - 85 329
Fax: 0 22 8 / 1 68 66 70

Sprecherin Landesverband:
Claudia Lenschow

Med.pol. Sprecherin Landesverband:
Claudia Lenschow

Fraktionsvorsitzender:
Dr. Ekkehard Klug MdL
Landeshaus
Düsternbrooker Weg 70
24105 Kiel
Telefon 0 43 1 / 5 96 - 31 01
Fax 0 43 1 / 5 96-31 11

Sprecherin Fraktion:
Claudia Lenschow
Landeshaus
Düsternbrooker Weg 70
24105 Kiel
Telefon 0 43 1 / 5 96-31 07
Fax 0 43 1 / 5 96 - 31 12

Medienpol. Sprecher Fraktion:
Wolfgang Kubicki MdL
Landeshaus
Düsternbrooker Weg 70
24105 Kiel
Telefon 0 43 1 / 5 96-31 01
Fax-Nr.: 0 43 1 / 5 96 - 31 11

Bundesland: Thüringen

Partei: CDU

Landesvorsitzender:
Dr. Bernhard Vogel MdL
Staatskanzlei
Johann-Sebastian-Bach-Str. 1
99096 Erfurt
Telefon 0 36 1 / 37 7 - 30 01
Fax 0 36 1 / 37 7 -30 19

Sprecher Landesverband:
Franz-Josef Schlichting
CDU-Landesverband
Heinrich-Mann-Str. 22
99096 Erfurt
Telefon 0 36 1 / 34 49-200
Fax-0 36 1 / 66 92 25

Med.pol. Sprecher Ldsvbd.:
Dr. Matthias Reitmayer
Seidelstr. 6
07749 Jena
Telefon 0 36 41 / 63 30 66

Fraktionsvorsitzender:
Jörg Schwäblein MdL
Landtag
Arnstädter Str. 51
99096 Erfurt
Telefon 0 36 1 / 3 77-22 01/2
Fax 0 36 1 / 3 77-24 14

Sprecher Fraktion:
Klaus Hofmann
Landtag
Arnstädter Str. 51
99096 Erfurt
Telefon 0 36 1/ 3 77-22 05
Fax 0 36 1 /377-24 17

Medienpol. Sprecher Fraktion:
Jörg Schwäblein MdL
Landtag
Arnstädter Str. 51
99096 Erfurt
Telefon 0 36 1 / 3 77-22 01/2
Fax 0 36 1 / 37 7 - 24 14

Partei: SPD

Landesvorsitzende:
Dr. Gerd Schuchardt MdL
SPD-Landesverband
Dalbergsweg 8
99084 Erfurt
Telefon 0 36 1 / 6 59 07-0
Fax 0 36 1 / 6 59 07-27

Sprecherin Landesverband:
Birgit Pelke
(Landesgeschäftsführerin)
SPD-Landesverband
Dalbergsweg 8
99084 Erfurt
Telefon 0 36 1 / 6 59 07-0
Fax 0 36 1 / 6 59 07-27

Med.pol. Sprecherin Landesverband.:
Birgit Pelke

Fraktionsvorsitzender:
Frieder Lippmann MdL
Arnstädter Str. 51
99096 Erfurt
Tel.-Nr.: 0361/377-2331
Fax-Nr.: 0361/377-2417

Sprecher Fraktion:
Dr. Herbert Rausch
Landtag
Arnstädter Str. 51
99096 Erfurt
Telefon 0 36 1 / 37 7-23 39
Fax 0 36 1 / 37 7 - 24 17

Medienpol. Sprecher Fraktion:
Harald Seidel MdL
Landtag
Arnstädter Str. 51
99096 Erfurt
Telefon 0 36 1 / 3 77-23 50
Fax 0 36 1/ 37 7 - 24 17

Verbände und Institutionen

Industrie

Bundesverband der Deutschen Industrie e.V.
 Gustav-Heinemann-Ufer 84–88
 50968 Köln
 Telefon 0 22 1 / 37 08 00
 Fax 0 22 1 / 37 08 - 73 0
Hauptgeschäftsführer u. Mitglied. des Präsidiums.: Dr. Ludolf von Wartenberg

Markenverband e.V.
 Schöne Aussicht 59
 65193 Wiesbaden
 Telefon 0 61 1 / 58 67-0
 Fax 0 61 1 / 58 67-27
Vorsitzender: Dr. Manfred Stach

Marktforschung

Arbeitsgemeinschaft Media-Analyse e.V. (AG.MA)
Wolfgangstraße 92
60322 Frankfurt
Telefon 0 69 / 156 8 05-0
Fax 0 69 / 15 68 05 40
Vorsitzender: Alfred Müller
Geschäftsführer:
Hans-Erdmann Scheler

ADM Arbeitskreis Deutscher Markt und Sozialforschungsinstitute e.v.
Marktplatz 9
63065 Offenbach
Telefon 0 69 / 81 43-25
Fax 0 69 / 81 43-88
Geschäftsführer: Erich Wiegand

Art Directors Club für Deutschland e.V. (ADC)
Melemstraße 22
60322 Frankfurt
Telefon 0 69 / 5 96 40 09
Fax 0 69 / 59 64 6 02
Sprecher des Vorstandes:
Othmar Severin
Geschäftsführerin: Elly Koszytorz

Bund Deutscher Schauwerbegestalter Zentralverband e.V. (BDS)
Otto-Lilienthal-Str. 9
71034 Böblingen
Telefon 0 70 31/22 78 77
Fax 0 70 31 / 22 55 33
Präsident: Axel Wilde

Berufsverband Deutscher Markt- und Sozialforscher e. V. (BVM)
Postfach 100312
Frankfurter Str. 22
63003 Offenbach
Telefon 0 69 / 80 0155 2
Fax 0 69 / 80 03 14 3
Bundesvorstand:
Walter Tacke (Vors.), Heinz-Jürgen Bock, Dr. Gerhard Breunig, Dr. Klaus Peter Landgrebe, Manfred Leutschaft, Dr. Jürgen Pitlinski
Bundesgeschäftsstelle:
Gwendolin Hübner-Blos

Deutscher Kommunikationsverband e.V. (BDW)
Königswinterer Straße 552
53227 Bonn
Tel. 0 22 8 / 4 44 56 0 / 61
Fax 0 22 8 / 44 45 03
Präs.: Werner D. Ludwig
Hauptgeschäftsführer: Lutz E. Weidner

Deutscher Werbefachverband e.V. (DWF)
c/o Kommunikationsverband Norddeutschland e.V.
Schwachhauser Ring 40
28209 Bremen
Telefon 0 42 1 / 34 79 04 4
Fax 0 42 1 / 3499919 + 04795/1614
Sprecher d. Vorstands:
Richard H. Rambacher

Kommunikationsverband Bayern e.V. (BWF)
Orleansstraße 34
81667 München
Telefon 0 89 / 4 48 8 19 1
Fax 0 89 / 68 86 17 1
Präsident.: Dr. Jochen Detig

Radio und Fernsehen

Arbeitsgemeinschaft Privater Rundfunk (APR)
Perfallstraße 1
81675 München
Telefon 0 68 98 / 60 44
Fax 0 68 98 / 633 88
Vorsitzender: Hans Kuchenreuther

Bundesverband Offener Kanäle (BOK)
Postfach 210863
67008 Ludwigshafen
Telefon 0 62 1 / 52 20 15
Fax: 0 62 1/ 51 09 28

Arbeitskreis Offene Kanäle (AKOK)
c/o ULR
Hindenburger Ufer 85
24105 Kiel
Telefon 0 43 1 / 80 00 6-0
Fax 0 43 1/80 00 6-60

VPRT
Verband Privater Rundfunk und Telekommunikation
Burgstraße 69
53177 Bonn
Telefon 0 22 8 / 36 10 44
Fax 0 22 8 / 36 10 48
Geschäftsführerin: Ursula Adelt
Presse- und Öffentlichkeitsarbeit:
Dr. Hans-Jürgen Croissant
Marketing: Dr. Dirk Ulf Stötzel
Technik: Dipl. Ing. Markus Schäfer

Vorstand des Fachbereichs Fernsehen

Vorsitzender:
Wolfgang Fischer
(Capella)
 Münchner Str. 18
 85774 Unterföhring
 Telefon 0 89 / 95 71 9126
 Fax 0 89 / 9 57 75 98

Stellv. Vorsitzender:
Dr.Dieter Hahn
(DSF)
 Bahnhofstraße 27 a
 85774 Unterföhring,
 Telefon 0 89 /95 00 2 - 10 1
 Fax 0 89 / 95 00 2 - 10 9

Johannes Fuhr
(Privatfernsehen Bayern)
 Am Mosfeld 37
 81829 München
 Telefon 0 89 / 42 04 - 16 16
 Fax 0 89 / 42 04 - 16 53

Peter Hoenisch
(RTL)
 Aachener Str. 1036
 50858 Köln
 Telefon 0 22 1 / 45 64 00 0
 Fax 0 22 1 / 4 56 42 90

Hans-Roland Fässler
(Ufa Film- und Fernseh-GmbH)
 Alsterufer 33
 20354 Hamburg
 Telefon 0 40 / 41 41 09-66
 Fax 0 40 / 41 41 09-31

Karl Heinrich Kuhlo
(n-tv Nachrichtenfernsehen)
 Taubenstr. 1
 10117 Berlin
 Telefon 0 30 / 20 19 0-60 1
 Fax 0 30 / 20 19 0 - 60 5

Hans-Holger Albrecht
(CLT)
45, boulevard Pierre Frieden
L-1543 Luxembourg
Telefon 00 352 / 42 14 2 -20 86
Fax 00 35 2 / 42 14 2 - 27 61
oder
Mediapark 5 b
50670 Köln
Telefon 0 22 1 / 45 4 - 55 00
Fax 0 22 1/ 45 4 - 55 09

Kai Flatau
(Premiere)
Tonndorfer Hauptstr. 90
22045 Hamburg
Telefon 0 40 / 66 80 - 16 07
Fax 0 40 / 66 80 - 16 96

Dr. Klaus Piette
(Pro 7)
Bahnhofstraße 28
85767 Unterföhring
Telefon 0 89 / 95 00 1 - 15 1
Fax 0 89 / 95 00 1 - 15 4

Europabeauftragte:
Marie-Luise Große Peclum
Waldstr. 14
82064 Straßlach-Heilafing
Telefon 0 81 70 / 80 05
Fax 0 81 70/ 80 06

Rechtsberater:
Prof. Dr. Reinhart Ricker
Schumannstr. 8
60325 Frankfurt
Telefon 0 69 / 74 77 22
Fax 0 69 / 75 18 06

Heinz-Werner Ehlgen
Freiherr-vom-Stein-Str. 11
60323 Frankfurt
Telefon 0 69 / 17 23 27
Fax 0 69 / 72 59 58

Vorstand des Fachbereichs Hörfunk

Vorsitzender
Wilfried Sorge
(Radio Hamburg)
Speersort 10
20095 Hamburg
Telefon 0 40 / 33 97 14 0
Fax 0 40 / 33 97 14 - 62

Stellv. Vorsitzender
Klaus Schunk
(Radio Regenbogen)
Dudenstr. 12–26
68167 Mannheim
Telefon 0 62 1 / 33 75 0
Fax 0 62 1 / 33 75 - 11 1

Dr. Otto Altendorfer
(Radio Hundert,6)
Ahornstr. 16
14163 Berlin
Telefon 0 30 / 81 69 06 - 50/ 52
Fax 0 30 / 81 69 06 - 54

Frank Böhnke
(Verband Lokaler Rundfunk NRW)
Ebertstr.30
45879 Gelsenkirchen
Telefon 0 20 9 / 95 4-37 51
Fax 0 20 9 / 95 4-36 77

Hans-Dieter Hillmoth
(Radio/Tele FFH)
Graf-Vollrath-Weg 6
60480 Frankfurt
Telefon 0 69 / 78 97 9-25 0
Fax 0 69 / 78 77 45

Erwin Linnenbach
(Radio PSR)
Delitzscher Str. 97
04129 Leipzig
Telefon 0 34 1 / 56 36 91 1
Fax 0 34 1 / 56 36 99 1

Caren Lottermann
(RTL-Radio Berlin)
  Kurfürstendamm 207 / 208
  10719 Berlin
  Telefon 0 30 / 88 48 4 - 129
  Fax 0 30 / 88 48 4 - 101

Tom Otto
(Radio NRW)
  Essener Str. 55
  46047 Oberhausen
  Telefon 0 20 8 / 85 87 0
  Fax 0 20 8 / 85 32 68

Dr. Horst Fangerau
(Radio RPR)
  Turmstr. 8
  67059 Ludwigshafen
  Telefon 0 62 1 / 59 00 0 - 76
  Fax 0 62 1 / 62 27 50

Vorstand des Fachbereichs VTT

Vorsitzender
Dr. Eckart Hans
(Telebild Gesellschaft für Medienprojekte mbH)
  Münchner Str. 101
  85729 Ismaning
  Telefon 0 89 / 96 24 30 - 10
  Fax 0 89 / 96 24 30 - 20

Stellv. Vorsitzender
Walter Thurl
(Kathrein Werke KG)
  Luitpoldstr. 18
  83022 Rosenheim
  Telefon 0 83 01 / 18 4-28 1
  Fax 0 83 01 / 18 4-49 4

Jürgen Lock
(Fuba)
  Bodenburger Str. 25/26
  31162 Bad Salzdetfurth
  Telefon 0 50 63 / 89 28 0
  Fax 0 50 63 / 89 34 5

Bruno Baumann
(Urbana Telekommunikations GmbH)
  Heinrich-Hertz-Str. 139
  22083 Hamburg
  Telefon 0 40 / 22 93 9 - 10 0
  Fax 0 40 / 22 93 9 - 11 9

Christian Zippel
(EUTELSAT)
  Avenue du Maine BP 19
  F-75755 Paris CEDEX 15
  Telefon 00 33 - 1 - 45 38 - 48 75
  Fax 00 33 - 1 - 45 38 - 46 79

Gernot Busch
(ASTRA-Marketing GmbH)
  Mergenthalerallee 79 - 81
  65760 Eschborn
  Telefon 0 61 96 / 47 06 - 25
  Fax 0 61 96 / 47 06 - 29

Dr. Pierre Meyrat
(Comtec)
  Austr. 27
  FL Vaduz
  Telefon 00 41 - 1 - 91 50 - 24 4
  Fax 00 41 - 1 - 91 50 - 24 7 7

Reinhard Penzel
(Sony Deutschland)
  Hugo-Eckener-Str. 20
  50829 Köln
  Telefon 0 22 1 / 59 66 - 56 0
  Fax 0 22 1/ 59 66 - 89 4

Rolf Tepperwien
(BSS Broadcast Systems Service GmbH)
  Ritterstr. 24 K
  79639 Grenzach
  Telefon 0 7624 / 91 53 10
  Fax 0 76 24 / 91 53 - 40

Gesamtvorstand

Vorsitzender
Dr. Peter Scholl-Latour
  c/o Frau Diedrichs
  Bodelschwinghweg 3
  53127 Bonn
  Telefon 0 22 8 / 28 14 57

Geschäftsführender Vizepräsident:
Jürgen Doetz
(SAT. 1)
  Otto Schott-Str. 13
  55127 Mainz
  0 61 31 / 90 0-30 1
  Fax 0 61 31 / 9 00-30 3

Schatzmeister
Günter Müggenburg
  Im Stieldorfer Feld 23
  53639 Königswinter
  Telefon 0 22 44 / 52 80
  Fax 0 22 44 / 81 92 6

Bruno Baumann
(Urbana Telekommunikations GmbH)
  Heinrich-Hertz-Str. 139
  22083 Hamburg
  Telefon 0 40 / 22 93 9 - 10 0
  Fax 0 40 / 22 93 9 -11 9

Wolfgang Fischer
(Capella)
  Münchner Str. 18
  85774 Unterföhring
  Telefon 0 89 / 95 06 03 4
  Fax 0 89 / 95 03 95 4

Dr. Dieter Hahn
(Deutsches Sportfernsehen)
  Bahnhofstr. 27 a
  85774 Unterföhring
  Telefon 0 89 / 95 00 2 - 10 1
  Fax 0 89 / 95 00 2 - 10 9

Dr. Eckart Hans
(Telebild Gesellschaft f. Medienprojekte mbH)
  Münchner Str. 101
  85729 Ismaning
  Telefon 0 89 / 96 2430 - 10
  Fax 0 89 / 96 24 30 - 20

Peter Hoenisch
(RTL)
  Aachener Str. 1036
  50858 Köln
  Telefon 0 22 1 / 45 6-40 00
  Fax 0 22 1/ 45 6 - 42 90

Wilfried Sorge
(Radio Hamburg)
  Speersort 10
  20095 Hamburg
  Telefon 0 40 / 33 97 14 - 0
  Fax 0 40 / 33 97 14 - 62

Klaus Schunk
(Radio Regenbogen)
  Dudenstr. 12-26
  68167 Mannheim
  Telefon 0 62 1 / 33 75 - 0
  Fax 0 62 1 / 33 75 - 111

Dr. Pierre Meyrat
(Comtec))
  Austr. 27
  FL - Vaduz
  Telefon 00 41 - 1 91 50 24 4
  Fax 00 41 - 1 91 50 24 7

Karlheinz Hörhammer
  (Antenne Bayern)
  Münchner Str. 20
  85774 Unterföhring
  Telefon 0 89 / 99 27 72 - 01
  Fax 0 89 / 99 27 72 - 09

Tom Otto
(Radio NRW)
  Essener Str. 55
  46047 Oberhausen
  Telefon 0 20 8 / 85 87 - 0
  Fax 0 20 8 / 85 32 68

KEF
Kommission zur Ermittlung und Überprüfung des Finanzbedarfs der Rundfunkanstalten (KEF)

Geschäftsstelle:
Land Rheinland-Pfalz
Staatskanzlei
Peter-Altmeier-Allee 1
55116 Mainz
Telefon 0 61 31 / 16 - 47 30 / 47 60
Fax 0 61 31 / 16 - 47 21

Leiter: Dr. Horst Wegner
Vorsitzender: Rainer Conrad
Stellvertreter: Prof. Dr. Gerd G. Kopper

- Baden-Württemberg:
Prof. Dr. Franz Xaver Bea
Universität Tübingen

- Mecklenburg-Vorpommern:
Prof. Dr. Ulrich Reimers
TU Braunschweig

- Bayern:
Rainer Conrad
Landesrechnungshof, München

- Rheinland Pfalz:
Horst Bereswill
Landesrechnungshof, Speyer

- Brandenburg:
Prof. Dr. Gerd G. Kopper
Universität Dortmund

- Saarland:
Prof. Dr. Klaus Hümmerich
Rechtsanwalt, Bonn

- Berlin
Erika Ueltzen
Landesrechnungshof, Berlin

- Sachsen:
Dr. Helmuth Neupert
Notar, Chemnitz

- Bremen:
Horst Bachmann
Deutsches Studentenhilfswerk, Bonn

- Sachsen-Anhalt:
Horst Schröder
Landesrechnungshof, Magdeburg

- Hamburg:
Dr. Rudolf Dieckmann
Landesrechnungshof, Hamburg

- Schleswig Holstein:
Hans-Joachim Gorsulowsky
Landesbank, Schleswig-Holstein, Kiel

- Niedersachsen:
Dipl. Ing. Otmar Haas
Haas / Partner, Hannover

-Thüringen:
Axel Berger
KPMG Deutsche Treuhand-Gesellschaft AG, Köln

- Nordrhein-Westfalen:
Dr. Franz Arnold
CAP debis
Software und Systeme GmbH, Bonn

Telekommunikation

Deutsche Bundespost Telekom
Generaldirektion
Vorstands-Vors: N. N.
Pressesprecher: Jürgen Kindervater
Godesberger Allee 87–93
53175 Bonn
Telefon 02 28/1 81-0
Fax 0 22 8 / 182-88 72

Bundesamt für Post und Telekommunikation
Präsident: Dipl.-Ing. Hans Meierhofer
Pressereferent: Werner Hugentobler
Templerstr. 2–4
55116 Mainz
Telefon 0 61 31 / 18-0
Fax 18 - 56 00

Bundesministerium für Post und Telekommunikation
Bundesminister für Post und Telekommunikation Dr. Wolfgang Bötsch, MdB
Leiter des Büros u. Pers. Ref:
MR Klaus-Dieter Scheurle
Pressespr: Christian Hoppe
Heinrich-v.-Stephan-Str. 1
53175 Bonn
Telefon 0 22 8 / 14-0
Fax 0 22 8 / 14-88 72

Parl. Staatssekretär Dr. Paul Laufs, MdB

Staatssekretär Gerhard O. Pfeffermann

Abt. 1: Grundsatzabteilung Politik, Strategie und Zielvorgaben, Wettbewerbskontrolle, Regulierung :
MinDir. Dipl.-lng. Dr. Peter Broß

Abt. 3: Zulassungen, Genehmigungen; Funkfrequenzen; Standardisierung:
MinDir. Dipl.-Ing. Peter Kahl

Abt. 4: Unternehmen der DBP:
MinDir Dieter Kühn

Bundesministerium für Post und Telekommunikation
Außenstelle Berlin
Leitung: MinDirig. Jürgen Brecht
Mauerstraße 69–75
10117 Berlin
Telefon 0 30 / 26 34-0
Fax 0 30 / 26 34-60 01

Werbewirtschaft

Arbeitsgemeinschaft ARD-Werbung
c/o Bayerische Rundfunkwerbung
Arnulfstr. 42
80335 München
Telefon 0 89 / 59 00 - 04
Fax 0 89 / 59 00 - 4224
Vorsitzender.: Heinrich Pöhlein

Börsenverein des Deutschen Buchhandels e.v.
(Arbeitsgemeinschaft Zeitschriftenverlage AGZV)
Großer Hirschgraben 17/21
60311 Frankfurt
Telefon 0 69 / 13 06-32 6
Fax 0 69 / 13 06-39 9
Hauptgeschäftsführer:
Dr. Hans-Karl von Kupsch
AGZV: Walter Welker

Bundesverband Deutscher Anzeigenblätter e.v. (BVDA)
Adenauerallee 113
53113 Bonn
Telefon 0 22 8 / 22 50 95
Fax 0 22 8 / 22 50 98
Präs.: Hans Georg Weiss
GF: Heiner Urhausen

Bundesverband Deutscher Zeitungsverleger e.v. (BDZV)
Riemenschneiderstraße 10
53175 Bonn
Telefon 0 22 8 / 81 00 40
Fax 0 22 8 / 81 00 41 5
Präsident.: Wilhelm Sandmann
Hauptgeschäftsführer:
Dr. Dirk Michael Barton
Geschäftsführer: Alexander von Kuk, Volker Schulze

Bundesverband Druck e.v.
Biebricher Allee 79
65187 Wiesbaden
Telefon 0 61 1 / 80 30
Fax 0 61 1 / 80 31 13
Präsident: Hans-Otto Reppekus
Hauptgeschäftsführer: Dr. Walter Hesse

Deutsche Eisenbahn-Reklame GmbH
Bürgermeister-Brunner-Straße 2
34117 Kassel,
Telefon 0 56 1 / 70 02-10 0
Fax 056 1 / 71 30 37
Geschäftsführer: Siegfried Marter

DeTeMedien
Deutsche Telekom Medien GmbH
Wiesenhüttenstraße 18
60329 Frankfurt
Telefon 0 69 / 26 82-0
Fax 0 69 / 26 82-46 3
Geschäftsführer: Werner Buchwald

Deutsche Städte-Reklame GmbH (DSR)
Eschenheimer Anlage 33-34
60318 Frankfurt,
Telefon 0 69 / 15 43 0
Fax 0 69 / 15 43 21 0
Geschäftsführer:
Klaus Berge, Egon Böttcher

DDV Deutscher Direktmarketing Verband e.v.
Hasengartenstraße 14
65189 Wiesbaden,
Telefon 0 61 1 / 72 33-72
Fax 0 61 1 / 72 33-70
Präsident: Peter K Neff
Geschäftsführer: Dr. Hasso Herbst

Fachverband Außenwerbung e. V.
Ginnheimer Landstraße 11
60487 Frankfurt
Telefon 0 69 / 70 90 59
Fax 0 69 / 70 74 96 9
Vorsitzender: Horst-Hermann Ilg
Geschäftsführer:
RA Dr. Roland O. Friedrich

Fachverband Kalender und Werbeartikel e.V.
Ritterstraße 19
33602 Bielefeld
Telefon 0 52 1 / 17 12 03 04
Fax 0 52 1 / 17 19 08
Vorsitzender: Richard Dohse
Geschäftsführer: Uwe Uphaus

Fachverband Lichtwerbung e.V.
Vangerowstraße 20
69115 Heidelberg
Telefon 0 62 21 / 9129-40
Fax 0 62 21 / 9129-30
Vorsitzender.: Veit Franke
Geschäftsführer-Synd.:
RA Dr. Friedrich-Wilhelm Beckmann

FDW Werbung im Kino e.V.
Oberhafenstraße 1 (Fruchthof)
20097 Hamburg
Telefon 0 40 / 32 29 94
Fax 0 40 / 32 75 47
Vorsitzender und Geschäftsführer:
RA Dr. Gottfried W. Eisenführ

Gesamtverband Werbeagenturen GWA e.V.
Friedensstr. 11
60311 Frankfurt
Telefon 0 69 / 25 60 080
Fax 0 69 / 23 68 83
Präsident: Georg Baums
HGF: Dipl.-Vw. Dieter Schweickhardt

MGM
Media Gruppe München
Bahnhofstr. 28
85774 München
Telefon 0 89 / 95 00 4 - 0
Fax 0 89 / 95 00 4 - 13 5
Geschäftsführer: Michael Wölfle

Radio Marketing Service (RMS)
Frankenstr. 7
20097 Hamburg
Telefon 0 40 / 23 89 - 0 - 0
Fax 0 40 / 23 89 0 - 69 0
Geschäftsführer: Lutz Kuckuck

SAT. 1 Satelliten Fernsehen GmbH
Otto-Schott-Straße 13
55127 Mainz
Telefon 0 61 31 / 90 0-0
Fax 0 61 31 / 90 0-30 3
Geschäftsführer: Hans Grimm (Vors.)
Jürgen Doetz

Verband Deutscher Adreßbuchverleger e.V.
Grabenstraße 5,
40213 Düsseldorf
Telefon 0 21 1 / 32 09 09
Fax 0 21 1 / 32 69 92
Prasident: Norbert Beleke
Hauptgeschäftsführer:
RA Dr. Harald G. Kundoch

Verband Deutscher Werbefilm-Produzenten e.V.
Poststraße 33, VI. Stock
20354 Hamburg
Telefon 0 40 / 35 08 51 3
Fax 0 40 / 35 08 5 80
Vors.: Gerhard Leis
Geschäftsführerin: Uta-Sabine Haerlin

Verband Deutscher Zeitschriftenverleger e.V.
Winterstraße 50
53177 Bonn
Telefon 0 22 8 / 38 20 3-0
Fax 0 22 8 / 38 20 3-40
Präsident: Dr. Werner Hippe
Hauptgeschäftsführer:
Dr. Winfried Reske

Vizepräsident:
Dr. Hans Dietrich Winkhaus
Vorsitzender der Geschäftsführung der
Henkel KGaA
40191 Düsseldorf
Telefon 0 21 1 / 79 8-23 25

IPA- plus
Freiherr-von Stein-Str. 31
60323 Frankfurt
Telefon 0 69 / 97 11 8 - 0
Fax 0 69 / 97 11 8 - 10 5
Geschäftsführer: Jean-Pierre Wilwerding

Zweites Deutsches Fernsehen
Postfach 4040
55100 Mainz
Telefon 0 61 31 / 7 01
Fax 0 61 31 / 70-27 88
Intendant: Prof. Dr. h.c. Dieter Stolte

Zentralverband der Deutschen Werbewirtschaft (ZAW) e.V.

ZAW e.V.
Postfach 201414, 53144 Bonn
Villichgasse 17
53177 Bonn (Bad Godesberg)
Telefon 0 22 8 / 82 09 2-0
Fax 02 2 8 / 35 75 83

Präsidium

Präsident:
Jürgen Schrader
Vorsitzender des Aufsichtsrats Deutsche Unilever GmbH
Dammtorwall 15
20355 Hamburg
Telefon 0 40 / 34 90 35 01
Fax 0 40 / 34 90 35 95

Journalistenverbände

Deutsche Angestellten-Gewerkschaft

Vorsitzender Roland Issen
Karl-Muck-Platz 1
20355 Hamburg
Telefon 0 40 / 34 91 5-1
Fax 0 40 / 34 91 5-40 0

Bevollmächtiger des Bundesvorstandes:

Jürgen Gromek
Adenauerallee 118
53113 Bonn
Telefon 0 22 8 / 21 43 44-45
Fax 0 22 8 / 22 35 12

11 DAG-Landesverbände:

Baden-Württemberg
Jägerstr. 24
70174 Stuttgart
Telefon 0 71 1 / 22 92 5 - 0
Fax 0 71 1 / 22 92 56 0

Bayern
Türkenstr. 9
80333 München
Telefon 0 89 / 23 18 03 - 0
Fax 0 89 / 23 18 03 - 44

Berlin und Brandenburg
Blissestraße 21
10717 Berlin
Telefon 0 30 / 82   96-0
Fax 0 30 / 82 96 - 25 7

Hamburg
Holstenwall 5
20355 Hamburg
Telefon 0 40 / 34 91 5-1
Fax 0 40 / 34 91 5-51 4

Hessen
Bockenhauser Landstr. 72–74
60323 Frankfurt
Telefon 0 69 / 71 9116-0
Fax 0 69 / 71 91 16-60

Niedersachsen-Bremen
Hildesheimer Str: 17
30012 Hannover
Telefon 0 51 1 / 28 09 3-0
Fax 0 51 1 / 28 09 3-94

Nordrhein-Wesfalen
Bastionstraße 18
40213 Düsseldorf
Telefon 0 21 1 / 13 00 2-0
Fax 0 21 1 / 13 00 2-24

Rheinland-Pfalz/Saar
Rheinstraße 105–107
55116 Mainz
Telefon 0 61 31 / 28 19-0
Fax 0 61 31 / 28 19-16

Sachsen
Blumenstraße 80
01307 Dresden
Telefon 0 35 1 / 44 79 3 - 0
Fax 0 35 1 / 44 16 03 7

Sachsen-Anhalt/Thüringen
Sternstr. 19 a
39104 Magdeburg
Telefon 0 39 1 / 42 27 5
Fax 0 39 1 / 42 27 5

Schleswig-Holstein und
Mecklenburg-Vorpommern
Sophienblatt 74–78
24114 Kiel
Telefon 0 43 1 / 66 08 01
Fax 0 43 1 / 66 08-10

Deutscher Journalisten-Verband e.V. (DJV), Gewerkschaft der Journalisten
Vorsitzender: Dr. Hermann Meyn,
  Bennauerstraße 60
  53115 Bonn
  Telefon 0 22 8 / 22 29 71-78
  Fax 0 22 8 / 21 49 17

16 Landesverbände:

Baden-Württemberg
  Herdweg 63
  70174 Stuttgart
  Telefon 0 71 1 / 22 61 41 8
  Fax 0 71 1 / 29 61 13

Bayern
  Seidlstr. 8/ IV
  80335 München
  Telefon 0 89 / 59 63 27
  Fax 0 89 / 59 51 44

Berlin
  Lietzenburger Str. 77
  10719 Berlin
  Telefon 0 30 / 88 26 68 8
  Fax 0 30 / 88 52 30 5

Brandenburg
  Dortustr. 36–37
  14467 Potsdam
  Telefon 0 33 1 / 29 33 66
  Fax 0 33 1 / 29 35 11

Bremen
  Am Wall 171
  28195 Bremen
  Telefon 0 42 1 / 32 54 50
  Fax 0 42 1/ 33 78 12 0

Hamburg
  Brandstwiete 4
  20457 Hamburg
  Telefon 0 40 / 32 15 55
  Fax 0 40 / 32 17 50

Hessen
  Liebigstr. 24
  60323 Frankfurt
  Telefon 0 69 / 72 10 09
  Fax 0 69 / 17 28 78

Mecklenburg Vorpommern
  Mecklenburgstraße 2
  19053 Schwerin
  Telefon 0 38 5 / 56 56 32
  Fax 0 38 5 / 56 56 32

Niedersachsen
  Lister Meile 17
  30161 Hannover
  Telefon 0 51 1 / 31 80 8-08
  Fax 0 51 1 / 31 80 8-44

Nordrhein-Westfalen
  Konprinzenstraße 16
  40010 Düsseldorf
  Telefon 0 21 1 / 37 60 12
  Fax 0 21 1 /37 01 84

Rheinland-Pfalz
  Adam-Karrillon-Straße 17
  55118 Mainz
  Telefon 0 61 31 / 67 54 54
  Fax 0 61 31 / 61 62 63

Saarland
  St. Johanner Markt 5
  66111 Saarbrücken
  Telefon 0 68 1 / 39 08 66 8
  Fax 0 68 1 / 37 50 43

Sachsen
  Breitscheidstr. 38
  01237 Dresden
  Telefon 0 35 1 / 25 27 46 4
  Fax 0 35 1 / 22 53 09 3

Sachsen-Anhalt
  Franckestr. 8
  06110 Halle
  Telefon 0 34 5 / 26 01 3
  Fax 0 34 5 / / 26 01 3

Schleswig-Holstein
Dänische Str. 11
24103 Kiel
Telefon 0 43 1 / 95 88 6
Telefax 0 43 1 / 97 83 61

Thüringen
Dalbergsweg 1
99084 Erfurt
Telefon 03 61/5623601
Fax 0361/5626939

IG Medien/Fachgruppe Journalismus

IG Medien
Friedrichstr. 15
70174 Stuttgart
Telefon 0 71 1 / 20 18 - 0
Fax 0 7 11 / 20 18 - 19 9
Vorstand:Jutta Ditfurth,Dr. Wolfgang Mayer, Hans-Otto Wiebus

9 Landesbezirke

Baden Württemberg:
Theodor-Heuss-Str. 16
70174 Stuttgart
Telefon 0 71 1 / 29 24 41
Fax 0 71 1 / 22 61 95 6

Bayern:
Schwanthaler Straße 64
80336 München
Telefon 0 89 / 53 09 02 7

Berlin-Brandenburg:
Dudenstr. 10
10965 Berlin
Telefon 0 30 / 78 80 09 - 20
Fax 0 30 / 78 80 09 -20

Hessen:
Wilhelm-Leuschner-Straße 69-77
Telefon 0 69 / 24 29 12 16
Fax 0 69 / 25 20 94

Niedersachsen-Bremen:
Dreyerstr. 6
30169 Hannover
Telefon 0 51 1 / 13 18 68 3
Fax 0 51 1 / 1 78 29

Nord:
Besenbinderhof 60
20097 Hamburg
Telefon 0 40 / 28 58 5- 05
Fax 0 40 / 28 58 5 - 11

Nordrhein-Westfalen:
Hohenzollernring 85-87
50672 Köln
Telefon 0 22 1 / 51 70 44
Fax 0 22 1 / 52 81 95

Rheinland-Pfalz/Saar:
Binger Str. 20
55122 Mainz
Telefon 0 61 31 / 38 30 04
Fax 0 61 31 / 38 58 09

Südost:
Karl-Liebknecht-Str. 30-32
04107 Leipzig
Telefon 0 34 1 / 21 31 99 4
Fax 0 34 1 / 21 31 96 5

FSF Freiwillige Selbstkontrolle Fernsehen

Rauchstraße 18
10787 Berlin
Telefon 0 30 / 26 2 00 29
Fax 0 30 / 26 19 92 5
Geschäftsführer: Joachim von Gottberg

Vorstandsmitglieder:

Dr. Hans-Henning Arnold
Vorsitzender der FSF
VOX Film & Fernsehen GmbH & Co. KG
  Richard-Byrd-Str. 6
  50829 Köln
  Telefon 0 22 1 / 95 34 - 0
  Fax 0 22 1 / 95 34 - 800

Karl-Heinz Jungbeck
Kabel 1
  Bahnhofstraße 28
  85774 Unterföhring
  Telefon 0 89 / 95 08 07 - 11
  Fax 0 89 / 95 08 07 - 14

Oliver Castendyk
PRO 7 Television GmbH
  Bahnhofstr. 27a
  85774 Unterföhring
  Telefon 0 89 / 95 00 1 - 0
  Fax 0 89 / 95 00 1 - 23 0

Dieter Czaja
RTL Deutschland GmbH
  Aachener Str. 1036
  50858 Köln
  Telefon 0 22 1 / 45 6 - 0
  Fax 0 22 1 / 45 6 - 16 90

Dr. Peter Lück
SAT 1
  Otto-Schott-Str. 13
  55127 Mainz
  Telefon 0 61 31 / 90 0 - 0
  Fax 0 61 31 / 90 0 - 10 0

Medienfachdienste

Text Intern
 Postfach 10 61 24
 20042 Hamburg
 Telefon 0 40 / 22 92 60 3
 Fax 0 40 / 22 78 67 6

Der Journalist
 Bennauerstr. 60
 f53115 Bonn
 Telefon 0 22 8 / 22 29 74
 Fax 0 22 8 / 21 49 17

Blickpunkt Film
 Stahlgruberring 11 a
 81829 München
 Telefon 0 89 / 42 09 03 - 0
 Fax 0 89 / 42 09 03 - 13

Sieh fern /Radiowoche
 Postfach 520
 54541 Daun
 Telefon 0 65 92 / 71 27 - 12
 Fax 0 65 92 / 71 27 - 71

epd
 Emil-von-Behring-Str. 3
 60439 Frankfurt
 Telefon 0 69 / 58 09 8 - 141
 Fax 0 69 / 58 09 8 - 261

Medien Aktuell
 Postfach 1431
 22861 Schenefeld
 Telefon 0 40 / 83 91 06 4
 Fax 0 40 / 83 91 27 8

Funk-Korrespondenz
 Am Hof 28
 50667 Köln
 Telefon 0 22 1 / 92 54 63 - 0
 Fax 0 22 1 / 92 54 63 - 6

Radiotimes
 Amalienstr. 26
 80333 München
 Telefon 0 89 / 28 00 44 1
 Fax 0 89 / 28 82 33

Der Kontakter
 Große Elbstr. 14
 22767 Hamburg
 Telefon 0 40 / 31 16 51 - 0
 Fax 0 40 / 31 66 58

Medien-Bulletin
 Ohmstr. 15
 80802 München
 Telefon 0 89 / 38 38 54 - 16
 Fax 0 89 / 38 38 54 - 28

Mediendialog
 Bürgermeister-Grandauer-Str. 13
 83052 Bruckmühl-Mangfal
 Telefon 0 80 62 / 65 50
 Fax 0 80 62 / 65 91

Medium Magazin
 Liebigstr. 31
 60323 Frankfurt
 Telefon 0 69 / 72 74 77
 Fax 0 69 / 17 21 53

Medien-Kritik
 Mainzer Landstraße 195
 60326 Frankfurt
 Telefon 0 69 / 75 91 18 - 88
 Fax 0 69 / 75 91 18 - 43

werben & verkaufen
 Karlstr. 35 - 37
 80333 München
 Telefon 0 89/ 54 85 2 - 0
 Fax 0 89 / 54 85 2 - 10 8

Medienspiegel
  Gustav-Heinemann-Ufer 84-88
  50968 Köln
  Telefon 0 22 1 / 37 08 - 21 8
  Telefax 0 22 1 / 37 08 - 19 3

Kabel & Satellit
  Konrad-Celtis-Str. 77
  81369 München
  Telefon 0 89 / 74 11 7 - 141
  Telefax 0 89 / 74 11 7 - 149

Rundy
  Brunnenstr. 2
  63877 Sailauf-Eichenberg
  Telefon 0 60 24 / 71 55
  Telefax 0 60 24 / 71 41

Horizont
  Mainzer Landstraße 251
  60326 Frankfurt
  Telefon 0 69 / 75 95 - 0
  Telefax 0 69/ 75 95 - 16 00

Media Spectrum
  Postfach 4260
  65032 Wiesbaden
  Telefon 0 61 23 / 70 0 - 227

Radio Journal
  Postfach 1580
  53405 Remagen
  Telefon 0 26 42 / 21 62 6
  Fax 0 26 42 / 22 65 1

Insight
  Rolandshof
  53424 Remagen
  Telefon 0 22 28 / 93 1 - 0 / 15 0
  Fax 0 22 28 / 93 1 - 14 9 / 13 7

TM
  Sonnenstr. 4
  91058 Erlangen
  Telefon 0 91 31 / 60 40 30
  Fax 0 91 31 / 60 44 46

hifi & tv
  Corneliusstr. 12
  80469 München
  Telefon 0 89 / 26 06 13 1 - 33
  Fax 0 89 / 26 06 23 6

Professionelle Kontakte
zu Medien und Politik

Lobbyismus: Bonn, Straßburg, Brüssel

Fernseh- und Hörfunkschulungen:
Verhalten vor Mikrofon und Kamera

Veranstaltungsmanagement

Agentur-Vollprogramm

Headhunting

Thomas Kießling
Frankfurter Straße 7
97297 Waldbüttelbrunn
Telefon: 0931/ 40 94 08
Fax: 0931/ 40 97 34
Mobil: 0172/81 12 359

Jetzt ist wieder 1886!

Damals begann zum ersten Mal mit Karl Benz das mobile Zeitalter

Damit Sie diesmal dabei sind, bieten wir Ihnen »MOBIL E«, das internationale Magazin für Elektro-Fahrzeuge

Seit vier Jahren gibt es diese sehr informative Schrift als offizielles Publikumsorgan des »Schweizer Verbands für elektrische Straßenfahrzeuge« und seit kurzem ist diese Fachzeitschrift auch das offizielle Organ der »Deutschen Gesellschaft für elektrische Straßenfahrzeuge«.

»MOBIL E« will den Zugang zu diesem Themenbereich öffnen und den Interessenten von Elektrofahrzeugen laufend die neuesten Erkenntnisse und Produktentwicklungen aufzeigen. Zum Beispiel durch Interviews, Testberichte von neuen Elektrofahrzeugen, umweltpolitische Trends, Ergebnisse von Feldversuchen. Veranstaltungstermine und ein Elektro-Kfz.-Markt runden den Inhalt ab.

Dieses zukunftsweisende Magazin wendet sich an die rasch zunehmende Zahl der Fahrer und Interessenten von E-Fahrzeugen in Kommunen/Stadtwerken: Autohaus-Betreiber und -Mitarbeiter; Handwerksbetriebe sowie an die Energieerzeuger. Chefredakteur Wilfried Blum gilt als anerkannter Fachmann auf diesem Fachgebiet. Der jährliche Abopreis für sechs Ausgaben beträgt DM 34,– incl. MwSt. + Dm 6,– Porto.

Ein Ansichtsexemplar kann gegen eine Schutzgebühr von DM 5,– angefordert werden.

Im gleichen Verlag erscheint in Kürze das erste Elektroauto-Adreßbuch als Lose-Blatt-Werk zum Preis von DM 44,80 / sfr. 48.– / öS 320,–. Falls Sie zu dieser Zielgruppe gehören – fordern Sie die Erfassungsunterlagen an:

LEDERMANN VERLAG GMBH – 86825 BAD WÖRISHOFEN
SCHULSTRASSE 6, TELEFON 08247/7777, FAX 31300

**Viele reden von Privatisierung -
Bad Wörishofen praktiziert dies bereits, mit der**

KLÄRANLAGE ZUM NULLTARIF?

von Stadtbaumeister Klaus Bienstock

Aufgrund der politischen Vorgaben und der teilweisen schlechten Erfahrungen mit Planungsbüros wollen sich immer mehr kommunale und staatliche Stellen mit der Privatisierung befassen (müssen)!
Doch in der Praxis stellen sich den Kommunen eine Vielzahl von Schwierigkeiten in den Weg. Stadtbaumeister Klaus Bienstock von Bad Wörishofen hat zusammen mit dem 1.Bürgermeister Ulrich Möckel als erste Kommune ein derartig gelagertes Projekt durchgeführt!
In diesem Buch beschreibt Klaus Bienstock ausführlich die einzelnen Schritte des „Privaten Betreiber-Modells" – von der Idee bis zur Umsetzung. In diesem neuen Buch finden Sie die genauen Pläne, Ausschreibungs-Unterlagen und vieles, vieles mehr!

Ein genauer Leitfaden, natürlich auch für jedes andere privat zu errichtende Objekt. Kurzum ein Handbuch für Rätinnen und Räte, die laufend mit kommunalen Neubau-Objekten oder wesentlichen Erweiterungen befaßt sind. Ebenso für Architekten und Ingenieure, die Sorge vor der EU und deren Auswirkungen auf die Landschaft der Büros haben.
Aber auch für jeden kritischen Bürger, der nicht damit einverstanden ist, daß Steuern und Abgaben nicht effektivst eingesetzt werden.

Ca. 300 Seiten, DM 68,–

Direktvertrieb:
**Ledermann Verlag GmbH, 86825 Bad Wörishofen, Schulstraße 6
Telefon 08247/7777 - Fax: 08247/31300**

Im gleichen Verlag erschienen:
Licht und Farbe am Arbeitsplatz – von Dr. Frieling, DM 98,–
Logistik kontra Lager – von Paul Köckmann, DM 98,–
Alles in Butter – oder was? – von Klaus Wittmann, DM 26,80
  Eine Geschichte um Milch und Macht der Großmolkerei Müller Milch